云南省普通高等学校
"十二五"规划教材

广告效果测评
理论与方法

Theory and Method of
Advertisement Effectiveness Evaluation

李 晶 昌 蕾 吴文涛◎编著

社会科学文献出版社
SOCIAL SCIENCES ACADEMIC PRESS (CHINA)

内容提要

广告效果衡量的是广告活动对个人的心理及行为乃至对经济和社会文化的各个方面所产生的即时或长期的综合性影响，是对广告主营销传播目标实现程度的评价。《广告效果测评理论与方法》以应用为导向，尽可能通过鲜活的案例及不同类型的实训课题，帮助读者理解广告效果研究的理论框架和方法体系；同时，本书注重拓展读者的学习视野，通过延伸阅读，为读者提供更广阔的学习指引。

本书共九章，主要介绍了广告效果研究的发展历程和理论体系、广告效果测评的程序和方法、广告创意与作品效果、广告心理效果、销售效果及社会效益的测评等内容。

书中每一章都附有丰富的案例和实用的测评工具。这些案例和测评工具来自国内外一流公司的实战经验和编者在教学研究中积累的丰富素材，对于开拓读者的视野、提高其广告测评能力不无裨益。另外本书每一章都设计了实训内容，以作为教学实施的参考，促进学习者有效地将书本知识和他人经验转化为自己解决实际问题的能力。

本书既可作为高校广告学、公共关系、媒介经营与管理、市场营销等相关专业学生的教材，也可以作为营销传播从业人员的参考书。

序　言

2005 年 9 月，一如往年，中国传媒大学调查统计研究所又迎来新一届的硕士生。来自美丽春城的李晶和昌蕾在这里开始了两年的学习生活。在此期间的课堂上和 SSI 举办的活动中，我与她们俩都有不少的交流。李晶同学在我给博士生、硕士生和双学位本科生开设的传播学研究方法课程上连续旁听了三轮，她的这份学习热情不仅鼓舞了其他同学，也深深地打动了我。或许是教师这个职业让她有更明确的学习目标和更强大的学习动力。

两年的学习很快结束，李晶和昌蕾回到各自工作的学校，像我一样继续做着一名普通的教师。李晶在其工作的云南财经大学为广告学和新闻学专业的本科生开设了广告效果分析、市场调查和应用统计学课程。经过几年的教学和相关领域的研究，她逐渐积累了一些经验，同时对教学内容也有了更深入的理解。

转瞬间九年过去，今年夏天，李晶和昌蕾共同编著完成了《广告效果测评理论与方法》一书，几年的勤奋与积累终于初见成果。通览全文，我能感觉到她们为此付出的努力和辛劳，同时也觉得本教材有一些可取的特点值得和大家分享。

（1）结构合理。本教材首先梳理了近百年广告效果研究的理论模型，帮助读者搭建起广告效果测评的框架。在理论建构的基础上，本教材突出应用导向，全面而深入地介绍了广告传递与接触效果、心理效果、销售效果和社会效果的测评指标和方法。不同效果层次的测评方法都配以丰富的案例分析和测评工具，具有很强的实践指导性。

（2）内容适用。本教材特别注重知识体系的完整性、可操作性和实用性，并吸收了大量国际一流广告公司的实践经验以及编写者在十余年教学研究中积累的丰富素材，方便学生在本科学习阶段就能够接触到该领域前沿的思考和操作方法。

（3）形式新颖。本教材对编写体例进行了大胆创新，各章均有测评工具、案例分析、章节实训、延伸阅读等栏目，便于在教学中启迪思维，提高应用能力，开阔视野。

本教材将市场调查与统计分析知识成熟地运用在广告传播及效果测评领域，虽然此书在相关研究领域和编写过程中还有许多提升的空间，但这个良好的开端一定会在将来结出丰硕的果实。作为传媒大学调查统计研究所的教师，我感到非常欣慰，也想就此向广大读者推荐此书。对于教材中的不足和缺憾，还期待大家向作者提出批评和建议，以鼓励她们今后不断改进和完善。

中国传媒大学教授、博士生导师

柯惠新

2014 年 6 月

前　言

《广告效果测评理论与方法》是针对已经学习过传播效果理论和消费者行为学，掌握市场调查方法和统计分析与数据处理技能的学生而撰写的，这些知识是学习广告效果测评的基础。

全书共分九章，内容涵盖四个部分。第一部分包括第一章和第二章，主要梳理了广告效果研究的发展历程和理论基础；第二部分包括第三章至第六章，主要从广告创意及作品、心理、销售和社会四个不同的角度讨论广告效果的测评；第三部分包括第七章和第八章，主要讨论广告传递与接触效果；第四部分包括第九章，主要讨论广告效果的测评流程及方法。

书中每一章都附有丰富的案例和实用的测评工具。这些案例和测评工具来自于国内外一流公司的实战经验和编者在教学研究中积累的丰富素材，对于开拓读者的视野、提高其广告测评能力不无裨益。另外本书每一章都设计了实训内容，以作为教学实施的参考，促进学习者有效地将书本知识和他人的经验转化为自己解决实际问题的能力。

本书由李晶担任主编，昌蕾、吴文涛担任副主编，各章编著分工依次为：云南财经大学李晶执笔第一、第二、第四和第五章，昆明理工大学昌蕾执笔第七和第八章，与李晶合著第九章；云南财经大学吴文涛执笔第三章，与李晶合著第六章。

本书的编写源于 2011~2012 年在云南财经大学主持进行的广告效果分析课程建设工作，从酝酿到编著再到出版是我对十余年从事广告效果研究和教学工作的全面的梳理和总结。本书的编著得到了云南省普通高等学校"十二五"规划教材建设项目的立项支持，还得到了云南财经大学广告学重点专业建设项目的支持。

本书的编著得益于我的同事和朋友们的帮助。在此感谢唐嘉庚院长的鞭策与鼓励，感谢2001级到2011级广告学专业的学生们对我热情和宽容的接纳，感谢好朋友昌蕾的鼎力相助，感谢先生吴文涛的默默支持。同时感谢社会科学文献出版社颜林柯女士耐心而细致的编审工作。

本书的粗陋或不当之处，敬请广大读者批评指正。（邮箱：mlijingm@sina.com）

李　晶

2014 年 7 月 17 日

目　录

第一章　广告效果及测评概述

学习目标：了解广告效果研究的历史和发展脉络；全面理解由传递与接触效果、心理效果、销售效果和社会效果共同构成的广告效果；理解广告效果的特性及其对广告效果测评的影响；了解广告效果的测评内容和程序。

第一节　广告效果的含义

一　广告主体对广告效果的认识

广告无处不在，今天的广告主们从早到晚不断用诱导性和提示性的广告轰炸着消费者的神经。广告牌高耸在人群穿梭的十字路口；广告出现在消费者经常收看的新闻节目和娱乐节目中；广告充斥在他们上网的过程中；广告跟随着消费者从地下车库来到电梯间。广告不断地吸引消费者的眼球，从而潜在地、深刻地影响着他们的思想、态度、感情和决策。对于广告主、广告公司和消费者，广告效果意味着什么？

（一）广告主的要求

广告主根据一定的目标投放商业广告并因此获利。这个目标可能是短期利润——即时的销售量提升；也可能是长期收益——建设一个强势品牌；或者两者兼而有之。广告主愿意投放广告，主要是因为广告能够促进产品的销售，能促使消费者愿意为商品支付更高的价格，并且可能降低产品分销的一些关联成本。广告主对广告效果的评判最终关系到增加销售量的问题，从国内企业的广告投放及其后果来看，销售量就是广告效果的指挥棒。

中国广告的神话：

柳州牙膏厂篇

1981年，广西柳州牙膏厂处于破产的边缘。牙膏堆积如山，流动资金分文皆无，工人拿不到工资，待业青年要工作，退休工人要报销……为了扭转乾坤，厂领导决定打广告。从电台做到电视台，从地方报纸做到中央报纸，柳州牙膏厂四面出击，伸向大江南北，伸向长城内外，还伸向东北边陲，"两面针"也随之成为妇孺皆知的名牌，销量节节攀升。到1985年，这个厂的产品产量增加了229.7倍，固定资产增加12倍，企业从原来的全国同行业倒数第四名跃居为全国第二名。

哈药六厂篇

哈药集团制药六厂是伴随着广告投入的增长而发展起来的。1996年，哈药六厂的销售收入是1.3亿元；1998年的销售收入是2.3亿元；到了1999年，销售收入暴增到10亿元；2000年翻了一番，高达20亿元。据同行估计，哈药六厂2000年的广告投入达到了10亿元。据有关统计，哈药六厂的主打产品"盖中盖"的认知率在90%以上。

哈药六厂的奇迹在哈尔滨制药业中刮起了风暴，几乎每家企业都开始效仿。于是在全国人民眼中，哈尔滨就像是变戏法一样，一夜之间出现了一大批鼎鼎有名的制药企业。

国际4A的教训：

重庆奥尼化妆品公司百年润发洗发水篇

1996年，奥妮推出刘德华做首乌洗发露代言人，"我的梦中情人一定要有一头乌黑亮丽的长发……"刘德华曾通过电视广告向全国老百姓宣告他的"择偶标准"，奥妮也因为"黑头发，中国货"而家喻户晓。

1997 年，重庆奥妮化妆品公司成功推出"百年润发"洗发水，年销售收入达到 8 亿元，市场占有率为 12.5%，仅次于宝洁，奥妮成为业界和媒体心目中的"国产洗发水"的扛旗者。携带着上一年度的成功，奥妮于 1998 年开始与上海奥美合作，奥妮希望奥美为其"皂角洗发浸膏"重新进行包装推广。"皂角洗发浸膏"是 1994 年底推出的产品，年销量曾经超过 3 亿瓶，随着奥妮把推广重心向"奥妮首乌"及"百年润发"倾斜，"皂角洗发浸膏"的销量一路下滑，年销售量跌到只有 1000 万瓶左右。

奥美经过市场调查和分析，为重新包装的"新奥妮皂角洗发浸膏"提炼出"不腻不燥爽洁自然"的核心价值，并以此做电视广告片的中心语。广告片的核心创意是一幅由头发构成的瀑布，并在 1998 年 3 月开始在中央电视台密集投放。为了与广告创意相配合，奥美还策划了一项名为"奥妮带你去看瀑布"的营销活动。奥妮花几百万元在报纸上打广告、搞抽奖活动，组织幸运者去看黄果树瀑布。全国各地 70 多位"幸运者"的来回机票、吃住玩费用全包，一场活动轰轰烈烈花了 1800 万元。结果呢？在不到半年的时间里，广告投放约花了 8000 万元，而当期新皂角的销售额只有 1 亿多元。与此同时，1998 年奥妮持续多年的高速增长突然停止，销售收入开始逐年回落，市场占有率从 12.5% 跌至不足 4%。回落的原因是多方面的，但作为对广告依赖性较大的日化用品来说，业内人士一直认为，广告是重要的原因之一。

资料来源：寇非：《广告中国（1979~2003）》，中国工商出版社，2003。

（二）广告公司的追求

中国广告公司或广告人对国际广告奖项的追逐一直没有停止过，在 20 世纪 90 年代从法国戛纳国际广告节，到纽约广告节，再到亚太广告节，几乎每一次都是铩羽而归，但广告人们依然满怀希望地参加每一次国际广告盛会。进入 21 世纪后，中国广告开始在国际广告节上取得不错的成绩。在 2001 年的第 30 届莫比广告节上，中国广东省广州市九易广告公司第一次站在世界广告的最高领奖台上。

获奖对广告人和广告公司来说是名利双收。获奖后会成为焦点，利用这个机会可以传达其对广告的观念、想法或做法，作品获奖也可以成为广告公司开发客户的敲门砖。广告公司的作品是否能增加客户的销量，外人通常难以得知，而作品获了奖却可以在争取客户时增加说服力。

戛纳广告节

世界各地的广告人都把参展戛纳广告节当作人生的一大荣誉，今天在中国广告人心目中戛纳的地位更是犹如圣地麦加。从某种意义上说，戛纳广告节和以戛纳为代表的世界各地的广告评奖活动，已经形成了一种具有相当大影响力的广告文化追求。

从1946年开始，戛纳的春季就成为电影的季节。电影节一开始，大批电影商、影迷就蜂拥而至。随处可见五光十色、花样繁多的新片介绍招贴画和户外广告牌。欧洲电影商们曾多年垄断了这个电影节的广告播放权，影片前后的空白部分被他们作为广告时段出售。由于电影节极具气氛的世界效应，它不仅仅吸引了各国的电影和艺术界人士，而且也吸引了大批商界人士，尤其是与电影颇有渊源的广告界人士。因此每年电影节期间，世界各地的广告商们就纷纷奔赴戛纳寻找商机。也许是得益于电影的启示，当铺天盖地的宣传画和广告片令人眼花缭乱之际，野心勃勃的广告人不甘于把广告仅仅局限在商业驰竞的地位了，他们对自己的行业有了新的认识和定位。他们认为广告具有自身独特的艺术魅力，不应该再仅仅依附于电影节来展现自己，而应该创办一个广告自己的大奖赛，为众多的广告人搭建一个施展才智的舞台。于是，1945年众多电影广告媒体代理商发起组织了戛纳国际电影广告节。从此以后，戛纳同威尼斯开始轮流举办此项大赛，直到1977年，戛纳正式成为永久举办地。从那以来，戛纳国际广告节已走过了50个春秋。

自1992年第38届起，组委会又增加了平面广告即报刊广告和招贴广告作品竞赛项目，戛纳广告节从此改变了影视广告一统天下的格局。内容的扩充，不仅仅带来了规模的迅速扩大，而且使得广告节在其涵盖范围上更加具有包容性和全面性，于是戛纳广告节在具有更强大的生命力和更大的影响力的同时，也渐渐成为世界广告人的盛大节日。随着传播媒体的发展和广告形式的延伸，1999年，网络广告又正式被列为继平面、影视广告之后的第三类评奖形式，这显示了世界广告业与先进科学技术同步发展的时代动向。

资料来源：卫军英、戴丽娜等：《戛纳广告幽灵》，厦门大学出版社，2004。

（三）大众的需求

广告文化是通俗文化的一种，它的受众从三岁小孩开始，谁都可以品评一则广告，因为看广告不需要专业训练，不需要美学修养。任何一个人都可以成为一则广告的评委。社会大众评判广告大多从群体的审美标准、道德标准、价值取向和文化差别来评判。就个体来说，个体的差异是最重要的因素，年龄、阶层、消费态度、个人喜好等都左右着人们对一则广告的评价。先别说广告效果，社会大众判断广告的好与坏，就是仁者见仁、智者见智。

由以上内容可以看出，社会对广告效果的认识存在巨大的差别，站在不同的立场上就会出现不同的看法和观点。学术研究应该结合实际操作来开展，那么接下来我们就从广告发挥效果的实际过程来认识到底什么是广告效果。

二 广告效果的含义

（一）广告效果的界定

广告是由已确认的出资人通过各种媒介进行的有关产品（商品、服务和观念）的、通常是有偿的、有组织的、综合的、劝服性的非人员信息传播活动。[①] 首先，广告是一种针对群体的传播活动；其次，大多数广告的目的都是劝服——劝服消费者改用某一种产品、服务或相信某一观念；再次，广告有助于企业实现自己的营销目标。综合上述三个方面，广告是一种营销传播形式，所以对广告效果的认识也就围绕着营销与传播的目的而展开。

---

① 〔美〕威廉·阿伦斯、大卫·夏尔菲：《阿伦斯广告学》，丁俊杰、程坪、沈乐译，中国人民大学出版社，2008。

　　早在 1961 年，美国学者罗伯特·拉维奇（Robert J. Lavidge）和格瑞·斯坦纳（Gary A. Steiner）就在《广告效果预测模型》一文中指出，广告的最终功能是促进销售，但并非所有广告都试图促进受众立即购买，即时销售量即使可以测量，也是不完善的广告效果指标……为了综合评价广告效果，必须测量影响最终销售的整个过程。樊志育在《广告效果测定技术》中指出，所谓广告效果是广告主把广告作品通过媒体加之于消费者身上的影响。他认为广告效果主要表现在以下三个方面：第一是广告的销售效果，即"我投下了广告费，商品卖了出去"；第二是广告的认知效果，凡是消费者看到或听到了广告，就等于产生了在认知层面的效果，尽管这种效果常常并不能直接促进销售额的提高；第三是不可视的"潜在效果"，它与广告的迟效性相关。江波、曾振华在 2002 年编著的《广告效果评析》中把广告效果定义为：广告对其接受者所产生的影响以及由于人际传播所达到的综合效应。陈培爱、覃胜男则在 2005 年出版的《广告媒体教程》中将广告效果狭义地定义为广告的传播效果，认为由各种媒体承载的广告投放之后所产生的传播效果可以分为两种形式：一方面是量的形式，即媒体广告的接触人数，指的是广告覆盖面的广度；另一方面是质的形式，即广告在说服力方面的效果，指的是广告针对某一产品或服务进行说服的深度。

　　对于如何定义广告效果，有两种主要的理论观点。一种观点认为，广告效果是广告对消费者购买行为的影响，进行广告效果测量应该直接检查消费者在接受广告前后购买行为的变化，或者调查分析产品销售量的变化情况；另一种观点认为，广告对消费者的影响是多方面的，包括认知、情感和意向（动机和行为）等许多方面。消费者的各种反应都能体现广告的效果，认知和情感的反应将影响最终的行为反应。

　　我们认为，广告效果从本质上依赖于人们对信息的反应，这些复杂的反应过程涉及注意信息、加工信息、记忆和对呼吁的应答。广告效果就是指广告活动目的的实现程度，以及对消费者、企业和社会的相应影响。

（二）广告效果的内涵

　　对广告效果可以从广义和狭义两个角度来理解。从广义角度来理解，广告效果包括广告对个人和社会所产生的一切影响，是广告信息在传播过程中对个人、群体和社会所产生的直接或间接、短期或长期的影响总和，包括广告对社会经济的影响、对社会文化的影响以及对消费者社会心理的影响。从狭义角度来理解，广告效果主要指广告对社会经济的影响，包括广告主所关注的对销售额和市场占有率的影响，以及消费者所关注的对个体或群体的认知、态度和行为意向的影响。

（1）传递与接触效果。广告作为一种策划性传播活动，其效果首先表现为广告通过媒体的传递和到达。广告的传递是从媒体的角度评估广告的发布量、广告传递的方式和频率等；广告的到达则是从消费者的角度评估消费者接触广告的程度。

（2）心理效果。广告的心理效果是广告对受众的各种心理活动的影响程度。它是广告活动对消费者内心世界的影响，反映了消费者对广告的注意度、记忆度、兴趣、购买意向和行为等方面。心理效果可以是消费者因某一广告而产生的认知、态度和消费行为，也可以是在长期接触广告的过程中对广告产生的认知、理解和评价。

（3）销售效果。广告的销售效果是指广告活动促进产品（商品、服务、观念）销售额的提高，对广告主来说是最直接的效果。作为营销传播手段的广告肩负起了广告主追求和获取经济收益的商业职能。广告与销售额之间的关系绝非直接而单纯的关系，因为影响产品销售效果的因素太多，既有产品本身的，也有来自外部的，消费者受到广告的影响而采取购买行动是促进销售量增加的一个因素。

（4）社会效果。一方面，广告作为商业活动刺激着消费并促进经济增长，广告是能够影响整个经济系统运作的强大力量；另一方面，广告的社会效果是广告作为信息载体所传递的信息，对社会文化的构建以及对消费者的消费观念、生活方式乃至价值观等都有影响。广告的内容、表现手段及其选择投放的媒体无一例外都带有意识形态的烙印，因此必然会将这种烙印传播给广告受众，并对他们产生影响。广告承载着丰富的商品和文化信息，是即时社会文化的体现，同时又在塑造着社会文化，从而影响整个社会。

第二节 广告效果的特性

广告效果在本质上依赖于人们对信息的反应。这些复杂的反应过程涉及注意信息、加工信息、记忆和对说服的应答。广告效果的产生受到广告投放量、投放时间和目标受众等多方面的影响，呈现以下三个主要的特性。

一 迟效性

广告效果并不是完全瞬时的，一些广告效果要在广告播放一段时间后才会产生。这是因为，首先，消费者需要一段时间去思考这个广告并被广告信息所说服；其次，一些消费者只有在和其他人讨论之后才能被说服，而他们所讨论的对象只是广告效果的第二手接受者；再次，即使消费者被广告说服了，他们也不会立即购买，而要等到自己正在使用的同类产品用完了或感到需要该产品了才去购买。因此广告效果一般来讲是滞后的。

对广告延迟效果时间长度的研究，早期主要根据年累积数据进行，研究认为广告的延迟效果可以持续很多年（平均 4~5 年甚至十年以上）。后来当研究者使用非年累积数据如周、天、小时来计算时，他们发现延迟效果的作用时间只有若干周、天或小时。消费者确实能够在若干年后仍记得某些经典广告中的某些口号或主题，但是记得住广告的一些名句并不代表他们会购买这个品牌。大多数广告的效果只能持续很短的一段时间，原因是还存在许多竞争性广告。许多新的竞争性广告都在持续不断地争夺着消费者有限的注意力和记忆力。即使如可口可乐这样知名的品牌，每年仍斥巨资为其产品和品牌投放广告。

迟效性使广告效果不能很快、很明显地显示出来。因此，评估广告效果首先要把握广告产生作用的周期，确定广告效果发生的时间间隔，这样才能准确地评估广告活动的效果。

二　累积性

广告活动是一个连续、动态的过程，消费者搜集信息的过程也是一个动态的过程。消费者从接触广告到完成购买，中间是同一广告重复叠加、不同广告效果积累的过程。连续的广告既存在重叠效果，也存在重叠衰减效果。广告在不同时段有不同的反应，这取决于消费者对广告的熟悉程度和厌烦程度。

广告的效果会随着广告周期时段的不同而变化。每一次单一广告的效果会随着时间的推移而衰减，但是广告主一般倾向于重复式广告，在一个投放周期使用同一个广告或广告组合。这样从整体上看，投放初期呈现效果递增，不断的重复使消费者对之熟悉；而随着长时间的广告展露，消费者最终感到厌烦而使广告效果呈现递减。广告效果随时间推移而变化，使得评估广告效果更为复杂，因为研究者必须对一个运动着的目标的全部影响因素进行评估。

三　复合性

一方面，某一品牌的广告可以出现在不同媒体上，而每一种媒体对消费者的影响有其独特的效果，并且不同媒体对消费者的影响效果会产生互动，消费者可能从各种不同媒体上看到某个广告，从而产生一个复合的广告效果。

另一方面，一个市场可以划分为不同类型的消费者群体，每一个群体中的个体对某一品牌持有类似的反应。有些群体属于品牌忠诚者，有些是偶尔购买者，有些只是知道该品牌但没有购买过，还有一些从未听说过该品牌，每一个细分群体对广告的反应不一。对他们喜爱的品牌的广告，忠诚者比其他人的反应更快、行动更迅速，也更容易被吸引从而做出积极的反应，他们也更理解和认同广告信息。同理，忠诚者相对于其他人更容易对某一类广告达到饱和状态。因此分析广告效果时，必须把各个细分市场群体的各种不同反应考虑在内，去理解广告的整体效果。

第三节 广告效果研究的历史发展

广告效果研究已经有 100 多年的历史，对广告效果的认识经历了不同的发展阶段。根据广告效果研究的理论和技术发展水平，可以将其发展史大致划分为三个阶段。

一 19 世纪末 20 世纪初：广告效果研究的萌芽期

从 19 世纪末 20 世纪初开始，广告的产业化进程大大加快，广告业的迅猛发展对广告运作提出了更高的要求，广告也开始逐渐由"印在纸上的推销术"发展为一门学科，对广告效果的研究也随之展开。

1895 年，美国明尼苏达大学心理实验室的哈洛·盖尔（Harlow Gale）设计问卷对消费者行为和心理进行了调查，被视为广告人对广告运作理论、原则与效果进行科学研究的新开端。1898 年，美国的路易斯（E. St. Elmo Lewis）提出了 AIDA 法则，认为一个广告要引人注目并取得预期效果，在广告程序中必须做到：引起注意（Attention）、产生兴趣（Interest）、培养欲望（Desire）和促成行动（Action）。1900 年，哈洛·盖尔在多年研究的基础上完成了《广告心理学研究》一书，在该书中，他首次将心理学原理引入广告研究领域，对消费者从看广告到采取购买行动的整个过程进行了分析，比较系统地阐述了商品广告如何运用心理学原理以引起消费者的注意和兴趣。1901 年 12 月，美国西北大学校长、心理学家瓦尔特·迪尔·斯科特（W. D. Scoot）在一次学术报告中提出，广告应该成为一门学科，并且心理学可以在其中发挥重要作用。

二 20 世纪 20~80 年代：广告效果研究的成长期

20 世纪 20 年代是美国历史上的繁荣时代，社会经济的繁荣无疑为广告业的发展创造了良好的环境。在当时的商业领域，广告成为企业推销商品的必要手段，出现了商业界更多地利用广告来推销商品的动向。① 广告的重要性被越来越多的人认可，广告业不仅成为一项令人尊敬的事业，而且第一次被提到与生产具有同等重要性的地位。这一时期市场调研的热潮兴起，大多数广告公司开始进行广告对市场销量影响的研究。虽然这些研究只是对人口统计数字、销售点数量、购买力指数、媒介覆盖率、品牌喜好进行排名，并对按职业和阶级划分的读者个性等方面进行描述而已，② 但仍然具有重要的意义。

20 世纪 30 年代经济大萧条开始，面对消费者对销售的抵制以及企业对广告预算的削减，广告业必须改进以往的做法，于是，调查业应运而生。丹尼尔·思达奇（Daniel Starch）、尼尔森（A. C. Nielsen）、乔治·盖洛普（George Gallup）分别成立了调查小组，研究消费者的心态和偏好。他们提供有关公众舆论、广告信息的执行情况以及广告产品销售状况的信息，从而开创了一个全新的行业：市场营销调查业。盖洛普的研究发现：女人注意以性、虚荣、质量为诉求点的广告，而男人则首先注意以质量为诉求点的广告，其次是以性为诉求点的广告。这一系列结果对广告公司的创作极具价值。许多广告公司还纷纷开始研究动机心理学和吸引消费者注意的方法，尝试使用商场访谈等方法进行研究。

从第二次世界大战至 20 世纪 50 年代，在市场预测和调查方面，新的动机调查方式取代了旧式的民意测验：专家开始运用心理学及心理分析的手段，探求前意识或无意识如何支配着人们做出选择。尽管在 20 世纪 20 年代，心理学就开始被运用于广告制作，但动机调查却是在 20 世纪 40 年代末 50 年代初才在美国立稳脚跟。动机调查分析什么是人们确实需要的，并让广告商理解了消费者为什么逃避一些产品如速溶咖啡。心理学家还与生产厂家联手，大力改进彩色印刷工艺，给产品以醒目的图像，通过设计吸引消费者的视线。

1961 年科利（Russell H. Colley）向美国广告协会提交了一份题为 "Defining Advertising Goals for Measured Advertising Results" 的研究报告，他在这

---

① 吉尔伯特·C. 菲特、吉姆·E. 里斯：《美国经济史》，司徒淳、方秉铸译，辽宁人民出版社，1981。
② 姚曦、蒋亦冰主编《简明世界广告史》，高等教育出版社，2006。

份报告中设定了一个用来确定具体目标和衡量广告效果的模式。他认为广告的功能在于准确无误、简单明了地向目标受众传播信息，刺激其购买欲望；广告的成败取决于能否在适当的时机向适当的人以适当的成本传播适当的信息；广告要产生效果必须确定明确的目标；应当注重广告的心理效果，而不是媒体效果（展露程度）；广告产生效果的过程是层次性的，包括知晓—理解—确信—行动四个层次。科利提出的"制定广告目标以测定广告效果"的方法在国际广告业界引起了强烈的震撼。在此之前，广告效果测定理论的核心是广告投放对提高销售所起的作用，即从销售的层面分析广告效果。此后广告效果的研究和实务大多受到广告效果分层级思想的影响。这一阶段的广告效果评估实践在各个大型媒介公司、广告公司、调查研究公司开展得如火如荼，大量媒介效果研究报告得以发表，韩国的MBC、日本的 NHK 等纷纷开始进行收视率预测。博报堂、电通、万年社等则设置了广告效果评估实验室。1960 年，尼尔森在日本开始了它的视听率评估业务；1965 年 ASI（Audience Studies Inc.）开始专门从事电视广告效果评估工作。

20 世纪 70～80 年代，技术发展使产品同质化现象加剧，市场竞争的范围更广，以消费者为中心的市场营销观念逐渐成熟，营销组合理论、消费者行为与消费心理分析、市场细分等理论纷纷出现。另外，电子媒体的高度普及和发展使传播环境日益复杂，媒体传播干扰越来越多，而对传播的研究不断加强和精细。对媒体阅读率、视听率和广告注目率的分析，对广告效果的多变量分析以及对广告认知效果的分析等大量研究显示了这一时代广告效果研究的视角拓展——不仅关注传播效果和心理效果，更注重对整个媒介效果包括即时效果与长远效果的综合评估。坎贝尔（R. H. Compbell）1969 年出版的《广告对贩卖及收益的效果评估》（*Measurement the Sale and Profit Results of Advertising*）一书就极富代表性。该阶段的系统性不仅仅表现在广告研究的对象和范围上，而且在调查方法上也呈现多元化、系统性的特点。计算机技术及应用的飞速发展，极大地推动了媒介效果评估数据库的建立和各种效果评估模型的发展。效果的事后评估越来越准确，事前预测的发展越来越迅速，现在已成为最活跃的研究领域之一。

三 20世纪90年代后至今：广告效果研究的变革期

20世纪90年代以来，互联网广告有了极大的增长，网络技术的变革也给互联网广告带来极大的支持，同时针对互联网广告的效果的研究也给广告效果研究带来新的视角。由于商品的极大丰富，品牌消费成为风尚，消费者对传统大众媒体信息的屏蔽及对所需信息的主动搜索成为媒体使用的动力。消费者信息获取途径的变化、消费模式的改变以及媒体使用方式的改变，对广告效果评估提出了新的挑战。

电通公司针对互联网与无线应用时代消费者生活形态的变化提出 AISAS（Attention – Interest – Search – Action – Share）模式，为广告效果评估注入新的内容。AISAS 模式将信息搜索与分享作为两个重要环节来考量，因为消费者自主搜索与分享行为的出现使传统广告模式很难到达关系交互的网络社群中，消费者的购买决策正在被圈子中的讨论式信息传播左右，所有的信息将以互联网为中心聚合，产生成倍的传播效果，在以网络为中心的跨媒体传播体系中诞生的是体验，以及分享与决策一体化的信息搜索机制。2011年，日本 Video Research 公司组织专家撰写了《科学的广告》一书，书中涵盖了基于跨媒体传播策略的广告效果评估和运用博客分析的广告效果测定问题，对当今复杂的媒体形态和消费形态下广告效果评估所涉及的领域和方法进行了全面的总结。

第四节 广告效果测评

一 广告效果测评的必要性和含义

（一）广告效果测评的必要性

为什么要测评广告效果？广告主非常关心在支付了巨大的广告制作和投放费用之后，为什么还要专门花一笔不菲的费用来进行广告效果的测量。

目的何在？或许最能让广告主接受的是广告效果测评能够评价广告投资是否产生了正面的财务回馈。这种出于财务目标的评价往往是在广告活动结束之后，对产品销售量和利润进行直接测量。但是从广告效果的内涵来看，销售效果仅仅是广告效果测评的一个方面。根据广告效果测评的不同目的，广告效果测评可以分为事前测评、事中测评和事后测评。在投放广告前测评不同的广告或广告组合策略的可能效果，可以帮助广告主对广告进行选择，并改进广告策略。这是测量广告效果的重要原因。大量研究发现，在广告和广告活动进行一段时间后，效果会下降，这种现象被称为"广告疲劳"（Advertising Wearout）。借助于广告活动期间的广告效果测量，广告主能及时了解"广告疲劳"现象是否已经发生，是否需要对广告与广告活动进行更新。测量广告效果的另一个重要原因在于防患于未然。效果测量可以帮助我们了解为什么一个营销策划能起作用或不能起作用，因此就能够在计划未来的营销方案时知道应该做什么同时应该避免什么。尽管大量的研究已经说明广告效果测评的必要性，但是仍然有很多广告主不愿意再拿出钱来进行效果的测评。20 世纪 90 年代初期，一项对英国大型广告机构的调查发现：只有不到 45% 的机构会借助广告效果测量来制定广告营销计划；68% 的机构对广告效果测量的理解还局限于广告表现的层面上；而 45% 的机构声称效果研究只是为了向客户展示广告效果，以此达到说服的目的。由此看来，即使在广告理念先进的西方，广告效果研究也还远远没有成为广告管理的必需步骤。

但是，广告作为企业花费昂贵的营销传播，在没有很好地了解自己的顾客都接触些什么媒体、他们想要什么以及喜欢什么的情况下，仅凭直觉和猜测行事，在如今这个飞速变化、高度竞争的全球经济状态下无异于自取灭亡。效果测评作为广告调查①的重要组成部分，为广告决策提供了所需的信息。

进行广告效果测评具有以下三个优点。

（1）避免铸成大错。拙劣的沟通不仅会给企业带来巨大的财务损失，

---

① 广告调查是为了帮助广告公司制定或评估广告战略、单条广告或整个广告活动而对信息进行的系统的搜集和分析。

而且还会使企业错失重要的市场机遇。如果广告不能实现其目标，损失的不仅仅是已经投入的资金，还包括正确计划本来可以产生的潜在收益。所以广告的效果测评不仅能节省开支，而且能帮助企业制定最优的投资组合。

（2）评估不同的策略。一般情况下，广告主会同时面临诸多选择。例如，企业可能要决定应该选择何种广告，某一种形式是否比另一种形式更有效，或者两个广告的表现要素中究竟哪个应该优先考虑。这些问题都需要通过研究来解决。

（3）提高广告的整体效率。广告主有时会因为太关注活动本身而忽视自己要实现的目标。他们明白自己说的是什么意思，结果就想当然地以为消费者也会如此。此外广告创作部门也可能因为过于标新立异或太讲究先进技术而导致喧宾夺主，使广告失去所要传递的意义。所以，进行广告测评可以帮助企业开发出更有效的沟通计划。

（二）广告效果测评的含义

简而言之，广告效果测评就是检测广告活动目标的实现程度。根据广告效果的含义可知，广告效果测评不是单方面的，也不是一次性的，而是伴随着广告活动的开展而进行的全面的、多次的测评，更重要的一点是，广告效果测定是连续性和阶段性的统一。完整的广告效果测评包括事前测评、事中测评和事后测评。

（1）事前测评（Pretesting）。事前测评是指在广告活动投入之前进行的测评。当广告还处于最初的酝酿阶段时，针对广告创意进行概念测试，以了解目标受众对不同广告创意思路的接受程度；在广告设计表现时，针对广告布局设置（包括标题、文案和图案草图）或电视广告的脚本和故事板，测试目标受众对这些广告要素的注目程度和评价；在广告提交完稿之前，对广告受消费者喜欢的程度及其对广告的理解程度进行测评，用以在广告活动开展之前诊断可能出现的传播问题。事前测评过程中使用的方法各不相同。在焦点小组访谈中，参加者可以随心所欲地讨论他们对广告的看法，评价各个选项之间的相对优劣，甚至还可以提出改进意见或建议使用其他主题。也可以通过入户访问、购物中心拦截调查等方式请消费者用一组量表来评价广告。此外还可以用实验室的各种方法来搜集数据。事前测评的优点是，可以用相对低廉的费用获得反馈信息。研究人员能够在投入大量金钱发展一个概念之前，发现概念本身或传递方式上存在的问题。

（2）事中测评。事中测评是指在广告作品正式发布之后直到整个广告活动结束之前，了解消费者在实际环境中对广告的反应，对广告作品和媒体组合策略是否有利于广告目标的达成进行评价，为事后测评积累必要的资料和数据。事中测评虽然可以及时发现广告及广告活动中出现的问题，但是很难对已经发布的广告方案做出修改和调整。

（3）事后测评（Posttesting）。事后测评是指在广告活动结束后，帮助营销人员全面评价广告传播是否达到预期目标，以获知广告策略是否成功。事后测评可以分为两个阶段。第一阶段，广告活动一结束就着手对消费者的认知和态度变化进行测评，并对产品的销售变化进行测量。由于广告效果具有延迟性和累积性，广告活动在结束一段时间后仍然发挥着作用，这些预热将累积到产品品牌上，所以第二阶段的测量主要针对品牌进行，测评品牌记忆、品牌态度等。事后测评的方式很多，但其中大部分都离不开询问调查法。

二 广告效果测评的内容

广告是一种劝服性的策划传播，是为了实现特定营销传播目的而有意识进行的传播活动。广告的作用可以看成一个沟通过程，并包含三个阶段：信息输入、信息处理和反应输出。广告是刺激或输入，激发起消费者的某种思维处理过程，如思考、感受和欲望。这些处理过程引起各种反应和市场输出。这三个阶段就成为广告效果测评三个维度的内容。

（一）广告输入的测评

输入的测评内容包括：广告强度、媒体、广告创意内容。广告强度指广告施加于受众的水平，主要通过广告开支、开支比重及发布次数来进行测量。媒体是广告触及受众所要经过的沟通渠道，最基本的 5 个指标是收视范围、收视率、频率、毛收视点和广告发布比重。广告创意内容的测评，主要是针对目标受众对广告创意的接受程度及其对广告内容的理解程度。

（二）消费者信息处理过程的测评

信息处理发生于消费者接触广告时的思维反应。处理过程表现为知晓、信服和购买意向。消费者的信息处理可以分为认知、感受和意向。认知指思维过程，如注意和知晓，最常用的对知晓和注意进行衡量的指标是回忆和识别；感受是指一种情绪，衡量情绪最常用的指标包括喜欢、态度、讨厌、恐惧；意向是指即将采取行动前的意念，如信服和购买意图。

（三）市场输出的测评

输出是指广告引起的消费者或市场需求在行为上的改变。输出可以表现为消费者对某一品牌的试购，或者某品牌销售量的变化，主要采用品牌选择、购买强度、销售量和市场份额来进行衡量。

三　取得满意测评效果的条件

（一）确定传播目标

众所周知，要想搞清楚广告对销售的直接影响几乎是不可能的。因此，为促进销售制定的营销目标不是测量广告效果的有效手段。但是，传播目标的实现不仅可以测量，而且还是实现营销目标的前提。

（二）使用消费者反应模型

在制定有效的传播计划时，最重要的一个步骤就是理解消费者的反应过程，即消费者在做出某一特定行为如购买某一产品之前经历的心理活动，以及广告对这些反应的影响。后文将详细介绍反应层次模型和认知反应模型，它们不仅可以帮助我们理解传播的各种效果，而且也有助于确立明确的传播目标。利用反应层次模型设定传播目标的例子见表 1–1。

表 1 - 1 利用反应层次模型设定传播目标

产品：A 品牌的洗发水

广告投放时限：6 个月

目标 1：使目标受众中 90% 的人知道。在报纸、杂志、电视等媒体上做广告反复传播品牌信息。

目标 2：使目标受众中 70% 的人感兴趣。在广告中传播产品特性和优点——富含植物养发成分，改善发质。

目标 3：使 40% 的目标受众喜欢，使 25% 的目标受众偏好。通过广告的持续传播和样品试用使受众深入了解产品并产生认同感。

目标 4：使目标受众中 20% 的人尝试使用。采用样品试用、在广告中发放优惠券等手段。

目标 5：拓展和保有 5% 的目标受众成为 A 品牌洗发水的忠实用户。采用具有震撼力的重复性广告，并在广告中发放优惠券。

（三）同时使用事前测评和事后测评

不论是从实际成本还是机会成本的角度考虑，进行事前测评都是明智之举，但是事前测评应该与事后测评结合使用。这样不仅可以避免事前测评的诸多缺陷，使用大得多的样本，而且可以使测试情境更贴近现实。此外，在确定广告或广告活动的实际效果（品牌选择、销售量、市场占有率）时，也都需要使用事后测评。

（四）使用多样化的测评手段

许多广告效果测评的重点都集中在一个主要的因变量上，如销售量、回想率或再认率。但是广告对消费者可能产生许多种不同的效果，有些可以用传统的方法测量，有些则需要依靠新技术的发展来实现。要想广告效果的评估准确真实，就需要采用多种测试手段。表 1 - 2 简单列举了事前测评和事后测评的一些方法。

表 1 - 2 测评方法分类

	事前测评	事后测评
实 地 法	模拟广告载具　试播测试	回忆测试　态度量表测量　追踪研究 联想测试　单一来源数据调查
实验室法	消费者评审法　瞬间显露测试 理解反应测试　剧场测试 生理测试	

（五）理解和采用恰当的研究方法

理解研究方法至关重要。怎样才算是一个好的研究设计？它是否有效而且可靠？它测量了所需测量的对象了吗？在这一点上没有捷径可走，而且它还是准确测量广告效果的前提。

思考题

1. 如何理解广告效果？
2. 广告效果的特性将如何影响效果测评？
3. 完整的广告效果测评包含哪些内容？

案 例
日本电通公司广告沟通效果调查框架

广告沟通效果调查是指测定、评估广告的沟通效果与促销效果。调查体系由以下 6 个层面的指标构成。

一、接触层面：广告认知

主要调查消费者是否接触过广告，是否记得品牌名。广告认知围绕以下 4 个层面展开。

（一）品牌认知调查

1. 了解对该品牌与竞争品牌的认知状况

2. 对该品牌与竞争品牌认知状况的比较

（二）企业名认知

1. 了解对该企业及其竞争企业的认知状况

2. 了解品牌与企业名的结合度

3. 了解企业广告等为该企业带来的潜力

（三）广告接触

1. 了解对该品牌及其竞争品牌广告的接触状况

2. 对与竞争品牌广告的接触状况进行比较

3. 了解反复接触的程度

4. 了解对该品牌接触的频度

（四）认知途径

1. 通过认知途径了解各媒体的影响力

2. 如果是新商品，则通过品牌认知途径了解该广告在品牌渗透方面的影响力

二、广告评价层面：对广告内容的理解及获得的印象

（一）广告内容认知与理解

1. 了解广告表现（创意）要素的到达度

2. 了解广告诉求点的到达度

（二）广告评价印象（形象）

1. 对广告整体印象的评价、对各种创意表现要素的评价

2. 了解广告与品牌的适合性（吻合性）

三、商品评价层面：对商品内容的理解及获得的商品形象

（一）对商品/企业内容的理解

了解对商品或企业本身业务内容的理解程度

（二）品牌/企业形象

了解对品牌或对企业本身形象的评价

四、心理形成层面：是否产生了兴趣和关注，是否产生了好感

（一）对商品的兴趣和关心度

1. 了解对该品牌或该企业的兴趣和关注度

2. 对该品牌或企业与竞争品牌或竞争企业的兴趣和关心度进行比较

（二）对品牌的好感度

1. 了解对该品牌或该企业的好感度

2. 对该品牌或企业与竞争品牌或竞争企业的好感度进行比较

（三）品牌购买、使用意向

1. 了解购买该品牌或入职该企业的意向

2. 对竞争品牌和竞争企业进行比较

五、行为层面：是否实际采取了行动

（一）购前准备行为

1. 参与促销抽奖的行为

2. 旨在购买的准备行为

3. 了解其通过接触广告而派生出的其他行为（如参与促销抽奖等）

（二）二次效果

了解通过接触广告所派生出的其他效果和行为

六、基础层面：与商品的关系、接触媒体的习惯、目标受众的属性等

（一）与商品领域（类别）的相关度

了解消费者对该商品的意识

（二）媒体接触经验

了解（目标对象）与刊登或播出广告的媒体的接触状况及习惯

（三）购买、使用经验

了解（目标对象）对该类商品过去和现在的使用状况与主要使用的品牌名

（四）基本特征

了解目标受众的个人基本特征

资料来源：电通株式会社官方网站，http://www.dentsu.com。转自王晓华《广告效果》，高等教育出版社，2012。

案例思考

1. 从电通广告公司的这套测量体系来看，你如何理解广告效果的内涵？

2. 对于广告效果的复合性，本案例给了你哪些启示？

本章实训

一、实训目的

1. 全面理解广告效果的含义，了解广告效果测评的含义。

2. 理解广告效果特性形成的原因以及对广告效果测评的影响。

3. 锻炼学生搜集、分析资料及观察和表达等能力。

二、实训内容

广告效果具有迟效性、累积性和复合性。围绕广告效果的这三个特性

展开讨论。讨论中自己的任何观点或想法均须提供证据，拒绝纯粹思辨。讨论要点主要是：

1. 举出例证说明广告效果特性。

2. 出现这三种特性的原因是什么？

3. 广告效果的特性对其测评有什么影响？

三、实训组织

1. 教师提前一两周布置，学生在进行充分课外准备的基础上，根据本课程课时总量安排 1~2 个课时进行课堂讨论。

2. 在班级范围内，以学生个体或小组形式（4~8 人为宜）进行发言，发言内容应制作成 PPT 同步播放。

3. 教师应激励并安排具有不同见解的同学或小组之间展开相互质询；教师对讨论过程、观点和证据进行评价。

延伸阅读

［1］丹尼斯·麦奎尔、斯文·温德尔：《大众传播模式论》（第 2 版），祝建华译，上海译文出版社，2008，第 163~176 页。

［2］罗伯特·拉维奇，格瑞·斯坦纳：《广告效果预测模型》，载黄合水编《广告研究经典案例》，厦门大学出版社，2010，第 1~5 页。

［3］威廉·阿伦斯、大卫·夏尔菲：《阿伦斯广告学》，丁俊杰、程坪、沈乐译，中国人民大学出版社，2008，第 4~19 页。

［4］杰拉德·J. 泰利斯：《广告效果评估》，李洋、张奕、晓卉译，中国劳动社会保障出版社，2005，第 1~17 页，第 49~55 页。

［5］胡晓云：《从引进到建构——日本的广告效果研究与实战》，浙江大学出版社，2002，第 30~74 页。

第二章　广告效果的产生与研究

学习目标：理解广告传播以及广告劝服是如何影响广告效果形成的；在不同的理论范式下，分析消费者从信息接触到购买行为发生的反应过程及所形成的广告效果研究模型。

第一节　广告效果的产生

一　从传播过程认识广告效果的产生

广告是一种传播活动，而传播过程通常都很复杂。成功的传播取决于许多因素，如信息的本质、受众的理解、信息的接收环境等。此外，接收方对信源和用来传递信息的媒介的感知也会影响传播的效果。在过去的几十年里，学者们逐步建立起了一个基本的传播模型[①]（见图 2-1）。它包含诸多要素，其中，发送方与接收方代表传播过程的主要参与者；讯息与信道是主要的传播工具，而编码、解码、反应、反馈是主要的传播功能；噪声则是指参与传播并损害传播效果的各种无关外在变量。从广告效果的产生来看，主要集中在传播过程中的接收方解码和反应与反馈阶段。

接收方是发送方与之分享思想或信息的人。一般而言，接收方是目标市场上的消费者读到、看到或听到营销讯息并进行解码的受众。解码是指

[①]　Wilbur Schram, *The Process and Effects of Mass Communication*, Urbana: University of Illinois Press, 1995.

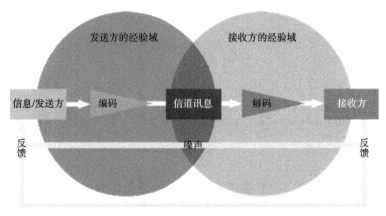

图 2 - 1　传播过程模型

将发送方的信息还原为思想的过程。这个过程受到接收方的参考架构（即引入到传播情境中的经历、感知、态度以及价值观）的影响。要实现讯息的有效传播，接收方的解码过程必须与发送方的编码过程相匹配。简单来讲，即接收方必须正确地理解和解释信源所试图传播的信息。如图 2 - 1 所示，信源与接收者都把各自的参考架构（两个大圆）引入传播环境；双方如有某种共同背景（由两圆重叠部分表示），实现有效传播的可能性就更大。发送方对接收方了解得越多，对其的需求就把握得越准确，双方的情感沟通就越顺畅，讯息传播也就越有效。

接收方在看到、听到或者读到某讯息后做出的举动称为反应。反应的范围很广：既可以是无法直接观察的过程，如在记忆中储存信息，也可以是直接的行为，如拨打免费电话订购电视广告中的产品。在接收方的反应中，营销人员最感兴趣的是被传递回发送方的那一部分信息，我们称之为信息反馈。信息反馈的形式很多，它不仅使传播流程闭合为环状，而且使发送方可以监控他们试图传递的讯息的解码和接收过程。

二　消费者的感知过程

感知（Perception）是指个人感觉、消化和理解刺激的方法，这一定义表示，在消费者的感知过程中存在好几个重要因素，如图 2 - 2 所示。

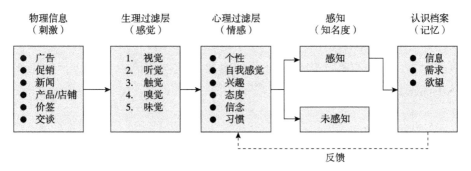

图 2 - 2　消费者感知过程模型

（一）刺激

刺激（Stimulus）是通过感觉器官接收到的物理信息。当我们看见报纸上的一幅汽车广告时，我们会注意到车身的颜色、一组精心组合的字体等，这些都是刺激。广告刺激有多种表现形式：本地百货商店的橱窗展示、可口可乐瓶身上鲜亮的标志、动听的音效，均可以算作广告刺激。这些物品从本质上讲都是物质的，可以刺激人的感觉器官，虽然强度不同，却是可以测定的。

（二）感知过滤

感知的第一个重要因素是个人感觉和消化信息的方式。任何信息在被感觉之前必须首先通过一系列感知过滤（Perceptual Screen）——人们下意识地回避自己不需要的信息的过滤过程。过滤有两种类型：生理过滤和心理过滤。

生理过滤（Physiological Screen）由五种感觉组成：视觉、听觉、触觉、味觉和嗅觉。这五种感觉识别进入的信息，衡量物埋刺激的范围和强度。如果受众无法理解信息，广告主的信息就无法发挥作用，相应的也就不会有感知产生。受众不仅受自己感觉器官的限制，而且还受情感和兴趣的限制。每一个消费者都会根据自己的主观情感标准，用心理过滤（Psychological Screen）来评估、过滤信息并使信息带上个人色彩。这些过滤层基于人的先天因素（如个性、人类本能需求）和后天习得因素（如自我感觉、兴趣、态度、信念、以往经验和生活方式）来评估信息，帮助消费者归纳大量信息。消费者每天接触的信息已经过剩，他们无意中会过滤掉或修正许多"砸"向他们的感觉，拒绝那些与他们以往经验、需求、欲望、态度和信念相冲突的东西。广告主面临的主要问题涉及消费者的选择性感知（Selective Perception）。

（三）认知

感知过程的第三个要素是认知（Cognition），即理解刺激。一旦消费者识别刺激并允许其透过他们的感知过滤层，就可以理解并接受这个刺激了。现在，由于感知已经完成，刺激到达消费者的现实层面。但是每一个人的现实世界都是不同的，因此广告主必须找到大家共同的感知作为广告信息的基础。

（四）大脑档案

心灵就像一座记忆库，储存在人们心里的记忆被叫作大脑（或感知）档案（Mental/Perceptual File）。在当今这个传播高度发展的社会，刺激无时无刻不在轰炸人们的感觉器官，信息塞满了人们的大脑档案。要处理广告这类复杂信息，我们的大脑要按重要性、价格、质量、特点或其他因素对档案里的产品和其他资料排出顺序。消费者很难在一个档案中存下 7 个以上的品牌名称——多半只能记住一两个。剩下的不是与别的档案弄混，就是连同别的档案一起被扔出来。

由于记忆有限，人们拒绝开发新的大脑档案，不愿接受与档案中现存内容不符的信息。消费者从使用某一品牌中得来的经验又会巩固他们对该品牌的感知，这种成见是很难被广告这样的东西改变的。不过，一旦新的感知真的进入了人们的大脑档案，新的信息就会改变人们心理过滤所依赖的资料库。

三　学习与劝服：消费者如何处理信息

人们每往大脑中增加一份新档案，就在经历一次学习过程。许多心理学家都认为，学习是人类行为中最基本的行为。虽然在广告主看来，感知更重要一些，因为它发生在学习之前。但实际上，感知和学习是一个统一体，二者相互重叠。

从定义上讲，学习（Learning）是思考过程或行为中为巩固经验而发生的一种相对持久的变化。和感知一样，学习过程一方面不断清除大脑中的旧档案，一方面又往旧档案里增添新内容。人类的习惯和技巧正是通过学习获得的。学习还有助于培养兴趣、态度、信念、偏好、情感和行为标准，正是这些因素影响着人们的感知过滤和最终的购买决策。

（一）学习的理论

有关学习的理论有很多，但广告研究中通常根据消费者在购买决策时的卷入度（高或低）而将它们中的绝大多数分为两大类：认知理论和条件理论。认知理论（Cognitive Theory）把学习过程看作大脑记忆、思考和合理地应用知识来解决实际问题的一个过程。条件理论（Conditioning Theory），也叫作刺激反应理论（Stimulus Response Theory），将学习看作一种尝试—过失的过程。有些刺激（比如一条广告）引发了消费者的需求或欲望，进而促使人产生做出反应的动力。如果消费者的反应削弱了这种动力，则产生满足感，反应得到回报或强化。这样，在下一次动力出现时就会导致重复行为，从而证明学习过程已经发生。图 2 - 3 和图 2 - 4 是对这两种力量的简单图解。

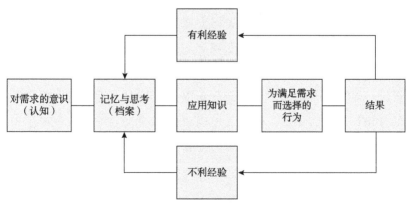

图 2 - 3　认知理论

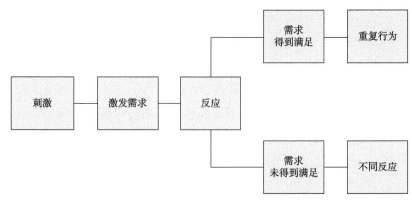

图 2 - 4 条件理论

条件理论更适用于消费者日常进行的简单的基本生活品的购买，如肥皂、牙刷、纸巾等，这也正是广告在杰出产品性能和良好服务的前提下发挥重要作用的地方。如果学习得到极度强化，并足以导致重复行为，也许购买习惯就会形成。

（二）详尽可能性模型

学习与劝服有着密切的联系。当广告改变了人们的信念、态度和行为企图时，劝服就发生了。研究人员发现，对于劝服性信息，消费者有许多不同的反应和加工方式。详尽可能性模型（Elaboration Likelihood Model）则指出了这些方法之间的区别，它是由 Richard Petty 与 John Cacioppo 提出的，最初是用来解释劝服过程的，即劝服性传播如何通过影响态度最终达到其劝服目的。该模型认为，劝服或态度改变有两条基本路径：中心劝服路径和边缘劝服路径。而消费者对产品和信息的卷入度直接影响着对劝服性信息进行加工的数量和性质。高卷入度是指接收方对信息或观点进行了周密的考虑和谨慎的评价；低卷入度则意味着接收方不进行积极主动的信息加工或思考，而是根据一些简单的线索对信息或观点进行演绎推断（见图 2 - 5）。

在中心劝服路径（Central Route to Persuasion）下，接收方被视为传播过程的一个非常积极的参与者。由于消费者对产品或信息的卷入度较高，因此他们会注意与产品有关的中心信息，诸如产品的属性与利益、对有利

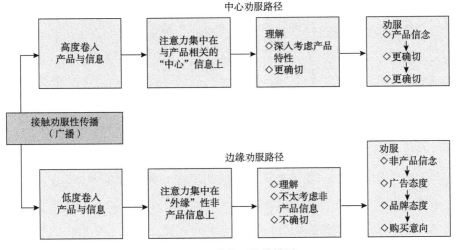

图 2 - 5　详尽可能性模型

性能的演示等，他们一般会更深入、更细致地理解信息，进而对产品产生信心，对品牌产生积极的态度，并由此产生购买的意图。广告的说服力主要取决于消费者对所提观点的正确性评价如何。特别有利的认知反应（支持性观点及有说服力的信源）会使认知结构向有利的方向改变，进而导致积极的态度改变甚至说服。反之，如果认知过程非常不利，还引发了反对观点或信源说服力减弱，那么认知结构的改变就会相当不利，或者造成态度的恶化。在中心劝服路径过程中形成的态度相当稳定持久，日后的其他活动也很难使之动摇。

在边缘劝服路径（Peripheral Route to Persuasion）下，接收方被视为缺乏加工信息动机或能力，也不太可能进行详细、认真的认知过程。接收方并不对广告信息进行评价，而是对广告中一些与产品主要信息没有多大关系的周边线索——如图片、代言人产生兴趣。即使消费者并未对广告中的产品信息进行加工，这些线索也会帮助他形成对广告或品牌的积极态度。周边线索也能导致信息的摒弃。如广告夸大其词、粗制滥造或使用的代言人不让人喜欢，消费者可能连产品信息都不想就把它抛到脑后了。由于边缘劝服路径形成的态度是短暂的，所以良好的态度必须通过周边线索的连续暴露如广告的反复播出来加以维持和巩固。

重复对学习和劝服过程非常重要，就像学生参加考试之前要重复重要信息、记住它们一样，广告主必须不断地向潜在顾客和现有顾客重复关键信息，这样他们才会记住产品的名称和好处。重复信息能促使人们重新考虑过去接触过的广告中的重要信息，从而使信息顺利地穿透消费者的感知过滤层。

四　消费者的动机过程

动机（Motivation）指促使人们付诸购买行为的潜在驱动力，这些驱动力来自人们想满足自身需求和欲望的目的；需求（Need）是驱动人们行事的基本的但往往是本能的动力；欲望（Want）则是人们在生活中意识到的"需求"。

人们通常为了满足某种需求而受驱动，这种需求也许是有意的，也许是无意的；可能是物质的，也有可能是心理的。动机调查意在深入了解消费者意外行为的潜在原因。为了更好地理解是什么在驱动人们，亚伯拉罕·马斯洛（Abraham Maslow）创立了需求层次（Hierarchy of Need）这一经典模式。马斯洛坚信，较低级的、生理的和安全的需求支配着人类的行为，应当在较高级的、社会后天习得的需求（或欲望）产生意义之前首先得到满足。人类最高级的需求，即自我现实需求，是实现所有这些低级需求后最终发现真实自我的结果。广告主运用动机调查了解市场的需求层次的例子如表 2-1 所示。

表 2-1　广告主运用动机调查了解市场的需求层次

需　　求	产　　品	广告诉求
自我实现	高尔夫球课程	"享受时光"
自　　尊	豪华轿车	"公路在握"
社　会　的	项　链　坠	"向她表示你在乎"
安　　全	轮　　胎	"越过障碍"
生　理　的	早餐麦片	"自然能源"

每个人都有需求和欲望，但是往往意识不到它们的存在。但是，一旦消费者意识到自己的需求和欲望与某种产品相关，变化过程就开始了。消

费者首先会权衡自己的需求，认可它并采取行动，或者不理睬它。一旦认可需求，消费者便会将满足该需求当作自己的目标，从而产生达到某一特定结果的意图（动机）。与此相反，如果人们否认这个需求，就会打消采取行动的念头，也不会设定什么目标，自然就不会产生购买的动机。虽然马斯洛的需求层次理论具有一定的缺陷，然而它却为广告主试图在其产品和服务中努力体现所能满足的需求提供了一个框架。广告活动正是按一个品牌如何满足这些需求进行设计的。当代学者罗西特（Rossiter）和帕西（Percy）将马斯洛的需求与动机学说转换成了更利于广告主使用的战略性概念。罗西特和帕西提出了 8 种基本购买使用动机，他们将前 5 种动机视为被动生成动机，将后 3 种视为主动生成动机（见表 2－2）。

表 2－2　罗西特和帕西的八种基本购买使用动机

被动生成动机	主动生成动机
1. 解决问题	6. 心理满足
2. 回避问题	7. 智力挑战
3. 不完全满足	8. 社会认可
4. 组合手段——回避	
5. 正常消耗	

（一）被动生成动机

消费行为中最常见的动机是被动生成动机（Negatively Originated Motive），诸如解决问题和回避问题。例如，某样东西用完了，这时消费者的大脑便处在一种被动状态中。为了消除这种感觉，人们就会积极地寻找新产品或替代品。于是，在购买付诸实施以前，人们会一直受到这种想法的驱使。如果购买的东西令人满意，压力或动机便会消除。

这些动机又叫作信息性动机（Informational Motive）。因为在这种状态下，消费者主动寻找信息，以便解除压力。罗西特和帕西指出，这类动机还可以被称为"解除"动机，因为它是靠解除人的被动状态来发挥作用的。

（二）主动生成动机

主动生成动机（Positively Originated Motive）向人们许诺某种正面奖赏

而非解决或降低某种被动状态，其目的是利用主动实施来加强消费者的动机，促使消费者了解或寻求新产品。三种主动生成动机——心理满足、智力挑战和社会认可——又被称为转换性动机（Transformation Motive），因为消费者希望将此转换成某一种感觉、智慧或社会意识。上述三种动机还可以被称为"回报"动机，因为转换也是一种回报形式。

对某些消费者而言，购买某一特定的产品也许代表着被动生成动机（他们并不想为此而花钱，但工作又使他们不得不买）；但对另一些消费者而言，这也许代表着主动生成动机（他们喜欢逛商店买衣服）。这表明广告主要了解的是两个截然不同的市场，因此有可能需要两种完全不同的广告策略。

第二节　广告效果研究的经典模型

从广告信息发布到消费者的信息接触、信息加工、态度形成、建立对品牌的认识、发生购买行为、使用后的感受和评价等一系列过程，构成了广告效果的测评。针对广告效果的评估，学者们提出了大量的研究模型。

一　传统的反应层次模型

20 世纪 50 年代，以认知学习为基础的认知结构理论成为认知心理学研究劝服的主流理论范式，深刻地影响了这一时期广告效果的研究，也涌现出了影响后世的广告研究范式。反应层次模型描述了消费者从对产品、品牌一无所知到采取实际购买行为所必须经历的各个阶段。

（一）AIDA 模型

1898 年路易斯（E. St. Elmo Lewis）提出 AIDA 模型，最初用来反映销售人员在推销过程中必须引领消费者经历的"注意、兴趣、欲望、行动"四个阶段。这一模型奠定了广告层级效果的基础。这是广告理论中较为经典的观点，可以认为是广告创作原则或是消费者接触广告的心理过程。

从消费者接触广告的心理过程来看，广告成功的第一步是引起注意

（Attention），将消费者的注意力从周围众多的对象集中到特定广告上；接着使消费者对广告发生兴趣（Interest），产生一种肯定的情感体验；然后感到需求，产生购买、消费广告产品和服务的欲望（Desire）；最后采取行动（Action），购买广告商品，享受广告服务。这一理论将广告效果分为不同阶段，确认从广告播出到消费者产生购买行为之间要经历一个复杂的过程，这一过程的每一个环节都可能对购买行为产生影响。

1925 年斯特朗（Edward K. Strong）在 AIDA 的基础上加入了记忆（Memory），构成 AIDMA 模型。这个模型发生在印刷媒体广告为主的时代，其特点是从消费者在印刷媒体上接触广告信息到购买过程有一定的时间差，需要形成一定的记忆，在有需要的时候才能想起广告信息。因此，此模型增加了记忆的环节，广告效果测评需要从广告发布、消费者的信息关注、兴趣的唤起、对广告的记忆和购买行为五个阶段展开。

（二）DAGMAR 模式

1961 年 R. H. 科利向美国广告协会提交了一份题为 "Defining Advertising Goals for Measured Advertising Results" 的研究报告（缩写为 DAGMAR）。科利在这份报告中设定了一个用来确定具体目标和衡量广告效果的模式，后来称之为达格玛模式。该理论认为：广告的功能在于准确无误、简单明了地向目标受众传播信息，刺激其购买欲望；广告的成败取决于能否在适当的时机向适当的人以适当的成本传播适当的信息。为此他在研究报告中提出"制定广告目标以测定广告效果"的方法。

在该模式中，传播任务是具体的、可测量的，即广告目标是有限定的，可以用数字具体表示。科利认为传播的任务应建立在等级模式基础上，一般按以下 4 个步骤进行。

（1）知名（Awareness）：使消费者知道产品的品牌。

（2）理解（Comprehension）：使消费者正确理解广告诉求，了解产品的特性、性能以及这个产品能为消费者做什么。

（3）确信（Conviction）：使消费者对产品产生心理上的认同感，确立选择该品牌的信念；使广告的主张与消费者的理念达到一致。

（4）行动（Action）：使消费者产生购买行为。也可以是"兴趣"性的行为，如尝试进一步深入地了解产品及其使用等。

每个阶段都必须确立能够加以科学测定的量化指标，以便最后测定广告的传播效果。例如，在广告活动实施之前，对产品品牌就知名、理解、确信、行动进行消费者调查，称为"基准点"。之后在广告活动实施期间定期反复地进行同样的调查，再与基准点调查结果相比较。

（三） ALPCP 模式

1961 年罗伯特·莱维奇（Robert J. Lavidge）和盖里·斯坦纳（Gary A. Steiner）为了确定和测量广告目标提出了效果层次模型，即从意识（Awareness）、喜爱（Liking）、偏好（Preference）、确信（Conviction）到购买（Purchase）。这个模型假定消费者从最初意识到产品或服务的存在到实际购买要经过一系列步骤，并描述了广告的作用过程。它的一个基本假设是，广告播出以后，其作用要经过一段时间才能表现出来。广告传播不会导致即时的反应或购买行为；相反，消费者在转向下一个层次之前，必须经历一系列反应，而且一步都不能疏漏。

（四） 创新扩散模型

创新扩散模型是在有关技术创新传播的著作的基础上演化而来的。它描述了消费者在采用一个新产品或新服务过程中的各个阶段。跟其他模型一样，潜在的使用者在采取某行动（这里指决定采用某一新产品）之前必须经过一系列阶段。在采用之前的各阶段是意识、兴趣、评价、试用。推出新产品的公司面临的一个挑战就是如何在消费者当中树立知名度、激发兴趣并引发正面评价。评价一个新产品的最好方法就是实际使用它，因为这样才能评判其性能优劣。所以，营销人员经常采取演示、赠送样品的方法或者允许消费者在支付少量费用的情况下鼓励其试用。试用之后，消费者选择接受这个产品或者摒弃它。

（五） 信息处理模型

1978 年威廉·麦奎尔（William J. McGuire）为广告效果测量提出了信息处理模型。这一模型假定，处于说服性的传播情境（如广告）中的接收方是信息的处理者或者问题的解决者。麦奎尔认为在被说服的过程中，接收方要经过一系列阶段，从而形成一个反应层次。它的各个阶段与效果层次模型很相近，而且顺序也相同——注意与理解类似于意识与了解；接受类似于喜欢。其中有一个阶段是其他模型中没有提出的，那就是保持记忆，即接收方对自己认为有价值或与己相关并已理解的那一部分信息的保留能力。因为大多数广告活动的目的不是激发消费者立即采取行动，而是为他们以后的购买决策提供信息。

表 2-3 列出的 5 个模型都把反应过程看成一个由三个基本阶段组成的依次的运动过程。反应层次的每个阶段都是一个必须实现的因变量，并且可以作为传播过程的一个目标。认知阶段是指接收方对特定产品或品牌的知晓或感知，这个阶段包括对品牌存在的感知，对其属性、特色或优势的知晓、了解或理解；情感阶段指接收方的感觉或者对特定品牌的喜好程度，这一阶段包括较强程度的喜好（如渴望、偏好或者确信）；行动阶段指对品牌采取的行动，包括试用、购买、使用或者摒弃。这三个阶段在这五个模型中的顺序也很相似：认知限于情感，情感限于行动。人们可以假设，消费者先意识到一个品牌的存在，然后对它有所认识，有所感觉，然后形成欲望或偏好，最后购买。虽然在逻辑上这一顺序通常无可挑剔，但实际的反应次序并不总是这样。

表 2-3　反应过程模型

阶段	AIDA 模型	DAGMAR 模式	ALPCP 模式	创新扩散模型	信息处理模型
认知阶段	注　意	知名理解	意　识	意　识	展示注意理解
情感阶段	兴趣欲望	确　信	喜好偏爱确信	兴趣评价	接受记忆
行为阶段	行　动	行　动	购　买	试用采纳	行　为

二 复合式反应层次模型

在过去的 30 年中，营销学、社会心理学、传播学的许多研究都对传统的"认知—情感—行为"的反应顺序提出了质疑，并且出现了一些其他的反应层次模型。

（一）信息处理的三维模型

1973 年迈克尔·雷（Michael L. Ray）提出了一个信息处理模型，根据产品感知差异与卷入度来确定上述三个阶段的三种不同次序。这三种反应层次模型分别是标准学习层次模型、失调/归因模型、低度卷入模型，如表 2-4 所示。

表 2-4 信息处理的三维模型

	卷入程度	
	高	低
高 产品感知差异 低	标准学习层次模型 认 知 情 感 意 图	低度卷入模型 认 知 意 图 情 感
	失调/归因模型 意 图 情 感 认 知	

1. 标准学习层次模型

在许多购买情境中，消费者将按照传统的传播模式描述的次序来经历整个反应过程。获得或习得各种品牌信息与知识，在此基础上形成感觉或情感，再去指导消费者的行为（如试用或购买）。该模型认为，消费者是传播过程的积极参与者，通过主动学习搜集信息。迈克尔·雷认为，当消费者高度卷入购买过程并且竞争品牌之间的差别很大时，标准学习模型就很有可能适用。高卷入度的产品广告通常都非常详尽，总是力图给消费者提供大量的品牌信息。

2. 失调/归因模型

迈克尔·雷提出的另一个反应层次模型称为失调/归因模型（行为—感受—学习）。它这样描述整个反应过程：消费者首先做出某种行为，然后在行为的基础上形成态度或感受，然后学习或处理支持此行为的信息。该模型适用于以下这类情境：消费者必须在两个质量相似但功能复杂的产品中做出选择，购买后，他会想办法证明自己的决策是正确的。为此，他会力图对该品牌形成积极的态度，甚至对放弃的产品形成消极态度。这就减少了由对购买决策的怀疑引起的购买后的认识失调或者焦虑。改善认知失调包括进行选择性学习，即消费者寻求支持所做选择的信息，而避开会对此决定提出质疑的信息。

根据这个模型，广告主需要认识到，有些时候态度是在购买之后才形成的，学习也是通过大众传媒进行的。迈克尔·雷认为，这时大众媒体的作用不是强化既有的选择行为及态度转变，而是通过提高顾客的采购技巧或提供支持信息来减少认知失调。和标准学习模型一样，这个反应层次在消费者卷入购买情境之中时很可能发生，尤其适合于购后情境。

3. 低度卷入模型

在迈克尔·雷提出的这三个反应层次模型中，最引人注目的也许是低度卷入模型。它认为，在低度卷入的购买情境中，接收方按"学习—行为—感受"的顺序，经历从认知到行为再到态度的转变过程。迈克尔·雷认为，如果卷入程度很低，备选品牌之间的差异很小，而大众媒体的影响很大，则这种反应层次就可能发生。

低度卷入这个概念大部分来自于赫伯特·克鲁格曼（Herbert Krugman）的电视广告效果理论。克鲁格曼想探明为什么电视广告能对品牌知名度和回想率产生强烈影响，但却很难改变消费者对产品的态度。他提出了一个假说：电视本质上是一个低度卷入的媒体，而且在收看广告时，人们的直觉防御会减弱或消失。在一个低度卷入的情境中，消费者并不将讯息与以前获得的信念、需要或过去的经历相比较。广告特别是反复传播的广告，能够使消费者的知识结构在潜移默化间发生变化。这种变化并不能导致态度的变化，但是却可以使消费者学到有关广告的品牌知识，如品牌名称、广告主题或广告口号。克鲁格曼认为，当消费者进入一个购买情境时，这个信息就足以触发一次购买行为。有了对该品牌的购买经验以后，消费者就会形成态度。所以，在低度卷入情境中，反应是按如下顺序发生的：信息展露—认知结构转变—购买—积极或消极的体验—态度形成。

在低度卷入层次中，消费者完全是在被动学习和随机地截取信息，而不是主动地进行信息搜集。广告主必须认识到，一个消极、被动、缺乏兴趣的消费者会更多地注意那些非信息因素（如广告中的音乐、人物、口号或广告歌曲），而不是信息本身的内容。在这种情况下，广告主最好的办法就是制作一支优美动听的广告歌曲。它不需要有意识的信息处理过程就可以存储在消费者的记忆中，而一旦消费者进入真正的购买情境，这种信息就会被激活。

（二）整合信息反应模型

广告研究人员与消费者研究人员都认识到，无论是传统的还是其他的反应层次模型都无法对所有的反应次序与行为做出准确的解释。广告仅仅是消费者在形成态度和做出购买决策时的一个信息来源。此外，对于消费者而言，购买并不表示对某一品牌的忠诚，而只是把试用当作一种获取第一手信息的途径而已。罗伯特·史密斯（Robert Smith）与威廉·温亚德（William Swinyard）提出了一个对广告反应次序的修正解释。这个整合信息反应模型将传统反应层次模型与低度卷入反应层次模型中的概念进行了整合，同时考虑了直接经验的影响，并认为信念水平的差异来自于广告与个人使用经验之间的比较。

整合信息反应模型（见图 2-6）指出，消费者对广告有几种不同的反应方式。在低度卷入购买情境中，"认知—试用—情感—投入行为"的反应次序会出现。根据这一次序，广告通常会产生低度信息接收、低度信任、低度情感。然而，当大量的重复建立起知名度以后，消费者就可能为了搜集信息而进行试用。试用带来的直接经验会引起高度信息接收、高度信任、高度情感，进而形成对品牌的忠诚。广告通常只能带来低度的信任和情感。人们认为它作为一个信源，出于自身利益的考虑，无法做到不偏不倚，因此会使许多信源和信息打折或被摒弃。但有的时候，如当可察觉的风险和产品卷入度都很低时，消费者也可能会在广告的作用之下直接购买。如果产品的卷入度较高，消费者就会从外部信源（如更多的广告、推销人员、口碑）和直接经验中寻求更多的信息。这时的反应次序与传统的效果层次模型相似，也是"认知—情感—投入行为"。更高程度的反应路径则表明，直接感受会带来高度的信任和情感，这种强烈的反应更可能导致品牌偏好与品牌忠诚。

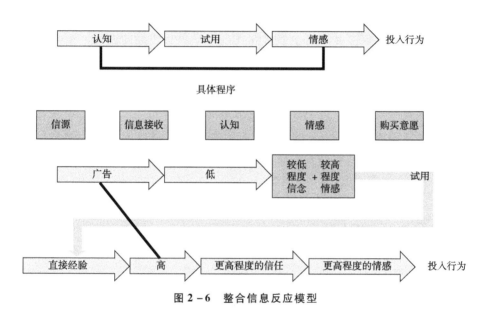

图 2-6　整合信息反应模型

三　互联网时代的 AISAS 模型

　　AISAS 模式是日本电通公司针对互联网与无线应用时代消费者生活形态的变化而提出的一种全新的消费者行为分析模型：Attention（注意）—Interest（兴趣）—Search（搜索）—Action（行动）—Share（分享）。

　　从传统时代到网络时代，互联网与移动应用得到了爆发性的普及。Web2.0 带来了传统媒体无可取代的全新传播理念——以生活者为主体的传播，消费者不仅可以通过网络主动获取信息，还可以作为发布信息的主体，与更多的消费者分享信息。由于将生活者吸引进来的网络工具（如Blog、Wiki、BBS）的崛起，生活者的行为模式和媒体市场也随之发生了变化。电通公司的长期研究显示，在商品认知阶段，消费者的信息来源以电视、报纸、杂志、户外、互联网等媒体广告为主；在理解商品及比较探讨和决定购买的阶段，除了亲临商店之外，互联网及口碑相传是其主要信息来源与决策依据。电通公司对作为营销基础的消费者行为模式进行了重构。基于网络时代的市场特征而重构的 AISAS 模式，则将消费者在注意商品并产生兴趣之后的信息搜集以及产生购买行动之后的信息分享，作为两个重要环节来考量，这两个环节都离不开消费者对互联网的应用。另外，广告信息不再仅仅遵循广告主经过媒体向大众进行传播的过程，而是受众在需要的时候主动查阅信息和分享自己的消费体验的过程。因此，网络时代的信息流向变成了由"SAS"形成的自我循环，消费者成为信息的创作者、传播者和分享者，参与和互动成为最显著的特征。广告主将很难把握消费者之间形成的"SAS"的信息流向。如何在跨媒体的平台上创造出能引导信息按照广告期望的方向流动的策略，是广告主及广告公司面临的新课题。

四　认知反应模型

许多年来，在研究接收方对营销传播的反应方式时，层次反应模型一直是首选的理论工具。研究的重点也主要在于确定特定的可控变量（如信源和信息因素）与传播效果或反应变量（注意、理解、态度、购买意向）之间的关系。但是，人们已经对这种方法提出了许多方面的批评。有学者指出，由于不能解释这些反应缘何而起，因此实际上是一个"黑箱"。为了解决这些问题，研究人员开始尝试去理解说服性信息的认知过程的本质，并且已经找到了几种用来研究消费者对广告信息的认知过程本质的方法。

认知反应是最常用的一种研究消费者对广告信息的认知过程的方法，即对人们读到、看到或听到某传播信息时出现的想法进行评价。这些想法一般是通过消费者的书面记录或对信息反应的口头报告来衡量的。这一理论假设这些想法反映了接收方的认知过程或认知反应，并且有助于形成最后对信息的接受或摒弃（见图 2-7）。

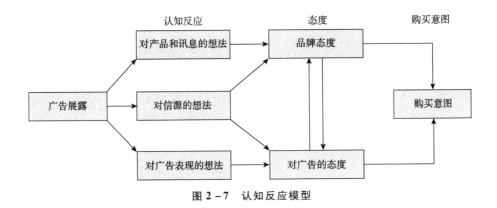

图 2 - 7　认知反应模型

　　认知反应的核心就是确定广告信息唤起的反应类型，以及这些反应与广告、品牌态度、购买意图之间的相互关系。图 2 - 7 表述了研究者已提出的三类认知反应——对产品和讯息的想法、对信源的想法、对广告表现的想法。

　　第一类想法是针对产品、服务和传播过程的陈述。其中最受人们重视的是两种特殊的反应类型：反对观点与支持观点。反对观点是指接收方与信息中所持观点相反的想法。如果信息中的诉求与接收方的信念相悖，那么他采取反对观点的可能性就会更大。反对观点与信息接收呈负相关关系；反驳越多，接受信息中鼓吹的观点的可能性就越小。反之，支持观点则与信息接收呈正相关关系。第二类认知反应是直接针对传播信源的。其中最重要的一个反应就是信源贬值，即消费者对产品代言人或做出产品声明的组织的负面想法。这些想法通常会导致信息接收程度降低。如果消费者认为某个代言人十分可厌或者不可信赖，他们就很可能不会接受这个信源所说的内容。当然，信源导向的想法并不总是负面的。接收方如果对信源十分满意，就会产生出对广告主有利的想法，又称信源强化。第三类认知反应是个人关于广告本身的想法，指接收方在阅读或观看广告时产生的许多想法，与产品和信息诉求并没有直接关系。恰恰相反，它们都是情感反应，是消费者对广告的具体感受，如对广告表现要素（广告创意、视觉效果、颜色、声音的质量等）的反应。对广告表现的想法既可能是有利的，也可能是不利的，但不论怎样都是重要的，因为它们会直接影响消费者对广告及品牌的态度。

对广告的态度是指接收方对广告的好恶感受。广告主对消费者对广告的想法很感兴趣。因为他们知道，情感反应对广告效果至关重要；这些想法会转指向品牌自身，或直接影响购买意图。消费者对广告的感受与他们对品牌的态度一样重要。情感反应与感受对广告效果影响力的大小，是由其他一些因素决定的，如广告的性质、接收方采取的信息加工类型。现在，许多广告主都用感性广告来激发消费者的态度及情感反应，并把它作为一个基本的创意策略。这一策略的成功部分地取决于消费者对品牌的卷入程度以及参与信息加工的可能性。

除认知反应模型外，详尽可能性模型也是研究消费者对说服性信息进行反应和加工的代表性理论。

五 "元认知" 视角下的劝服研究

20 世纪 90 年代，"元认知"① 视角下的劝服研究逐步成为消费者行为研究的新重点。以"元认知"为基础的劝服知识理论强调广告传播者与广告接收者之间的博弈关系，认为消费者是劝服过程"足智多谋的参与者"，他们通过对市场经验的学习和积累，形成与营销或广告策略有关的"劝服知识"，并在处理劝服信息的时候利用这些知识，修正可能对自己不利的偏见，形成最优的反应策略，从而保持对劝服沟通的控制能力。

在"认知结构"和"认知反应"范式下的广告效果研究中，消费者被视为具有"有限主动性"的信息加工者，他们控制学习过程（注意、理解、记忆等）和认知资源分配（卷入、动机等），因此具有一定的主动性，但是信息加工的对象仅限于传播者给定的信息（广告内容、形式、信源等）。而"元认知"范式下的广告效果理论认为消费者是和劝服者"对等的"、具有"完全主动性"的信息加工者，他们的信息加工对象并不局限于营销者给定的信息，还包括劝服双方的关系。消费者凭借在社会化过程中习得的"劝

---

① 元认知研究的创始人弗拉维尔将元认知定义为"反映或调节认知活动的任一方面的知识或认识活动"。元认知即"thinking about thinking"，它指的是个人关于自己的认知过程及结果或者其他相关事情的知识，以及为完成某一具体目标或任务而进行主动的监测和连续的调节。

服知识"，对与劝服相关的信息加工过程进行监控和自省。因此，这样的广告效果研究能够揭示劝服过程的互动本质。

思考题

1. 影响消费者感知广告信息的因素有哪些？
2. 消费者为什么采用感知过滤来过滤接触到的广告？
3. 学习的认知理论和条件理论之间有什么区别？
4. 为什么说劝服过程具有互动本质？

案　例
SICAS：数字时代的用户行为消费模型

DCCI 互联网数据中心基于长期以来对用户的行为追踪、消费测量、触点分析和数字洞察，提出了 Web 2.0 + 移动互联的数字时代的行为消费模型——SICAS。

在网络数字时代，用户接触、获取信息的媒介、渠道、场景、方式，与品牌商家交互的方式，以及用户之间形成意见、产生交流、分享体验的媒介、渠道、场景和方式，都在发生全面而深刻的改变。所有这些改变是需要重新理解并建立新的行为消费模式的根源。

理解新的传播/营销生态，建立与用户行为相匹配的行为消费模型，是提高企业商务营销活动成本效率的关键。在大众媒体和大众市场阶段业已形成的广播式的营销系统，以及与之相应的 AIDMA 用户行为消费模型，早已经不能跟随消费者的步伐。而基于 Web 1.0 阶段网络数字环境认知的 AI-SAS 用户行为消费模型，也已经不能跟得上 Web 2.0、社会化网络、移动互联、全数字化大潮下的消费者的步伐，因为在该阶段，不仅媒介、信息更加碎片化，而且媒介本身也在泛化甚至湮灭，消费者的注意力发生了新的大范围的转移和扩散，感知—接触—交互—决策—购买—体验—分享的行为与路径更为开放、复杂，线性模型已经不能跟上用户的非线性行为，技术创新已经能够在品牌商家与用户之间建立更为紧密的双向互动与有效连接，而非单向传播、单向获取的传统过程。所有这些，都意味着企业需要重新理解生态之变，建立新的非线性、多点双向的用户行为消费模型，以此指导商业决策。

DCCI 通过技术手段对用户实施了长期、连续、实时的监测，结果发现，用户行为消费模式正在由 AIDMA、AISAS 模式转变为 SICAS 模式（见下图）。

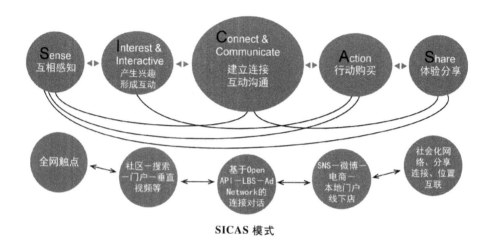

SICAS 模式

在最初的 AIDMA（Attention – Interest – Desire – Memory – Action）模式下，消费者由注意商品，产生兴趣，产生购买愿望，留下记忆，到做出购买行动，整个过程主要由传统广告、促销等营销手段驱动，而广播式的广告是 AIDMA 的核心驱动力。品牌企划、大众媒体、受众、媒介计划与采购是这个阶段营销从业者的关键词，覆盖率、收视率、到达率等是这个阶段营销成效的关键。品牌商家要做的最关键的事是：把自己成功地广而告之出去。

在第二阶段的消费行为模式 AISAS 之下（Attention – Interest – Search – Action – Share），消费者从被动接受商品信息和营销宣传，开始逐步转变为主动获取和认知，AISAS 强调消费者在注意商品并产生兴趣之后的信息搜集，以及产生购买行为之后的信息分享。在 AISAS 模式下，虽然有了针对搜索的 SEO 和 SEM，但是营销活动的核心驱动力依然是广告，营销活动的关键词依然是品牌，只不过多了点击、登录页面等这样一些效果维度，品牌商家与用户之间的关系虽然开始互动，但只是基于链接的简单的碎片化的反馈，而不是基于连接的多点双向的系统交互。品牌商家对消费者的感知不够实时、敏锐，营销决策在很大程度上依赖非实时、抽样式的切片调查，用户也经常不能够及时地感知到品牌商家及其消费信息的存在。究其根本，AISAS 模式还是以广告产生注意，线性单向的营销传播过程以及行为消费过程，多于非线性、网状、多点双向、基于感知连接的 SICAS 过程，且品牌商家在分享阶段的影响力远远不够，而其实体验分享正在成为真正意义上的消费源头。

随着互联网渗透率的日益提高，网民和非网民正日益成为同一个集合。报纸、杂志尤其是电视等传统媒体在过去有着互联网无法比拟的覆盖率，但是这一状况正在发生改变，互联网尤其是移动互联网的用户覆盖率将在不远的将来超越电视，而互联网在用户拥有（Own）及分享（Share）方面的巨大优势，使得它成为效率更高和更具影响力的信息、消费和影响力源头，这样的影响力甚至扩散到互联网之外。互联网正在成为体量最大的、最具效率的主生态系统。营销从业者需要思考的是如何跟随这样一场变革，把商务营销的主场转移到互联网，而不是在传统媒体与互联网之间寻求结合。在这样一场转移过程中，需要考虑的是如何将大众媒体广播式的广告系统，转变为基于实时感知、多点双向、对话连接的交互系统。

在数字时代，Web2.0、移动互联网创造了传统媒体乃至传统互联网媒体无法比拟的全新传播和营销生态——基于用户关系网络，基于位置服务，用户与好友、用户与企业相互连接的实时对话。用户不仅可以通过社会化关系网络和分布在全网的触点主动获取信息，还可以作为消费源和发布信息的主体，与更多的好友共同体验、分享。企业也可以通过技术手段在全网范围内感知用户、响应需求。消费信息的获得甚至不再是一个主动搜索的过程，而是关系匹配—兴趣耦合—应需而来的过程。传播的含义也在发生改变，不是广而告之企业想要告诉别人的信息，而是企业响应、迎合那些人们已经蕴含在内心、表达在口头、体现在指尖的需要。SICAS 阶段商务营销活动的核心驱动力是基于连接的对话，并非广播式的广告营销。对话、微众、利基市场、耦合、应需、关系、感知网络是这个阶段营销的关键词。如何在快速移动的碎片化环境中动态实时地感知、发现、跟随、响应一个个"人"，能够理解他们，并且与他们对话，成为提高品牌商家营销成本效率的关键。而基于 LBS 位置服务随时随地的感知响应能力，基于社会化网络的沟通能力，基于广告网络的覆盖—感知—交互—连接能力，基于开放平台商务协同数据建立交互连接的能力，基于实时数据流的需求实时响应能力，基于各路数据汇聚的开放 CRM 的运营能力，基于分布式电子商务与营销过程无缝对接的能力，企业领导者基于数字化过程的快速实时的理解力、洞察力、决策力，成为品牌商家必须具备的 8 个核心能力。

SICAS 模型包含如下 5 个方面。

第一，品牌与用户互相感知（Sense）。在 SICAS 生态里，在品牌商家与用户之间建立动态感知网络（Sense Network）是非常重要的基础。关于触点，既有去向的印象（Impression）的产生，更有来向的需求响应，对话过程无时无刻、随时随地，广告网络、智能语义技术、社交网络、移动互联网 LBS 位置服务等，是互动感知网络的基础。对品牌商家来讲，实时全网的感知能力变成第一要义，建立遍布全网的感应器，及时感知需求、理解取向、发现去向、动态响应以及充分有效的到达（Reach）变得非常重要。对用户的感知最为重要，而能够被用户感知到同等重要，这两点是品牌商家建立感知网络的两个关键。对用户来说，关注、分享、定制、推送、自动匹配、位置服务等，都是其有效感知的重要通路，品牌商家所需要做的，就是以最恰当的方式提供这些通路。当然，不同通路的效率、特性也是下一步需要研究的。

第二，产生兴趣和互动（Interest & Interactive）。形成互动不仅仅在于触点的多寡，更在于互动的方式、话题、内容和关系。在这方面，曝光、印象的效率在降低，而理解、跟随、响应用户的兴趣和需求成为关键，这也是社会化网络越来越成为最具消费影响力的风尚和源头的原因。此阶段的用户，正在产生或者已经形成一定程度的心理耦合和兴趣共振。

第三，建立连接和交互沟通（Connect & Communication）。这意味着必须基于广告、内容、关系的数据库和业务网络，基于 Open API、网络、分享、链接，将移动互联网和 PC 互联网结合，将企业运营商务平台和 Web、App 打通，在 COWMALS 的互联网服务架构之下，建立与用户之间由弱到强的连接而非链接。不同广告系统之间打通、广告系统与内容和服务系统之间打通，以及社会化客户关系管理等，成为其中的关键。

第四，行动和购买（Action）。在行动和购买阶段，用户的行为不仅发生在电子商务网站之中，而且O2O、App、社交网络等都可能成为购买的发起地点。

第五，体验分享（Share）。体验分享的原始理解在于社会化网络，但在实际过程中，互联网的开放分享会实现对用户体验分享碎片的自动分发和动态聚合，且一切远非口碑营销那么简单。体验分享并非消费的末尾，在很大程度上其正在成为消费的源头，且体验分享的关键信息的发现能力，不仅是满足个性化需求的关键，也会成为消费生产力的重要来源。在体验分享阶段进行互动、引导，其营销价值甚至大过最初的注意力吸引。这是一个倡导用户主权的时代。

总之，SICAS模型是DCCI在全数字营销环境到来之际提出的一个建设性的行为消费模型，是对AIDMA、AISAS的全面革新和替代；互联网在变革，商业生态在变革，用户在迁徙，企业对商业和营销活动的理解，也必须切换到全景、多点互动、非线性的场景之中来。企业必须将自身融入场景的各个微点之中，以感知、对话的方式和用户互动，逐步放弃成本效率越来越差的广告营销模式。

资料来源：DCCI互联网数据中心，发布时间2011年9月2日，编者有删节。

案例思考

1. SICAS模型属于层次反应类模型还是认知反应类模型？SICAS模型与传统层次反应模型有何区别？

2. SICAS模型对数字时代的广告效果测评有何意义？

本章实训

一、实训目的

1. 了解消费者对劝服性信息产生的反应。

2. 掌握详尽可能性模型在广告效果生成机制研究中的意义。

3. 锻炼学生的信息搜集、沟通、理解等能力。

二、实训内容

各选择一则你认为将由中心劝服路径和边缘劝服路径加工的广告，拿给一些人看，并请他们说出对该广告的看法，然后用本章所讲的认知反应模式加以分析。要求如下：

1. 将所选择的两则广告制作成便于展示的方式，展示给 5 个不同年龄的人观看，激发观看者尽可能多地说出他们对广告的看法；

2. 详细记录下观看者对广告的看法，特别留意他们对广告的第一反应，包括语言、表情神态等；

3. 在认知反应模型的框架下分析搜集到的观看者的各种反应，归纳出你的重要发现；

4. 准备一次课堂发言。

三、实训组织

1. 教师提前一两周布置，学生在进行充分课外准备的基础上，根据本课程课时总量安排 1~2 个课时进行课堂讨论。

2. 在班级范围内征集 4~6 位学生的发言，发言内容应制作成 PPT 同步播放。

延伸阅读

[1] 蒂姆·安布勒等：《广告如何起作用：我们真正知道的是什么?》，载黄合水编《广告研究经典案例》，厦门大学出版社，2010，第 196~218 页。

[2] 理查德·佩蒂、约翰·卡乔波：《说服的精细加工可能性模型（ELM）》，载黄合水编《广告研究经典案例》，厦门大学出版社，2010，第 59~113 页。

[3] 乔治·E. 贝尔齐、麦克尔·A. 贝尔齐：《广告与促销：整合营销传播展望》（上），张红霞、李志宏译，东北财经大学出版社，2000，第 193~227 页。

[4] 威廉·阿伦斯、大卫·夏尔菲：《阿伦斯广告学》，丁俊杰、程坪、沈乐译，中国人民大学出版社，2008，第 126~128 页。

[5] 汪玲、方平、郭德俊：《元认知的性质、结构与评定方法》，《心理学动态》2003 年第 1 期，第 6~10 页。

[6] 康瑾：《服务广告传播效果研究》，中国传媒大学出版社，2011，第 68~94 页。

第三章　广告创意及作品效果测评

学习目标：理解对广告创意表现过程实施效果测评的意义；了解广告创意表现过程测评的内容；了解概念测评、文案测评、初稿测评和终稿测评的目的，并掌握各种测评方法。

第一节　广告创意及作品效果测评意义与内容

一　广告创意及作品测评的意义

在广告创意过程中，对广告概念和文案进行测评是为了准确把握消费者对广告的可能反应，尽最大可能使广告准确地诉求并得到消费者的喜欢、理解和认同。虽然没有绝对的方法可以预测每条广告的成功与失败，但只要运用得当，事前测评总能给广告主提供一些有用的信息。

广告公司经常运用各种定性调查方法和定量调查方法测评广告受人们喜欢的程度和消费者对该广告的理解情况。比如，这条广告对你说了些什么？广告可信吗？通过直接提问法，调查人员可以推导出消费者的全部反应，进而推断出广告信息对文案关键点的传递力度。事前测评有助于区分强势广告和弱势广告。但由于测评是在人工状态下进行的，因而调查对象有可能自以为是专家或评论家，说出不能反映他们真实想法的答案，他们还有可能为迎合调查人员而捏造观点，承认自己受到广告的影响，或者支持他们认为自己应该喜欢的广告。另外，创作人员不愿意拿自己的作品做测评，他们认为实施测评会扼杀创作灵感，他们不愿受到强加的市场原则的限制，而更希望自由地发挥其创造力。虽然有种种困难，但归根结底涉及一个词——费用。既然拨出巨款来做广告，营销决策者就有权利也有责任知道一个特定的广告在市场上的表现将会如何。当营销人员要确定哪一则广告的沟通效果最好时，就不可避免地要通过各种方法对备选广告进行测评。事前测评可以以相对低廉的费用获得反馈信息。也就是说，研究人员能够在投入大量金钱达到一个目标前，发现传递的概念本身或传递方式所存在的问题。

在1994年，McConum Spielman Worldwide公司对4637则电波广告进行了一项研究。结果发现，其中只有19%称得上出类拔萃或的确不错，而失败的广告占到了34%。但在那些最终播出前进行过事前测评的广告中，出类拔萃或不错的比重高达37%，失败率则下降了7%。由此可见，事前测评的作用的确不可小视。然而事前测评同样存在缺点。一个缺点是模拟测试、故事板或激发活力的沟通效果不可能和最终作品一样。因为在这些形势下，信息的改善心境或激发情绪的作用很难表现出来。另一个缺点是时间滞延。许多营销人员认为，率先进入市场能使他们占得天时地利，为了确保这一战略地位，他们宁可放弃事前测试来争取时间。

二 广告创意及作品测评的内容

依据广告创意设计过程的次序，效果的测评通常包括概念测评、文案测评和广告终稿测评三个部分。根据测评地点的不同，又可以分为实验室测评和实地测评。在实验室测评中，受试者被带到一个特定场所，研究人员给他们展示或播放广告，然后通过提问或生理测试仪的方式来测量受试者对受测广告的反应。实验室测评的最大优点是，研究人员可以控制过程，能够方便地改动广告要素（文案、图形、版式、颜色等），而且能测量每次变动产生的不同影响。研究人员就此很容易判断每一要素的独立作用。然而实验室环境缺乏真实性，由此会引发测评误差。实地测评是指在真实收看环境下进行测评，但这也是实地测评最大的缺点——缺乏控制。与实验室测评相反，通过实地测评要想把影响观众评价的所有因素一一分离出来几乎是不可能的。此外，进行实地测评所需的时间和金钱也比较多。可见，真实性的获得是以牺牲其他重要因素为代价的。

（一）概念测评

概念测评在广告或广告活动的初期进行，目的是搞清目标消费者对广告构想的反应或对几个不同主题的评价。广告所要表达的内容不是单纯由产品特性决定的，而是由目标消费者关注的方面和市场空间等多种因素确定的。广告创意人员的任务是，把产品的特征"编译"为消费者的好处，与其说是为了产品的销售，倒不如说是为了满足消费者的需求。

概念测评的目的是确定"广告应该说些什么"，实质上是寻找广告诉求的过程。在测评过程中，产品定位说明、文案、标题、图案甚至是广告材料都将可能拿来测试消费者的反应，以确定广告应该表达什么内容。

概念测评是针对广告表达的信息的测评，一般通过概念测评来决定广告要突出的主题。任何产品都会有许多可以表达的主题，广告创意人员能够根据产品的特征提供多个创意，但是哪个创意才是对产品营销最有帮助的，则需要通过概念测评做出选择。概念测评通常包括概念筛选和概念吸引力评价两个阶段。概念筛选是针对已提出的多个产品概念，筛选测试就是根据消费者对各个产品概念的态度，从众多概念中筛选出几个有潜力的、值得进一步详细研究的产品概念。概念吸引力评价则是根据消费者对产品概念的理解和态度，测评其对产品特性（如包装、颜色、规格、价格）的反应，以达到如下目的：测量产品概念的沟通效果和吸引力；估计消费者对新产品的购买意向，并对其潜在购买量提供一个定量的估计；确定产品概念的内容是否需要改进和进一步充实。

（二）文案测评

文案测评是对广告各单项构成要素和初稿所做的各种测验的总称。

由于广告的制作成本很高，越来越多的客户愿意在最终广告的早期样式测评上投入更多的预算。这一阶段的测评对象可能是图片草样、动画或者投影到屏幕上的幻灯片。

只考虑成本是远远不够的。如果测评不能提供相关的精确信息，那它就毫无用处。测评必须提示下一步的广告应该怎么做。有研究显示，这类测评方法的可靠性很好，测评结果通常对提高最终定稿的水平很有帮助。

从广告主的立场来看，文案测评的意义在于，首先，广告以传达广告内容给消费者为主要任务。广告文案或初稿是否能把传送者的意图正确地传达给消费者，并向消费者心理作强力的诉求，提高其对广告商品品牌的评价，激起其购买意向？这是广告文案的功能，也是实施测评的主因。其次，广告应具备的一般特性是什么？程度如何？换言之，一般广告必须醒目、易懂、给消费者增添情趣、唤起他们的共鸣。但是这些因素究竟发挥了多大效能，能否达到创作者原来想要达到的程度，则必须运用科学方法加以测定。

（三）广告终稿测评

在营销人员和广告公司中，广告终稿测评是最受关注和使用得最多的一种测评方法。这个阶段要测评的是一个已经完成的广告，只是还没有推向市场，所以仍然有修改的余地。许多研究人员认为，测评广告的最终形式能得到更有价值的信息。这是因为广告终稿的测评需要考虑受测广告的媒体呈现形式，即广告通过何种媒体推向市场。消费者接触不同媒体的方式存在很大的差异，而广告出现的情境不同，人们对广告的感知也不同。广告终稿测评就是尽可能地模拟真实的媒体环境或在真实的媒体中刊播受测广告，然后观察和搜集受测者接触广告的反应。因此不同传播介质的广告会有不一样的测评方法，如印刷广告采用模拟广告载具的视向跟踪测评、电波广告采用剧场测评、试播测评和生理仪器测评。

第二节　广告创意及作品效果测评方法

1982 年美国最大的 21 家广告代理公司联名提出一套名为 PACT（Positioning Advertising Copy Testing）的广告文案测评原则，旨在改进广告制作和测评中使用的研究方法，为客户提供更有创意的广告，并更好地控制广告的成本。坚持这些原则将有利于广告效果测评的可靠实施。该方法共有如下 9 条原则。

（1）根据广告目标选择适当的测评方法。

（2）每次测评前要就如何使用测评结果达成一致的看法。

（3）多种测评方法同时使用，避免单一测评的不准确性。

（4）要以一套沟通反应模型为理论依据。

（5）考虑到"广告暴露不止一次"的问题。

（6）不同方案的测评至少应在同等情况下进行。

（7）对展露情境适当控制，以免引起误差。

（8）适当考虑选取样本的要求。

（9）保证测评的信度与效度。

一　概念测评的方法

（一）测评程序

表 3 - 1 描述了概念测评的程序。

表 3 - 1　概念测评

目标：研究消费者对词句、图片、色彩所体现的不同广告概念的反应。
方法：选择与目标受众特征相符的消费者，让他们观看不同的广告概念。对每个概念的反应与评价可以通过多种不同的方法取得，如焦点小组访谈法、直接询问法和问卷调查法。样本大小依据给出的概念数量的多少和反应的集中程度而定。
结果：通过定量或定性的数据分析比较不同的概念。

（二）测评方法

较常使用的概念测评方法是焦点小组访谈法、购物中心拦截式调查和投射技术。

（1）焦点小组访谈法，就是采用小型座谈会的形式，挑选一组具有同质性的消费者或客户，在主持人的组织下，就某个专题进行非结构和自然的讨论，从而获得对有关问题的深入了解。焦点小组访谈法一般由产品目标市场的 8 ~ 10 人组成。例如，一家广告公司为了测评 J 品牌果冻的全新概念，用焦点小组访谈法分别对母亲们和孩子们的反应进行了评价。母亲是产品的购买者，而孩子是最终消费者。一个产品概念测评所需要的焦点小组数量根据群体同质性、反应强度、参加者对概念的喜爱（讨厌）程度的不同而不同。一般来讲，10个以下的群体就足以测评一个产品概念了。

焦点小组访谈经常采用"自由叙述法"使参与者充分表达自己的观点。针对展示出的广告概念，主持人以带有指示性的口吻提出问题，例如"您怎么想呢？""您意下如何？"请对方自由表达感想或意见。所获得的资料一般都很冗长、凌乱，整理困难。

（2）购物中心拦截式调查，指的是在购物中心的公共区域拦截购物者，使其当场接受访问或到购物中心的固定访问室接受访问。实施概念测评时研究人员展示受测广告的概念，或直接询问消费者对广告概念的感受和评价，或使用量表（如李克特量表、语义差异量表）评价广告概念，通过量表结果判断受试者对广告概念持有的态度。

（3）投射技术。投射技术源于临床心理学，目的是探究隐藏在表面反应下的真实心理，以获知真实的情感、意图和动机。通常用于广告概念测评的方法是联想法和构筑法。

实施联想法时，访谈者读一个字、词语或展示图片（包括广告图形）给受试者，然后要求他们说出脑海中出现的第一种事物或感受。受试者一般是快速地念出一连串词语，不让心理防御机制有时间发挥作用。如果受试者不能在3秒内做出回答，那么可以判定他已经受到了情感因素的干扰。受试者在联想时自由记述所想的事物，此种情形称之为自由联想法；如果记述限于某一约束范围，则称之为限制联想法。这种方法的潜在假设是，可以让调查者揭示有关主题的内容感受。对回答的分析基于以下几个方面进行：任一个词作为答案的频率；给出答案的时间；在一段合理的时间内，对刺激物根本没有反应的调查者的数量。

构筑法要求调查对象以故事、描述的形式来构造一个回答。在实施广告概念测评时，给受试者看一张有关广告概念的图片，要求他们讲一个故事来描述图片，研究人员利用回答来评价受试者对主题的态度。

二　文案测评的方法

文案测评均选在初稿阶段，并采用实验室方式进行。通行的测评包括理解反应测评、瞬间显露测评和消费者评审法。

（一）理解反应测评

客户最关心的首先是广告有没有把它的意图表达出来，其次是广告产生的反响如何。客户显然不愿意广告给人留下负面印象或冒犯什么人。理解反应测评就是为了评价这类看法。（一旦理解了这些看法，你就会对有些广告迷惑不解，这样的广告居然也拿得出手？）理解反应测评没有什么标准程序，个人访谈法、焦点小组访谈法均可以使用。样本大小根据客户需要而定，通常从 50 人到 200 人不等。

（二）瞬间显露测评

这种方法是专门测评广告各构成元素的引人注目程度的，是典型的文案测评方法，因其使用的仪器——视速器（Tachistoscope）也称为视速器测评。视速器能在极短时间（0.25 秒）内呈现刺激，以检查观众对广告各要素的注目程度。测试时，先在极短的时间内呈现刺激物（如广告作品），此时看不清刺激物，然后逐渐延长呈现时间，要求受试者把看到的东西画在纸上，根据刺激内容的注目程度和呈现时间的关系就可以判断广告或广告要素的效力。一般而言，先引起受试者注目的广告或广告要素，其效力比较大。从另一个角度来说，达到某一注目程度的呈现时间越短，效力越大。通过控制广告暴露时间的不同来测评广告各元素的"显眼程度"，事实上能够测评人们在最短时间内会看到广告的哪些部位，研究如何将广告最核心的信息在"最显眼的位置"表达出来。瞬间显露测评的功能包括：

（1）测评平面广告中各要素的注目程度；

（2）测评平面广告中各种构图的位置效果，以此决定广告标题、图案、文案、品牌标识等的适当位置；

（3）测评广告文案的易读程度；

（4）测评平面广告的色彩搭配与构图。

佳能照相机广告瞬间显露测评

1970 年日本电通公司针对佳能照相机的一则备选平面广告实施了一次瞬间显露测评。测评对象有 6 人。测评时先发一张测评用纸，以备受试者填写和描绘。测评纸上有两个问题：（1）请尽量写（画）下你所看到的广告内容（文字、画、照片、颜色等）；（2）你认为是哪家公司的广告？测评时，每一受试者会分别看同一个广告五次，每次呈现的时间分别为 0.25 秒、0.5 秒、1 秒、3 秒、5 秒。每次呈现之后都要求他们按照测评用纸上的提问画出或写出看到的内容。研究结果如下表所示。

电通公司佳能相机广告瞬间显露测试结果

单位：分

显示次数	第1次	第2次	第3次	第4次	第5次	总计
显示时间	0.25 秒	0.5 秒	1 秒	3 秒	5 秒	
大 标 题	6	11	15	16	17	65
猫 眼	14	13	14	14	13	68
猫 鼻 子	7	5	8	8	8	36
猫 胡 子	9	9	12	12	15	57
猫耳、额头	14	15	16	16	16	77
小 标 题	0	0	0	4	9	13
照 相 机	0	1	4	10	11	26
文 案	0	1	4	7	9	21
标 志	0	0	2	3	9	14
背 景	0	1	0	1	1	3
合 计	50	56	75	91	108	380

得分含义如下：

3 分：文字、图案、照片或颜色等能够想起来并实际状态完全接近者；

2 分：文字、图案、照片或颜色等能想起一半以上者；

1 分：看见文字、图案、照片等，但想不起具体者；

0 分：没有看见文字、图案、照片或颜色等任何者。

由表中结果归纳出如下结论。

（1）各广告要素的回忆顺序依次是：耳朵或额部、眼睛、大标题、胡子、鼻子、照相机。

（2）在极短的时间之内，受试者几乎看不见文字部分，随着显示次数和时间的增加，认知内容也增加，但正确性欠佳。

（3）即使图解部分显示时间短，受试者也能在一定程度上正确地识别其内容。随着显示次数和时间的增加，受试者记忆的内容变化不大。

资料来源：樊志育：《广告效果研究》，中国友谊出版社，1995，编者有删减和改写。

（三）消费者评审法

这种方法选取目标市场上的代表性消费者来评估广告的成果概率。消费者评审员被要求对呈现在独立纸板上的一些不同版本广告的布局或文案打分。表 3-2 列出了消费者评审法的测评程序，表 3-3 列出了测评者提出的样题。

表 3-2 消费者评审法

目标：要求潜在消费者比较广告并说出他们的看法和评价。当需要测评两个或以上的广告时，通常要求观众根据自己的喜好打分或排名。
方法：受试者被要求收看广告并按优劣排序或者两相比较评级。 每一个广告都与组中其他广告一一比较，最后决出优胜者。最好的广告就是获胜次数最多的广告。通常有 50～100 人参加。
结果：对每个正式设计的广告有一个总体评价，并根据观众的感受给这些广告排序。

表 3-3 消费者评审法中提出的问题

- 假如你在××（广告刊载的媒体）上看到这些广告，你最有可能去读哪一个？
- 在这些标题中，哪一个最能激发你的兴趣去进一步阅读广告？
- 哪个广告最能让你相信产品的质量或优越性？
- 哪种版面布局/编排最有可能促使你去购买？
- 你最喜欢哪个广告？
- 你认为哪个广告最有趣？

消费者评审法的具体实施方式分为：优劣排序法和配对比较法。优劣排序法要求评价者对所有被评价对象按等级加以排列；配对比较法把所有要比较的几个对象分别配对，然后请评价者从中选择出最喜欢的一个。

1. 优劣排序法

某饮品店邀请广告专业的同学为其招牌产品鲜榨果汁进行广告推广，同学提供了6款平面广告草案。饮品店想知道消费者会更喜欢哪一款广告，以便创意人员进一步完善设计，并进行制作和投放。为了选出适合的广告，同学设计了一项文案测评。随机抽取100名目标消费者，邀请他们到测评地，依次观看鲜榨果汁的6款平面广告，之后请他们对这6则广告进行排序，调查结果如表3-4所示。

表 3-4   6个广告各等级次数分布

等　　级	广告1	广告2	广告3	广告4	广告5	广告6
第　一	28	18	36	10	0	8
第　二	30	20	30	13	4	3
第　三	22	25	15	18	8	12
第　四	10	17	13	31	11	18
第　五	5	12	4	14	28	37
第　六	5	8	2	14	49	22
总　　计	100	100	100	100	100	100

等级排序获得的资料是次序量表资料，这种资料可以转换成等距量表资料来比较各种评价对象的顺序及差异程度。表3-4的等级数据按照下列公式转换成比率数据：

$$P = (\sum fR - 0.5N)/nN$$

P表示某广告的比率，R表示广告等级，f表示对某广告给予某一等级的评价者数目，n表示广告数目，N表示评价者数目。

然后查阅标准正态分布表，将比率数据转化成Z值。最后将最小的Z值定为0，将其他广告的Z值减去最小Z值，得到等距数据（见表3-5）。

表 3 - 5　转换后的比率数据和 Z 值

等　　级	广告 1	广告 2	广告 3	广告 4	广告 5	广告 6
第一	28	18	36	10	0	8
第二	60	40	60	26	8	6
第三	66	75	45	54	24	36
第四	40	68	52	124	44	72
第五	25	60	20	70	140	185
第六	30	48	12	84	294	132
$\sum fR$	249	309	225	368	510	439
$\sum fR - 0.5N$	199	259	175	318	460	389
P	0.332	0.432	0.292	0.530	0.767	0.648
Z	- 0.430	- 0.17	- 0.55	0.08	0.73	0.38
Z + 0.55	0.12	0.38	0	0.63	1.28	0.93

图 3 - 1 清楚地显示，广告 3 最受消费者喜欢，其他广告受喜欢程度依次是广告 1、广告 2、广告 4 和广告 6，广告 5 最不受欢迎。

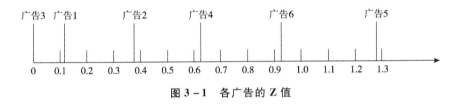

图 3 - 1　各广告的 Z 值

2. 配对比较法

广告专业的同学为该饮品店的招牌产品鲜榨果汁创作了 4 条广告语，为了选出最受欢迎的广告语，同学再次设计了一项文案测评。随机抽取 100 名目标消费者，请他们阅读这 4 条广告语，之后请他们进行逐条比较，选出自己比较喜欢的广告语。调查结果如表 3 - 6 所示。

表 3 - 6　认为第一列广告语较第一行广告语好的人数

单位：人

	广告语 1	广告语 2	广告语 3	广告语 4
广告语 1	—	72	73	56
广告语 2	78	—	87	69
广告语 3	36	23	—	24
广告语 4	54	33	86	—

跟等级排序获取的数据一样，两两比较法得到的初步结果也是次序量表数据，要转换成等距数据才便于比较（见表3－7）。

表3－7　认为第一列广告语较第一行广告语好的比率

单位：%

	广告语1	广告语2	广告语3	广告语4
广告语1	0.50	0.72	0.73	0.56
广告语2	0.78	0.50	0.87	0.69
广告语3	0.36	0.23	0.50	0.24
广告语4	0.54	0.33	0.86	0.50
总　计	2.18	1.78	2.96	1.99

由表3－7可以看出消费者对4条广告语的偏好顺序为：广告语3、广告语1、广告语4、广告语2。但根据这一数据不能判断每两者之间的差距究竟有多大。因此，可先把表3－7中的比率转变为Z值，然后求出平均Z值，并将最小Z值定为0，其他数值相应减去最小Z值即可得出表3－8的结果。

表3－8　配对比较的Z值

	广告语1	广告语2	广告语3	广告语4
广告语1	0	0.59	0.62	0.16
广告语2	0.78	0	1.13	0.50
广告语3	－0.36	－0.74	0	－0.71
广告语4	0.11	－0.44	1.09	0
累计值	0.53	－0.59	2.84	－0.05
平均值	0.1325	－0.1475	0.71	－0.0125
平均值＋0.1475	0.28	0	0.8575	0.135

用图表示表3－8最后一行的结果，得图3－2。由图3－2可知，广告语3最受欢迎，其次是广告语1，再次是广告语4，最不受欢迎的是广告语2。而且广告语3明显占优势，广告语1和广告语4较为接近。

虽然评审法具有易于控制和成本较低的优点，但该方法存在一些漏洞，这限制了它的使用。

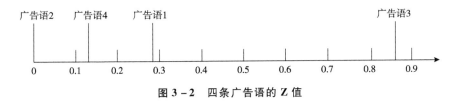

图 3 - 2 四条广告语的 Z 值

首先，消费者可能自封为专家。评审法的一个好处就是目标消费者在产品或服务过程中可以保持客观的立场并主动地参与。但是如果他们知道请他们来的目的是评点广告，那他们可能会力图评价得更专业些。于是其注意力会更加集中，也比平时挑剔许多。这样，他们的评价可能带有主观色彩，或者评价的是那些并不要求的因素。

其次，能评价的广告数量有限。无论采用优劣排序法还是两两比较法，随着候选广告数量的增加，排名程序都会变得冗长乏味。例如要对 10 个广告进行排序，排名最前的两个广告和排名最后的两个广告可能有显著的差距，但那些排名居中的广告就没有多大差别了。而在两两比较法中，所需做出的比较次数可用下面的公式算出：$n(n-1)/2$。如果有 10 个待选项，那么就必须做 45 次比较。随着带选项数量的继续增加，评价工作会更加难以完成。

再次，可能存在晕轮效应。有时参加测评的消费者会因为喜欢一则广告的少数几个优点而对某些缺点视而不见，结果对这则广告各方面的评分都很高。这就是所谓的晕轮效应。这种倾向会歪曲评分结果，并使测评者无法控制某些特定因素。（当然，相反的情况也可能发生——仅仅因为几个很小的缺点就把一则广告全盘否定。）

最后，对特定类型广告的偏好可能影响结果的客观公正。那些带有图片或诉诸情感的广告可能比那些使用文案、事实和理性诉求的广告更容易受到好评。尽管后者在市场上往往更成功，但那些偏好情感诉求的评审者们也无法排除先入之见。

二 广告终稿测评的方法

（一）视向测评

视向测评用一种叫作眼动记录仪（Eye Camera）的仪器（红外线传

感器）来记录读者在阅读过程中的眼动情况。研究人员请受试者看一个广告，这个红外线传感器瞄准受试者的眼睛。当眼睛转动时，红外线也跟着移动并准确地找出受试者视线的焦点。通过对受试者视线的连续追踪，可以发现哪些广告要素能吸引受试者的注意力，他们的视线在上面停留了多少时间及先后顺序和次数，由此推断广告作品的布局、插图及文案的合理性。例如，美丽的模特和令人神往的背景画面往往会分散观众对广告中的产品和品牌的注意力，通过测评可以在广告播出前防患于未然。

视向测评既可以针对广告初稿也可以针对广告终稿，主要用于测量报纸广告、杂志广告、各种商品包装的设计、招贴和其他印刷品的传播效力，有时也用于电视作品的测评。视向测评的一般程序如表 3 - 9 所示。

表 3 - 9 视向测评

目标：追踪观众眼球的转动，确定观众在看广告的哪一部分，或者观众的视线集中在广告的什么地方
方法：当受试者浏览一个广告时，使用眼动记录仪器跟踪眼球的转动，并按优劣排序法或者两相比较法评级。通常有 50 ~ 100 人参加
结果：受试者看到的内容、回想起来的内容、理解了的内容及其相互关系；受试者观看广告的视线路径

佳能照相机广告视向测评

1970 年日本电通公司针对佳能照相机的一则备选平面广告实施了一次视向测评。测评对象为 6 人，测评结果如表 1 和表 2 所示。

表 1 电通广告公司佳能相机广告注目时间和要素顺序

视点号码	2	6	2	4	2	6	1	6	5
时间（分）	1.00	0.25	0.50	0.75	0.25	0.75	0.25	0.50	0.50
顺序	1	2	3	4	5	6	7	8	9
视点号码	8	7	8	7	8	10	8	9	7
时间（分）	0.25	0.50	0.45	1.00	0.50	1.25	0.25	0.25	0.75
顺序	10	11	12	13	14	15	16	17	18

表 2 电通广告公司佳能相机广告视向测评统计结果

广告要素	注目人数	总注目次数	平均注目次数	4 次总注视时间（分）	平均注视时间（分）
大 标 题	5	7	1.4	4.00	0.57
猫 左 眼	5	10	2.0	4.50	0.45
猫 右 眼	6	13	2.2	6.50	0.50
猫 鼻 子	5	8	1.6	4.75	0.59
猫 胡 子	5	9	1.8	6.50	0.72
猫耳、额头	6	19	3.2	10.75	0.57
小 标 题	4	8	2.0	3.5	0.44
照 相 机	5	13	2.6	7.5	0.58
文 案	2	2	1.0	0.50	0.25
标 志	4	5	1.3	4.25	0.85
其 他 部 分	4	8	2.0	3.50	0.44
广 告 框 外	3	4	1.3	2.25	0.56

由表 1 和表 2 结果得出以下推断。

1. 所有受试者都先从猫的眼睛及鼻子部分开始看，而后转向大标题，再转向广告下方的商品（照相机）。

2. 多数受试者都注意到插图"猫"，特别是图的右边部分，反复看的频率相对较高。

3. 大标题和标志虽然反复看的次数少，但注视时间较长。

4. 文章叙述部分不太引人注目。

资料来源：樊志育：《广告效果研究》，中国友谊出版社，1995，有删减和改写。

视向测评还能结合模拟广告载具一起使用。如把测评广告刊登在由广告公司或调研公司设计的模拟杂志上。这种杂志包含读者感兴趣的内容以及测评广告。开始测评时，将杂志发给受试者，要求受试者像平时那样去阅读，受试者阅读到测评广告时使用眼动记录仪跟踪眼球的转动。这种组合测评，将测评广告呈现于一个更自然、更真实的媒体环境中，受试者并不知道要测评哪一则广告，他们在阅读这则广告时，更加接近生活中的情境，可以大大降低测评效应。

黄页广告的视向测评

研究者设计了一本 32 页的电话号码本（黄页），这本黄页上的字体、颜色等特征与真的黄页一样。研究人员对如下变量进行了控制：广告类型，广告在黄页上的位置，广告的大小、颜色、图形，广告的排列顺序等。研究者邀请受试者翻看这本黄页，并用眼动记录仪追踪受试者阅读黄页中广告时的视线。研究发现以下三个结果。首先，带有图案的彩色广告更吸引人的注意。受试者对彩色广告的注视多于对黑白广告的注视，而且受试者往往是先看彩色广告后看黑白广告；注视彩色广告的时间比黑白广告的时间多21%。其次，广告的大小影响人的注意情况。测评中有93%的大幅广告都被注意到了，而只有26%的普通大小的广告被注意到。最后，广告在印刷品上的位置影响人们对广告的注视。受试者阅读黄页广告有一个浏览的顺序，而这种快速的浏览不是将印刷品上的东西都读完，所以总有一些广告是受试者从来看不到的。

资料来源：转载自汪沛《广告心理效果与评价》，科学出版社，2008。

（二）剧场测评

剧场测评，又名影院测评，得名于实施测评的地点即电影院。剧场测评是预测电视广告终稿的一种最常用的实验室方法。这种方法主要测量广告对产品品牌偏好所产生的影响。剧场测评的基本程序如下。

首先，从某地区的目标消费者中抽取250～600名受试者样本，邀请他们前来观看预订的电视节目。

其次，向受试者发放一份需要填写人口统计资料的表格，请他们填写完成。再发放一份产品偏好调查问卷和测评广告的产品类别及品牌名单，请他们从中选择一种自己喜欢的品牌填入。主持人告诉受试者，观看完节目之后将有一个抽奖活动，中奖者可以免费使用其所选产品一年，以诱使他们审慎选择。

再次，受试者将会被安排在按年龄、性别划分的特定区域，观看节目和其中插播的广告，以便研究人员观察。

最后，观看结束后，请受试者再次填答两份问卷。一份是让受试者重新选择一次自己喜欢的产品类别及品牌，另一份是对节目中的广告进行评价，其中包括：对广告的兴趣和看法、对广告的总体印象、广告的说服力、对各个广告细节的回想、对广告中所提品牌的兴趣等。

剧场测评在实际操作中手法不一，但品牌偏好变动是必须测量的。在实施剧场测评中，还可以使用各类生理测试仪器，记录受试者观看广告过程中的生理反应，以判断受试者对所测评广告的感兴趣程度、偏爱程度以及注意程度等。这种生理测评法在实验室环境下测量人的生理反应，即受众对广告的下意识反应（个人无法控制的反应，如心跳加快、肌肉放松等），是一种使用得较少的预测广告终稿的方法。这种方法在理论上可以消除测量手段引起的偏差。

剧场测评还可以与回想测评组合运用。在剧场测评结束后，第二天通过电话访问的方式测量受试者对节目中广告的记忆程度，以此衡量广告的效果。该测评暗含的假设是：回想率最高的广告最有效。

ACT 剧场测评法

电视广告控制法（Advertising Control for Television，ACT）是 McCollum Spielman Worldwide 公司开发的一套实验室程序。它使用代表 4 个城市的约 400 名受试者进行测评。首先，针对测评广告产品的种类，询问受试者在近期内哪些品牌的产品买得最多，从而测量原始品牌偏好。然后再将受试者分成若干个 25 人的小组，收看一个 30 分钟的节目，播放期间插入 7 条广告，其中有 4 条是受测广告，其余 3 条是控制广告（它们都有确定好的收视指标）。节目看完后，受试者要接受一次关于这些广告的回想测试。接着又播放一个 30 分钟的节目，并重播每一个受测广告。然后，对品牌偏好进行第二次测量。从品牌转换者（即那些从近期最常购买的品牌转换到手册广告中出现的品牌的消费者）所占的比重大小就能看出广告说服力的强弱。

资料来源：乔治·E. 贝尔齐、麦克尔·A. 贝尔齐：《广告与促销：整合营销传播展望》（下），张红霞、李志宏译，东北财经大学出版社，2000，第 841 页。

（三）试播测评

试播测评就是将受测广告插进实际的电视节目中进行试播，并在播出后 24 小时内进行回想率测量。回想率可以很好地反映消费者对广告的兴趣和注意程度。试播测评一般通过单一来源数据调查（在第五章中将详细介绍）的系统实现。试播测评属于实地测评，相比实验室方法实地测评解决了环境真实性的问题，在一定程度上消除了测评影响。

ASI 市场研究公司的回想率测评

目标：测评广告终稿，确定隔日回想率和逐字反应率。

方法：在一个新制作的 30 分钟家庭电视节目中插入 1 条控制广告和 4 条受测广告。这些广告和节目一起，通过有线电视网在黄金时段播出。然后从有线电视用户中随机抽取 200 名年龄为 18～65 周岁的观众进行测试。如果观众能回想起受测广告，就对他们进行一些提示，然后提出有关对广告的兴趣、总体印象以及广告说服力等具体问题。

结果：通过测评可以得到受测广告的隔日回想率、逐字反应率以及对广告各方面的评价。如果测评中使用了竞争对手的广告，那么也可以得到竞争广告的上述数据。

资料来源：乔治·E. 贝尔齐、麦克尔·A. 贝尔齐：《广告与促销：整合营销传播展望》（下），张红霞、李志宏译，东北财经大学出版社，2000，第 842 页。

思考题

1. 在广告创意表现阶段为什么要进行效果测评？
2. 在广告创意表现阶段测评的内容与可以采用的方法有哪些？
3. 广告初稿测评与广告终稿测评的区别是什么？
4. 晕轮效应对广告文案测评有什么影响？

案 例

平面广告评价检查表
(Advertising Evaluation Checklist)

标题（Headline）				
	10～8	7～5	0～4	评分值
标题的冲击力强吗？	强	普通	弱	
1. 标题和商品的关联度如何？	相 关	普通	不相关	
2. 标题所包含的消费者利益如何？	强	普通	弱	

续表

标题（Headline）				
3. 标题的行动推动力如何？	强	普通	弱	
4. 标题和文案的关联度如何？	相关	普通	不相关	
5. 标题和插图的关联度如何？	相关	普通	不相关	
6. 标题是否直接瞄准潜在消费者？	很直接	普通	不直接	

总评：

文案（Body Copy）				
	10～8	7～5	0～4	评分值
文案的冲击力强吗？	强	普通	弱	
1. 文案从头到尾合乎逻辑吗？	符合	普通	不符合	
2. 文案的趣味性如何？	很有趣	普通	无趣	
3. 文案特别强调产品或企业吗？	强	普通	弱	
4. 文案强调重要的消费者利益吗？	强烈	适度	不充分	
5. 文案调查次要的消费者利益吗？	强烈	适度	不充分	
6. 文案语言适用于潜在消费者吗？	适用	一般	不适用	
7. 文案对消费者确实有益吗？	有益	普通	无益	
8. 文案的主张值得相信吗？	值得相信	普通	不值得相信	
9. 文案的目的是刺激购买行动或其他正面行为吗？	强	普通	弱	

总评：

广告的布局（Layout）、插图（Illustration）、字体排列（Typography）				
	10～8	7～5	0～4	评分值
整体而言，能达到广告活动的目标吗？	强	普通	弱	
1. 整个广告布局看起来冲击力够强吗？	强	普通	弱	
2. 广告中的主要插图有足够的冲击力吗？	强	普通	弱	
3. 广告中的主要插图，潜在读者会感觉有趣吗？	很有趣	普通	无趣	
4. 广告的文字排版易读性如何？	很容易	普通	困难	
5. 广告篇幅与达成目的相匹配吗？	很匹配	普通	不匹配	
6. 布局适合广告目的吗？	很适合	普通	不适合	
7. LOGO醒目吗？	很醒目	普通	不醒目	
8. 广告布局的"视线"，引导读者贯穿整个广告的程度如何？	高	普通	低	

总评：

广告创意评价表

1. 请问您最初看到这个广告的印象？

（1）印象深刻 （2）有点印象 （3）普通

（4）不太有印象 （5）完全没有印象

2. 以下是有关设计、布局方面的评价，请于适当的地方圈选。

	非常	有一点	普通	有一点	非常	
（1）文字大小刚好	1	2	3	4	5	小
（2）设计美	1	2	3	4	5	不美
（3）设计和文案一致	1	2	3	4	5	不一致
（4）设计具有冲击力	1	2	3	4	5	没有冲击力
（5）设计具有创意	1	2	3	4	5	没有创意
（6）设计的格调高	1	2	3	4	5	格调低

3. 以下是有关文案方面的评价，请于适当的地方圈选。

	非常	有一点	普通	有一点	非常	
（1）文案易读	1	2	3	4	5	不易读
（2）文案具有说服力	1	2	3	4	5	不具说服力
（3）文案格调高	1	2	3	4	5	格调低
（4）文案具有创意	1	2	3	4	5	没有创意
（5）文案具有冲击力	1	2	3	4	5	没有冲击力

资料来源：樊智育：《广告效果测定技术》，上海人民出版社，2000，第20页、第255～259页。

案例思考

1. 结合两份广告文案（初稿）测评表的测评内容和方式，解释创意人员和研究人员在看待广告创意及表现上为何针锋相对？

2. 编制文案（初稿）测评量表时如何避免晕轮效应？

本章实训

一、实训目的

1. 了解广告创意表现过程测评的内容。

2. 掌握广告文案的测评方法。

3. 锻炼学生的广告创意表现和统筹策划能力。

二、实训内容

从每年的"金犊奖"、"学院奖"或"大学生广告艺术节"的参赛策略单中，选择自己感兴趣的一项进行作品创意表现，并对这项作品进行概念测评或文案测评。要求如下：

1. 自行选择策略单，为其设计广告作品；

2. 拟定测评的方案，包括测评目的、测评内容、测评方法、测评对象、实施时间和地点；

3. 实施测评；

4. 完成一份口头测评报告，向全班同学汇报。

三、实训组织

1. 教师提前两三周布置作业，学生组成小组（4~8人为宜）选择策略单，实施作品的创意表现，拟定测评方案。

2. 教师对各小组拟定的测评方案进行修改完善。

3. 按小组自行实施测评，并完成口头测评报告。

4. 在班级范围内，以小组形式进行发言，陈述测评报告，内容应制作成 PPT 同步播放。

延伸阅读

[1] 黄合水：《广告心理学》，高等教育出版社，2005，第 261~296 页。

[2] 杰拉德·J. 泰利斯：《广告效果评估》，李洋、张奕、晓卉译，中国劳动社会保障出版社，2005，第 61~73 页。

[3] 威廉·阿伦斯、大卫·夏尔菲：《阿伦斯广告学》，丁俊杰、程坪、沈乐译，中国人民大学出版社，2008，第 236~263 页。

[4] 小卡尔·麦克丹尼尔、罗杰·盖茨：《当代市场调研》，李桂华译，机械工业出版社，2011，第 94~102 页、第 110~113 页、第 124~125 页。

第四章 广告心理效果测评

学习目标：理解广告在购买发生前的中间效果的意义；掌握各种心理效果测评方法及其优缺点；掌握认知、情感和行为意向层面的测评指标，选择恰当的测评方法。

第一节 广告心理效果的测评内容

广告心理效果，是指广告呈现之后对接收者产生的各种心理效应，包括对受众在知觉、记忆、理解、情绪、情感和行为欲求等诸多方面的影响。

消费者从接触广告到购买广告中的产品，经历了一系列的思维反应，通常把由消费者行为上的改变而导致的销售量变化称为广告的最终效果，那么广告心理效果就可以称为中间效果。中间效果是指广告在影响行为之前，必定有某些能够意识到或意识不到的心理效果（如对品牌的意识、记忆和态度）。中间效果就是消费者处理广告信息的过程，表现为知晓、信服和购买意图。与销售额测量相比，中间效果的测量主要有三个优点。首先，许多中间效果的测量可以发生在广告投放之前，这意味着可以在广告活动开始之前评价一则广告或一系列活动的优劣；其次，在广告和中间效果之间的干扰变量比广告与行为变量之间的干扰变量要少；最后，在大多数情况下，在广告呈现和中间效果之间的时间延迟较广告和销售之间的时间延迟要短。广告心理效果的测评依据消费者对广告信息处理的心理过程而展开，包括认知过程、情感过程和行为意向过程。

一 认知过程

认知是个体反应的思维维度，是人脑对客观事物的属性及其规律的反映，具体表现为感觉、知觉、注意、记忆、想象和思维等多种心理现象。认知是构成消费者态度的基石。接触广告产生的认知表现为消费者通过广告形成的对商品质量、价格、包装、服务与信誉等的印象、理解和评价。根据认知反应模型，消费者在接触广告后会产生三个方面的反应：对广告产品及广告信息的想法、对信源的想法和对广告表现的想法。

对消费者广告认知的测量是测量其对广告及广告产品各个具体属性的信念。对认知的测量首先要区分出消费者能够识别的属性，然后才能通过询问调查测量消费者对每一个属性的认知。例如，软饮料的属性有：卡路里含量、维生素含量、味道和价格等。测量消费者对这些属性的信念可以具体通过如下方面进行：是否能够补充能量、是否有营养、味道好或坏、价格高或低等。对认知过程进行测量最常用的指标是回忆和识别，包括广告再认率、广告回想率和广告回想内容。

二 情感过程

情感是个体反应的感情维度，情感过程是指人在认识客观事物时所持的情绪和情感体验。消费者在认识消费对象时并不是淡漠无情的，而是有着鲜明的感情色彩的，如喜欢、欣赏、愉悦、厌恶和烦恼等。情感是构成消费者态度的动力。消费者接触广告时产生的情感表现为对广告商品的质量、商标和信誉等的喜好或厌恶、欣赏或反感的各种情绪反应。在态度的基本倾向或方向已定的条件下，情感决定消费者态度的持久性和强度。

情感的测量即测量消费者对广告及广告产品属性的感受。这种感受通常与消费者对品牌的情感相关，体现了消费者对品牌的整体评价。在实际操作中，一般通过让消费者对包含特定情感的陈述句表示同意或不同意来测量其对产品的情感成分。

三 行为意向过程

行为意向过程指消费者自觉确立行为的动机与目的，努力克服困难以实现目标的心理过程。行为意向是消费者态度的外在显示，同时也是态度的最终体现。消费者接触广告引发的行为意向表现为对广告中商品的认识，自觉确定购买目标，据此调节行为，克服困难，并努力实现目标的过程。意向是指即将采取行动前的意念，如信服和购买意图，有时意向的概念也包括行动。

行为意向的测量一般通过直接询问消费者购买产品的情况或购买可能性进行。对行为意向过程进行测量的最常用的指标是品牌选择和购买强度。品牌选择是指消费者对品牌的取向，当然这一点只有在多品牌存在时才有意义。品牌选择包括试购、再购买和转换。试购是消费者第一次选择某一个品牌，再购买是消费者再次购买同一个品牌，转换是消费者转而购买其他品牌。试购显示了市场上消费者对某个品牌体验的宽度，再购买显示了消费者对某个品牌的忠诚度，转换显示了某一品牌相对竞争品牌的瞬时推动力。购买强度指消费者在某一时期购买某一个品牌的程度，包括发生、频率和数量等具体指标。发生指消费者购买某个品牌的次数，频率指消费者经过多长时间才会再次购买该品牌，数量则指每一次购买的数量。这样的测量对于大多数产品是相当有效的，但对于与某种社会规范具有强烈关系的产品，这种方法就不一定有效。消费者会倾向于隐瞒或低报对"负面"产品（如酒精产品）的消费，而夸大对"正面"产品（如书籍）的消费。

第二节 广告心理效果的测评方法

一 回忆测评

回忆测评（Memory Test）测量的是人们是否注意到广告并且是否对广告有记忆。回忆测评可采用再确认法和回想法。两种测量方法本身存在差异，再确认法只需要确认以前是否看过一个广告，而回想法则需要在没有任何线索提示的情况下对广告进行回忆。不同的测量结果反映了广告在吸引消费者注意力上是否有竞争力。

（一）再确认法

再确认法（Recognition Test）是丹尼尔·斯塔齐（Danel Starch）为了测定印刷媒体广告的阅读率而研究开发出来的，主要包括以下三个指标。

（1）注目率——记得看过特定广告的读者比率。

（2）阅读率——看过或读过某产品或品牌的一部分广告，能想起此种情形的读者比率。

（3）精读率——至少读过一半广告的读者的比率。

再确认法的实施程序如图 4 – 1 所示。

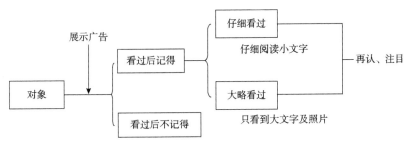

图 4 – 1　再确认法实施程序

再认又分为隐藏式再认和验证式再认。隐藏式再认指在呈现广告时产品或包装都被从广告中删除，被试者需要说出这个广告是哪个品牌的广告。验证式再认则需要被试者指认呈现的品牌与广告的配对是否正确。

1. 隐藏式再认过程

在测试前先制作四张原稿。

（1）只有插图。

（2）除插图外还有标题。

（3）加上文案。

（4）再加上品牌。

从第一幅原稿开始依次给被试者看，每看一幅都问"看过后记得什么？"或"想起是什么的广告了吗？"如果第一阶段有 20% 的人回答记起来了，第二阶段有 7%，第三阶段有 5%，第四阶段有 3%，那么提示回忆率为 35%。

2. 验证式再认过程

把一系列相互竞争的产品广告排列在被试问者面前，掩盖品牌或公司名称，然后由受访者指认，辨出品牌或公司名称。

Starch 阅读人口报告

Starch 阅读人口报告是由 Roper Starch Worldwide 公司设计的，用来评估在一份杂志上刊登一期或连载，或在不同杂志上同时刊登一则广告的冲击力。该公司称：①只要适当予以控制，就可以评估各广告要素的吸引力；②运用公司提供的规范可以衡量竞争对手的广告；③可以测评几个不同的广告实施方案；④阅读人数是反映消费者对广告或广告活动的参与程度的一个重要指标。其理论依据是：只有在读者阅读并理解广告之后，广告才能有所传播。从这个意义上来讲，阅读人数就是广告效果的直接标志。Starch 阅读人口报告的实施过程如下表所示。

Starch 阅读人口报告实施过程

目标	确定印刷广告的再认率，并与同一杂志上的其他广告或同一广告的其他版本进行比较。
方法	从能代表该杂志地区发行量的 20 ~ 30 个市镇行政区中抽取样本。调查人员通过个人访谈审核读者资格，并确定展露度和读者人数（如有需要可以酌情增加样本数量）。 要求参加者通读杂志、阅读广告，然后回答问题。
结果	Starch 阅读人口报告可以提供三种再认率： 广告注意率——记得曾看过广告的读者的比重； 收看联想率——记得看过或读过广告中所提及产品或品牌的任意一部分的读者的比重； 过半阅读率——声称读过一半以上广告文案的读者的比重。

资料来源：乔治·E. 贝尔齐、麦克尔·A. 贝尔齐：《广告与促销：整合营销传播展望》（下），张红霞、李志宏译，东北财经大学出版社，2000。

（二）回想法

回想法（Recall Test）测量的是受试者是否能回忆起看过某广告或看过某品牌的一个特定广告。在观众看完广告一段时间后，要求他们从记忆中回想出所看过的广告内容，不提示任何线索使其回想者，称为纯粹回想法，提供记忆线索者，称为辅助回想法。

纯粹回想法通常采取"最近曾看过什么广告？""登在杂志中的广告，您记得看过什么吗？"这样直接提问的方式，要求受访者回答。辅助回想法所用的"线索"有很多，例如询问受试者是否看过昨天某报刊出的汽车广告，最近电台经常播出的咖啡广告是什么牌子的等。询问的过程分下列两个阶段。

第一阶段：使用纯粹回想法。向受试者提问："在××（载具）里的广告，您能回忆起来的是什么？"然后把他回想出来的广告和广告商品逐一记录下来。

第二阶段：使用辅助回想法。在纯粹回想法失效的情况下，则进行提示性提问："您记得看过汽车轮胎的广告吗？"若仍然不能回忆出来，则采用直接询问的方式"您记得××品牌轮胎的广告吗？"之后不再询问。

回想法的实施程序如图4-2所示。

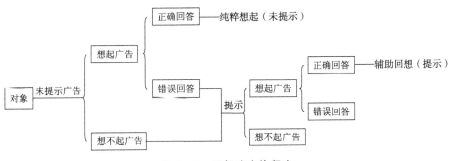

图4-2　回想法实施程序

广告回想可以使用品牌名称作为回忆线索，也可以使用产品类别作为线索。

1. 品牌名称提示的广告回忆测评过程

呈现或读出一系列品牌名称，要求受试者回忆最近接触的广告中是否有这些品牌，并进行口头报告。这是一种声明式的广告回想。

随后可以要求他们描述一些他们所看到的广告内容。如果受试者能够准确地说出广告的一部分或全部，这种回忆就被验证了。

2. 产品类别提示的广告回忆测评过程

提及某一类别的产品，要求受试者回忆最近接触的广告中是否有这类产品，并进行口头报告。这也是一种声明式的广告回想。

随后可以要求他们描述一些他们所看到的广告内容。如果在描述过程中没有提及品牌名称，就需要追问，当受试者能够准确地说出品牌名称和广告的一部分或全部时，这种回忆就被验证了。

例如，盖洛普与罗宾森公司采用如下方法对杂志广告的效果进行研究。[①]

目标：跟踪在杂志上刊登的广告，评估其表现和效果。

方法：研究人员将被测杂志发给每一位读者，并请他们当天在家阅读。第二天再逐个进行电话访问，测量广告的回想率、文案要点的回想率以及消费者对广告的印象。

样本由 150 人组成。

结果：提供三类测评数据：

可证实的名称确认——能够准确回想起广告的受试者的比重；

理解程度——受评者能够回想起来的诉求点数目；

积极的购买态度——对公司或品牌印象良好并准备购买的受试者的比重。

波克一天后回忆（Burk's Day after Recall）测试

波克一天后回忆是一种运用得最广泛的电视广告效果的测评方法。

目标：确定广告吸引观众注意力、传递预设信息、传递品牌名称、激发购买行为的能力。

方法：在广告播出 24 小时之后，在 30 个城市进行访问。

要求受试者回答一系列问题，以此来确定他们记住了什么广告、记住

---

① 乔治·E. 贝尔齐、麦克尔·A. 贝尔齐：《广告与促销：整合营销传播展望》（下），张红霞、李志宏译，东北财经大学出版社，2000。

了广告的什么内容。访问者提供的问题不包括任何暗示。

样本由 200 名能证明自己收看了广告所在的那个节目的人组成。

结果：提供纯粹回想的数据以及记得这个广告并能够复述其中细节的观众的比重。

波克一天后回忆测试包括如下问题（前 9 个是筛选题）。

Q1. 昨晚您有没有看过电视节目？

有——————————————————————————1

没有——————————————————————2（中断访问）

Q2. 您昨晚是否看过××产品（测评品牌的产品）的电视广告？

有——————————————————————————1

没有——————————————————————2（中断访问）

Q3. 您看过××产品中哪些品牌的广告？

提及测评品牌——————————————1（跳问 Q5）

没有——————————————————————2

Q4. 您有没有看过××品牌的广告呢？

有——————————————————————————1

没有——————————————————————2（中断访问）

Q5.（描述测评品牌广告前的场景）您有没有看过这个地方？

有——————————————————————————1

没有——————————————————————2（中断访问）

Q6.（描述测试品牌广告后的场景）您有没有看过这个地方？

有——————————————————————————1

没有——————————————————————2（中断访问）

Q7. 在前后场景之间的时间内您有没有离开电视机？

有——————————————————————————1

没有——————————————————————2（中断访问）

Q8. 这段时间内您有没有做其他事？

有——————————————————————————1

没有——————————————————————2（中断访问）

Q9. 在这段时间内您有没有转换频道？

有———————————————————————————— 1

没有———————————————————————————— 2（中断访问）

Q10. 您说您看过××品牌的广告，您记得那条广告的内容吗？

记得———————————————————————————— 1

记不得————————————————————————— 2（中断访问）

Q11. 请问这条广告是关于什么的？里面播放了些什么？说了些什么？还有呢？

Q12. 请再想一下这条广告，您认为这条广告想告诉您关于这个品牌的什么信息？还有呢？

资料来源：黄合水：《广告调研方法》，厦门大学出版社，2006。

二 量表测量法

量表是一种测量工具，它是以数字（或其他符号）代表客体的某一特征，从而对所考察的客体的不同特征以多个数字来代表的过程。态度量表建立在用来测量态度结构的各种操作性定义的基础上。量表的形式和种类非常多样，在此仅介绍广告效果研究中两种比较常用的量表——语义差异量表和李克特量表。

（一）语义差异量表

语义差异量表（Semantic Differential Scale）又叫语义分化量表，是美国心理学家查尔斯·奥斯古德（Charles Osgood）、乔治·苏西（George Suci）和帕西·坦纳鲍姆（Percy Tannenbaum）等人研发的一种态度测量技术。最初研究的焦点是测量某一客体对人们的意义。这一客体可能导致人们产生某些联想，而某一特定群体联想的图像具有一定的意义。

语义差异量表的使用程序是：第一步，确定要进行测评的概念，如品牌形象或对一则广告的总体反应；第二步，研究人员挑选能够用来形容这一概念的一系列对立（相反）的形容词或短语；第三步，由应答者在一个从 1 至 7 的量表上对测评的概念打分；第四步，研究人员计算出应答者对每一对形容词评分的平均值，并以此数据为基础，构造出"轮廓"或"形象"图。利用语义差异量表可以迅速、高效地检查产品、广告或公司形象与竞争对手相比所具有的长处或短处。

（二）李克特量表

李克特量表（Likert Scale）是美国心理学家伦斯·李克特（Rensis Likert）设计出来的态度测量工具。李克特量表是评分加总式量表中最常用的一种。量表由一系列能够表达对所研究的概念是持肯定还是否定态度的陈述构成。应答者被要求回答对每一种陈述同意或不同意的程度。对每一位应答者所选择的答案都给予一个分数，以便反映他对每一个陈述同意或不同意的程度。然后，将这些分数加总起来，这样就可以测定应答者的态度。李克特量表的编制步骤如下。

第一，调研人员确认所要测量的概念。

第二，调研人员搜集大量（如 75～100 条）消费者对有关态度对象的陈述。

第三，调研人员依据被测态度将每一语句分为积极的和消极的两个方向。

第四，实施一次包括全部陈述的预先测试，样本人数为 30～50 人；在预先测试中，受访者依据自己的看法，对每一语句的方向—强度描述语画勾：完全同意、同意、无所谓（不确定）、不同意、完全不同意。

第五，对两类语句的答案给出分数，积极态度的给分方法是：完全同意 5 分、同意 4 分、无所谓（不确定）3 分、不同意 2 分、完全不同意 1 分；消极态度的给分方法恰好相反：完全同意 1 分、同意 2 分、无所谓（不确定）3 分、不同意 4 分、完全不同意 5 分。

第六，语句的选择通常有两种方法：平均值差数法和内在一致法。

1. 平均值差数法

第一步，将受访者对每一语句的答案换成分值，计算出每一位受访者的总分数；第二步，将所有受访者的总分按由高到低的顺序排列，按四分位数取出高分端的 25% 和低分端的 25%，分成高分组和低分组；第三步，求出两组中每一语句的平均值，并以高低分组的平均值之差作为语句筛选的标准，差值大者说明该语句的区分能力强，则入选；差值小者，说明语句区分度差，则删除。所有入选语句即可组成量表。

2. 内在一致法

将所有受访者的总分排列成一栏，将某一语句的分数排列为另一栏。如果语句数量较多，直接求这两栏数据的等级相关系数，如果语句数量不多，在受访者的总分中分别减去该语句的得分，而后再求等级相关系数。相关系数大者表明受访者对该语句的态度与总态度一致，因此该语句入选。相反，如果相关系数小，说明该语句的态度与总态度缺乏一致性，则该语句删除。依照此法筛选每一语句，最后所有入选语句即可组成一个量表。

量表的使用方法是：受访者答复每一语句，然后转成为分数并累加起来，这样就可以得到每个受访者的态度分数，把所有受访者的得分平均，则可得出受访者对该测评对象的总体态度。李克特量表简单明确，易得到受访者的配合，且包容量大，可以同时测量消费者对多方面问题的态度，因而在实际测量中得到广泛认可和应用。

表 4 - 1 广告态度量表

	很赞同	赞 同	中 立	不赞同	很不赞同
1. 广告帮助我了解产品	☐	☐	☐	☐	☐
2. 大多数广告是真实的	☐	☐	☐	☐	☐
3. 我认为大多数广告是令人讨厌的	☐	☐	☐	☐	☐
4. 我常常因为广告而试用新产品	☐	☐	☐	☐	☐
5. 我发现广告能娱乐人	☐	☐	☐	☐	☐
6. 我几乎都是购买知名产品	☐	☐	☐	☐	☐
7. 我经常因为广告转换品牌	☐	☐	☐	☐	☐
8. 广告是社会的必要组成部分	☐	☐	☐	☐	☐
9. 广播和电视上广告太多了	☐	☐	☐	☐	☐
10. 有太多的户外广告	☐	☐	☐	☐	☐

表 4 - 1 是 Dunthu、Cherian 和 Bhargava (1993) 在研究中采用的测量消费者对广告态度的李克特量表。该量表在以前的其他研究 (Deshpande、Hoyer 和 Honthu, 1986) 中使用过，信度系数为 0.88。

资料来源：黄合水：《广告调研方法》，厦门大学出版社，2006。

三　自由反应法

自由反应法是通过自有反应方式了解消费者态度[①]中认知成分的一种方法。一般可以采取面谈、投射技术等方式进行。

面谈的形式可以是问答式，也可以是谈论式。无论采取何种形式，访问者都应注意不给受访者提供任何可能的答案，也不进行任何提示或暗示，而让受访者在完全松弛和无约束的状态下自由地回答问题，表述自己的想法和意见。例如，提问"你对××广告中茶饮料的印象如何？""你认为××品牌广告要告诉消费者什么内容？"通过受访者的自由回答，往往可以了解到他们的认知水平和真实态度。

投射技术在第三章已经阐述过，这里就不再赘述。

四　追踪研究

可以通过定期测评来追踪广告活动的效果。追踪研究已经被用来测评广告在知名度、回想率、对广告和品牌的兴趣及态度以及购买意向等方面的作用，印刷广告和电波广告都可以使用这种方法，但后者使用得更多一些。用到的具体资料搜集方式可以是电话调查、购物中心拦截访问甚至邮寄问卷调查。按季度或半年计期，每一期样本的大小从 200 到 500 不等。

追踪研究的一个主要优点是，它们能根据具体活动或具体情况灵活调整。客户可以使用一套标准问卷来追踪广告活动效果随时间的变动情况，不同媒体的影响也能测量出来。也有人用这种方法来测评不同预算规模的影响、间隔式播出的效果、品牌形象（或公司形象）以及特定文案诉求点的回想率。单一来源数据调查（在第五章中详细介绍）系统的使用为追踪研究提供了可靠和有效的方式。

[①] 态度是指消费者潜伏在行动之下的一种观念看法，学者们有时把它用作比较狭义的感受指标，有时又广义地包括认知、感受和意向三种反应。

影响追踪研究成败的因素如下：

（1）目标界定的合理性；

（2）研究目标与销售目的的一致性；

（3）测评方法的合理性，如足够的样本规模、尽可能地控制调查过程、追踪期间要有足够的时间间隔；

（4）重复抽样时抽样方法的一致性；

（5）随机样本；

（6）连续而非季节性的调查；

（7）行为评价手段；

（8）及早提出一些关键的评价性问题以消除误差；

（9）对竞争对手表现的测评；

（10）对那些关于广告的收看（收听）地点的问题的怀疑；

（11）所报告的数据应具有相关性，而不只是一些孤立的事实；

（12）应结合关键的市场动态来使用追踪研究结果，如自己公司与竞争对手的广告开支、广告活动中涉及价格变动的促销活动、新产品的引入、政府政策以及经济环境的变动。

健怡可乐态度测量的问卷如表 4 - 2 所示。①

表 4 - 2　健怡可乐态度测量的问卷设计

认知成分测量				
健怡可乐：				
口味强烈——口味温和				
价格低　——价格高				
无咖啡因——咖啡因含量高				
口味独特——无独特口味				

	情感成分测量				
	非常同意	同意	中立	不同意	非常不同意
我喜欢健怡可乐的口味	＿＿＿	＿＿＿	＿＿＿	＿＿＿	＿＿＿
健怡可乐太贵了	＿＿＿	＿＿＿	＿＿＿	＿＿＿	＿＿＿
咖啡因对健康不利	＿＿＿	＿＿＿	＿＿＿	＿＿＿	＿＿＿
我喜欢健怡可乐	＿＿＿	＿＿＿	＿＿＿	＿＿＿	＿＿＿

① 德尔·霍金斯等：《消费者行为学》，机械工业出版社，2003。

续表

行为倾向测量

最近一次我买的软饮料是_____。

我通常喝_____软饮料。

下一次买软饮料时，我买健怡可乐的可能性有多大？

可定会买____　可能会买____　或许会买____　可能不会买____　肯定不会买____

追踪效果测试模型标准问卷

1. 提示前广告知名度

Q1. 我想和你谈谈××产品品类的广告。您最近特别注意过哪些产品品类的广告？【不给予任何提示，记下提及的所有品牌和答错的情况。】

（　　）

2. 提示前品牌知名度

Q2. 现在请您说出所知道的××产品品类的品牌，讲出您能想起的所有品牌，包括您仅仅知道品牌名称的品牌。【不给予任何提示，记下提及的所有品牌和答错的情况。】

（　　）

3. 提示后品牌知名度

Q3.【出示有品牌标记的卡片（7～10个品牌），在这些卡片上有一些××产品品类的品牌。】您听说过其中的哪个？请告诉我所有您听过的品牌，包括您仅仅知道品牌名称的品牌。【圈出提及的品牌。】

（　　）

品牌 A ·· 1

品牌 B ·· 2

品牌 C ·· 3

品牌 D ·· 4

品牌 E ·· 5

品牌 F ·· 6

品牌 G ·· 7

品牌 H ·· 8

4. 提示后广告知名度

Q4. 下面我想请您想一想××产品品类的电视广告。对于每一个品牌，

我想请您告诉我，您最近在电视上有没有看到过它的广告呢？【针对被访者Q3中知道的品牌循环提问。】

请问您最近在电视上有没有看到过【读出品牌名称】的广告呢？

（请从"√"处开始循环）

	是	否		
品牌　A	·············1	·············2	（	）
品牌　B	·············1	·············2	（	）
……				
品牌　H	·············1	·············2	（	）

5. 广告内容回忆

Q5. 您说看过广告，您记得那个广告的内容吗？是关于什么的？里面播放了些什么？说了些什么？【仔细追问】还有呢？　　　　　　（　　）

Q6. 请想一下广告，您认为这个广告想告诉您关于这个品牌的什么信息/内容？

【仔细追问】还有吗？【提示】这个广告想告诉您这个品牌有一些什么好处？【仔细追问】还有吗？　　　　　　　　　　　（　　）

Q7. 您能告诉我是哪家公司生产广告中的这个产品吗？　　　（　　）

Q8. 您认为这个电视广告想告诉您哪一类型的人会使用××广告中的这个产品呢？　　　　　　　　　　　　　　　　　　　（　　）

Q9. 请问您记得××广告中，有没有广告语？　　　　　　（　　）

有 ··· 1

没有 ····································· 2（跳问Q11）

Q10. 请问它的广告语是什么？【追问】还有呢？还有呢？　（　　）

Q11. 对于这个电视广告，您有哪些喜欢的地方？【追问】还有呢？还有呢？　　　　　　　　　　　　　　　　　　　　　　（　　）

Q12. 对于这个电视广告，您有哪些不喜欢的地方？【追问】还有呢？还有呢？　　　　　　　　　　　　　　　　　　　　　　　（　　）

6. 出示广告板后对广告的认知和评价【出示广告板】

Q13. 请问您在电视里看到过这个广告吗？

是 ··· 1

否⋯⋯⋯⋯⋯⋯⋯⋯⋯⋯⋯⋯⋯⋯⋯⋯⋯⋯⋯⋯⋯⋯⋯⋯⋯⋯⋯ 2

不知道⋯⋯⋯⋯⋯⋯⋯⋯⋯⋯⋯⋯⋯⋯⋯⋯⋯⋯⋯⋯⋯⋯⋯⋯⋯⋯ 3

Q14. 请问您是否记得这个广告中介绍的是什么品牌的产品品类呢？（单选）（　　）

品牌 A ⋯⋯⋯⋯⋯⋯⋯⋯⋯⋯⋯⋯⋯⋯⋯⋯⋯⋯⋯⋯⋯⋯⋯⋯⋯ 1

品牌 B ⋯⋯⋯⋯⋯⋯⋯⋯⋯⋯⋯⋯⋯⋯⋯⋯⋯⋯⋯⋯⋯⋯⋯⋯⋯ 2

⋯⋯

⋯⋯

⋯⋯

品牌 H ⋯⋯⋯⋯⋯⋯⋯⋯⋯⋯⋯⋯⋯⋯⋯⋯⋯⋯⋯⋯⋯⋯⋯⋯⋯ 8

【再次出示广告板】

【如果被访者说不出、说不全或说错品牌】这是××品牌的电视广告。

【出示卡片】

Q15. 下面我会读出一些用来形容这个广告的句子，请用卡片上的话来告诉我您对每句话的同意程度。

			非常不同意	有点不同意	无所谓同意不同意	有点同意	非常同意
1	这个广告很有趣/好看	（　）	1	2	3	4	5
2	这个广告是令人讨厌的	（　）	1	2	3	4	5
3	这个广告很容易理解	（　）	1	2	3	4	5
4	这个广告让我难以忘记	（　）	1	2	3	4	5
5	这个广告中所说的关于这个品牌的东西与我有关	（　）	1	2	3	4	5
6	这个广告是独特的	（　）	1	2	3	4	5
7	这个广告让我感到厌倦	（　）	1	2	3	4	5
8	这个广告能引起情绪反应	（　）	1	2	3	4	5

7. 认知品牌的品牌形象

Q16. 将 Q3 中受访者没有认出的品牌标记拿开，让其看剩下的标记卡：请告诉我您认为这些品牌怎么样。

【出示下表】

在这张表上有一些描述性语句。对于每条描述性语句请告诉我您认为哪个（些）品牌特别适合。如果您认为不止一个品牌适合，请说出您认为适合的所有品牌，您也可以说没有任何一个品牌适合。

【访问员：圈出受访者的回答，检查是否每条语句都至少有一个答案】

品　牌	A	B	C	D	E	F	G	H	无
我喜欢该品牌	1	2	3	4	5	6	7	8	9
我信得过该品牌	1	2	3	4	5	6	7	8	9
我听过许多关于该品牌的信息	1	2	3	4	5	6	7	8	9
物有所值	1	2	3	4	5	6	7	8	9
该品牌可提供别的品牌所没有的东西	1	2	3	4	5	6	7	8	9
该品牌是高质量的产品	1	2	3	4	5	6	7	8	9
该品牌很适合我	1	2	3	4	5	6	7	8	9
具有现代气息	1	2	3	4	5	6	7	8	9
技术先进	1	2	3	4	5	6	7	8	9
使用经济	1	2	3	4	5	6	7	8	9
随处可以买到	1	2	3	4	5	6	7	8	9
经常降价销售	1	2	3	4	5	6	7	8	9
是个传统的品牌	1	2	3	4	5	6	7	8	9
我会向他人推荐该品牌	1	2	3	4	5	6	7	8	9
我很喜欢该品牌的广告	1	2	3	4	5	6	7	8	9
广告为我提供了关于服务/公司的好信息	1	2	3	4	5	6	7	8	9
我喜欢看该品牌/公司的广告	1	2	3	4	5	6	7	8	9
与具体品牌有关的其他陈述	1	2	3	4	5	6	7	8	9

8. 购买意向【出示卡片】

Q17. 请用卡片上的话告诉我，对于下面每一个品牌，将来您去购买的可能性有多大？

品牌名称							
A	B	C	D	E	F	G	H
（　）	（　）	（　）	（　）	（　）	（　）	（　）	（　）
一点也没可能							
不是很可能							
可能也不可能							
比较可能							
非常有可能							

资料来源：郑宗成编《市场研究实务与方法》，《广东经济出版社》，2011。

思考题

1. 如何理解广告销售效果与广告心理效果之间的关系？

2. 广告心理效果包含哪几个层面？它们各自的特点是什么？

3. 广告的认知效果可以用哪些测量方法来测量？

4. 态度量表有哪些种类，各自有什么特点？

案　例

电影前贴片广告记忆效果研究

——以福州宝龙金逸国际影城调查为例

一、引言

全国电影票房由 2006 年的 26.2 亿元上涨至 2012 年的 170.73 亿元，涨幅达 552%，2007~2010 年电影票房增幅呈上升态势，直至近两年（2011~2012 年）电影票房增幅才有所放缓，但在 2006~2012 年这七年间全国电影总票房仍呈持续上涨态势。此外，中国城市观影人次也由 2006 年的 0.95 亿人增至 2012 年的 4.71 亿人，增幅达 396%，且这七年间中国城市观影人次的年增长率也保持在 130% 上下的水平。[1] 由此可见中国电影市场庞大且至今仍极具发展潜力。

电影前贴片广告的形式其实一直存在，早在十多年前，电影院在播放影

---

[1]　依据《2011~2012 年中国电影产业发展分析报告》相关数据整理。

片之前都会先放一段"禁止吸烟""不要大声喧哗"等幻灯片，那就是贴片广告的雏形。从 1994 年起，中影公司开始引进国外大片，委托广告公司进行此类广告的招标，贴片广告出现商业化。杭州早在放映《真实的谎言》时，就已有随片的商业广告出现。1998 年《泰坦尼克》在中国上映，果冻产品"水晶之恋"抓住机会大做贴片广告，产品在短时间内迅速突起。2001 年中影推出"10 部大片随片广告竞标"，改变了电影仅靠票房收入回收成本的单一经营方式，电影随片广告这种广告形式也随之进入市场。2002 年的电影《英雄》中的贴片广告更是达到 2000 万元的高峰。时至今日，电影前贴片广告强制、封闭、低烦扰的特性逐渐得到许多企业及广大观众的普遍认可，并且开始引起市场和部分媒体的密切关注，此外，电影宽大的银幕、绝佳的音效能够塑造良好的气势与冲击力，这是电影前贴片广告所特有的，目前任何媒介都无法与之匹敌。总之，电影前贴片广告的特性及独有的媒介环境造就了电影前贴片广告的高到达率。因此，电影前贴片广告具有极大的发展潜力。

总而言之，中国的电影市场十分庞大，电影前贴片广告的发展潜力巨大，在此背景下，对电影前贴片广告的效果进行研究具有较大的现实意义。本研究旨在通过实证调查，判定研究假设，依据研究结果指导电影前贴片广告的定价，为广告主制作及投放电影前贴片广告提供建议及参考。

二、研究设计

（一）研究内容

本研究的主要内容是《雪国列车》影片放映前播放的 7 则产品（服务）广告的记忆效果及影响广告记忆的因素。研究把品牌或产品的回忆情况作为衡量广告记忆效果的主要指标，而代言人、产品介绍、广告语则是本调研衡量广告记忆效果的辅助指标。就影响广告记忆的因素而言，本研究将重点放在广告时长、广告顺序、受众态度这三个因素对广告记忆效果的影响上。

（二）研究假设

在电视广告传播效果的研究中，已有学者提出受众态度会对电视广告的传播效果造成影响，但电视广告与电影前贴片广告的受众态度可能存在差异。此外，心理学研究表明，材料的安置顺序会影响人们的记忆。另外，不曾有学者研究过广告时长是否会影响广告记忆效果，这两者间是否存在关联值得探究。

因此，本次调查将针对广告时长、广告顺序、受众态度三个可能影响广告记忆的因素进行研究。下面是针对本次研究设置的三个研究假设。

假设一：广告时长对电影前贴片广告的记忆效果有影响。

假设二：广告顺序对电影前贴片广告的记忆效果有影响。

假设三：受众态度对电影前贴片广告的记忆效果有影响。

（三）实施过程

本调研以福州宝龙金逸国际影城为实施地点，以问卷调查法为主要研究方法。问卷调查法是利用问卷来搜集事实、意见和态度的一种方法，是获取原始数据最重要、最经常使用的方法之一。

问卷由以下四个部分组成。①纯粹回想。不给任何提示，让被调查者回忆其看过的广告信息，包括品牌或产品、代言人、产品介绍、广告语，直到回忆不出为止。②辅助回想。以品牌提及辅助被调查者回想广告内容。若被调查者对所提示的品牌或产品有印象，则继续提示代言人、产品介绍、广告语，询问其是否有印象，若其对所提示的品牌或产品无印象，则不再询问其对其他广告信息是否存在印象。③再请被调查者为其回想出的多个广告进行广告播放顺序回忆。④观众对电影前贴片广告的态度。

（四）研究对象选择

为了避免广告叠加记忆所造成的影响，使调查结果更为准确，本次问卷调查从观看了《雪国列车》的观众中，筛选出 7 则广告的首次观看者作为本次调查的研究对象。本次调查问卷的样本量为 50 份，其中女性调查者共 30 人，男性调查者共 20 人。

三、结果与讨论

（一）电影前贴片广告的记忆效果

1. 广告个数准确回忆率较高

表 1 单则广告准确回忆情况

品牌或产品	广告准确回忆人次（人）	广告准确回忆率（%）
消防安全公益广告	33	66
搜狐视频品牌推广	16	32
17173 游戏网	33	66

续表

品牌或产品	广告准确回忆人次（人）	广告准确回忆率（%）
环宇传媒电影映前广告	5	10
蒙娜丽莎婚纱摄影	30	60
晶茂（中国）电影传媒	13	26
福州华美美容医院	37	74

广告个数准确回忆率 = 总广告准确回忆个数① ÷（7×50）② = 167 ÷ 350 = 47.71%

广告个数准确回忆率接近 50%，由此可见，按广告准确回忆人次统计出的广告回忆率较高，这意味着电影前贴片广告的记忆效果较好。

表 1 的调查结果显示：福州华美美容医院广告的广告准确回忆率最高，除此以外，广告准确回忆率高于 50% 的广告有：消防安全公益广告、17173 游戏网、蒙娜丽莎婚纱摄影。而搜狐视频、晶茂（中国）电影传媒、环宇传媒电影映前广告的广告准确回忆率均低于 50%。

2. 被调查者对观看过的电影前贴片广告存在记忆点

表 2 的结果显示：大部分被调查者能准确回忆起的广告条数集中于 3~4 则，能回忆起 3~4 则电影前贴片广告的被调查者占调查总样本量的 52%。此外，在本次调查中，有 72% 的被调查者能回忆起 3 则及以上的电影前贴片广告。没有任何一个被调查者连 1 则电影前贴片广告都想不起来。由此可见，被调查者对观看过的电影前贴片广告都存在或多或少的记忆且记忆度都不低，这意味着电影前贴片广告是有效的且其记忆效果还挺好。

表 2　广告条数准确回忆情况

条　数	频数（人）	百分比（%）
0	0	0
1	4	8

---

① 只要被调查者能通过纯粹回想起记起所调查的 7 则电影前贴片广告的任何一个细节，就将其按被调查者准确回忆起 1 则广告计入广告准确纯粹回忆个数，则广告准确纯粹回忆个数 = 广告准确回忆人次。因此，总广告准确回忆个数 = 33 + 16 + 33 + 5 + 30 + 13 + 37 = 167。

② 7 指所调查的 7 则电影前贴片广告，50 为样本量，7×50 表示 50 个被调查者观看的电影前贴片广告个数合计。

条　数	频数（人）	百分比（%）
2	10	20
3	13	26
4	13	26
5	8	16
6	2	4
7	0	0
合　计	50	100

3. 男性被调查者都不存在对蒙娜丽莎婚纱摄影广告的记忆

经统计发现，共有30位被调查者对蒙娜丽莎婚纱摄影这个电影前贴片广告存在记忆，而这30位被调查者皆为女性。在被调查的20位男性中，竟没有一个人记得蒙娜丽莎婚纱摄影广告包括广告语、品牌名称、产品介绍在内的任何一个广告细节。

4. 被调查者对晶茂（中国）电影传媒的LOGO记忆高于其文字名称

经统计发现，在对晶茂（中国）电影传媒品牌存在记忆的10位被调查者中，有7位被调查者在纯粹回想及辅助回想过程中，都只记得晶茂（中国）电影传媒的LOGO，而不记得"晶茂（中国）电影传媒"这个文字名称。此外，在剩下的3位被调查者中，仅有1位被调查者通过纯粹回想记起"晶茂（中国）电影传媒"的文字名称，而另外2位被调查者则是通过品牌提及辅助回想才记起"晶茂（中国）电影传媒"的文字名称的。由此可见，被调查者对晶茂（中国）电影传媒的LOGO的记忆效果要好于其对"晶茂（中国）电影传媒"这个文字名称的记忆效果。

（二）观众对电影前贴片广告的态度

1. 只有三成被调查者表示会观看电影前贴片广告

调查结果显示，明确表示其一定不会观看电影前贴片广告的被调查者仅有4位，仅占总调查人数的8%；认为其会视情况决定是否观看电影前贴片广告的被调查者共31位，占总调查人数的62%，占比最大；剩余30%的被调查者则表示会看电影前贴片广告。

2. 被调查者接受但不喜欢电影前贴片广告

把被调查者的接受度、喜好度按正向态度分类，即"可以接受""较为理解""完全理解"可视为被调查者"接受"电影前贴片广告，而"喜欢""很喜欢"则可视为被调查者"喜欢"电影前贴片广告。就这样的衡量尺度而言，均值在 1 以上的接受度以及均值在 2 以上的喜好度表示大多数人更倾向于同意这种说法，均值越高，代表越同意，反之，则代表越不同意。具体到本次调查研究，均值越高即代表受众对电影前贴片广告的接受度和喜好度越高，反之则越低。

表 3、表 4 的统计结果显示，有 64% 的被调查者能接受电影前贴片广告，且电影前贴片广告接受度的均值高于 1，由此可见，大多数被调查者能接受电影前贴片广告。仅有 14% 的被调查者喜欢电影前贴片广告，且均值小于 2，由此可见，大多数被调查者对电影前贴片广告的喜好持负向态度。也就是说，大多数被调查者能接受电影前贴片广告，但并不喜欢电影前贴片广告。

此外，虽然被调查者不喜欢电影前贴片广告，但表 5 的统计结果显示，绝大多数被调查者表示在不影响影片播放的前提下，其不介意观看电影前贴片广告，且有半数以上的被调查者认为电影前贴片广告的播放与否对其无影响。由此可见，纵使再不喜欢，大多数被调查者在电影前贴片广告对自己影响不大的前提下并不介意观看电影前贴片广告。

此外，60% 的被调查者认为电影前贴片广告是好坏差不多的，而明确表示电影前贴片广告好处多或坏处多的被调查者比例相当，占比分别为 22% 和 18%。

表 3 受众对电影前贴片广告的接受度

选 项	频数（人）	百分比（%）
反 感	5	10
无可奈何	13	26
可以接受	19	38
较为理解	8	16
完全理解	5	10
均 值	1.9	

表 4 受众对电影前贴片广告的喜好

选 项	频数（人）	百分比（％）
很不喜欢	6	12
不 喜 欢	12	24
无 所 谓	25	50
喜 欢	5	10
很 喜 欢	2	4
均 值	1.7	

表 5 您赞同以下哪些观点

观 点	频数	应答人数百分比（％）
只要电影能按票面规定时间播放，提早进场时观看些电影前贴片广告也无所谓	40	80
我特别不喜欢电影前贴片广告，它浪费了我的时间，什么时候播放我都不喜欢	8	16
我喜欢电影前贴片广告，提前进场无聊，看着也挺有趣的	19	38
电影前贴片广告的视听效果很好，看着比其他媒体（如：电视、电脑、手机等）舒服	24	48
电影前贴片广告放不放对我没什么影响，我做我的，它放它的，互不影响	32	64

3. 被调查者对电影前贴片广告的信任度较高

表 6 受众对电影前贴片广告的信任度

选 项	频 数	百分比（％）
完全不可信	8	16
较为不可信	16	32
较为可信	22	44
完全可信	4	8

表 6 的统计结果显示，52％的被调查者对电影前贴片广告是信任的。

（三）电影前贴片广告记忆效果的影响因素

1. 广告时长对电影前贴片广告的记忆效果无影响

在本次调查涉及的 7 则电影前贴片广告中，广告的时长分为 15 秒、30

秒和 60 秒三种，将其按广告时长分别定义为短广告、中广告和长广告。表 7 的统计结果显示，长广告——晶茂（中国）电影传媒的记忆度较低，仅有 10 个人回忆起该品牌，但其也不是在调查中品牌记忆度最低的广告；在中广告中，消防安全公益广告、17173 游戏网的品牌记忆度较高，回忆起其品牌的人数分别为 29 人和 27 人，均超过调查总量的 50%，但搜狐视频品牌推广的记忆度并不高，仅有 10 人回忆起该品牌；在短广告中，蒙娜丽莎婚纱摄影、福州华美美容医院的品牌记忆度极高，回忆起其品牌的人数分别为 30 人和 35 人，其品牌回忆率高达 60% 以上，但同为短广告的环宇传媒电影映前广告却是品牌回忆度最低的广告，仅有 3 人回忆起该品牌，其品牌回忆率不足 10%，且其中 1 人是通过辅助回想才想起该品牌的。

由此可见，就算是时长相同的被调查广告也存在记忆差异，与此同时，无论是时长长的广告还是时长短的广告，也都存在品牌记忆的差异。也就是说，并不是时长长的广告就能获得更强的品牌记忆，同时，时长短的广告也不见得都能有很强的品牌记忆。因此，广告时长对电影前贴片广告的记忆效果无影响。

表 7　品牌或产品的准确回忆情况

品牌或产品	纯粹回想		辅助回想		合　计	
	频数（人）	百分比（%）	频数（人）	百分比（%）	频数（人）	百分比（%）
消防安全公益广告——30 秒	28	56	1	2	29	58
搜狐视频品牌推广——30 秒	10	20	0	0	10	20
17173 游戏网——30 秒	23	46	4	8	27	54
环宇传媒电影映前广告——15 秒	1	2	2	4	3	6
蒙娜丽莎婚纱摄影——15 秒	29	58	1	2	30	60
晶茂（中国）电影传媒——60 秒	8	16	2	4	10	20
福州华美美容医院——15 秒	26	52	9	18	35	70

2. 广告顺序对电影前贴片广告记忆效果有影响

一方面，当播放顺序准确回忆条数越多时，被调查者所记得的品牌个数也越多。相关分析（Bivariate Correlate）结果显示：$sig \leq 0.000$，$r = 0.643$。表示在 1% 的显著性水平下，播放顺序准确回忆个数和品牌个数准确记忆的相关关系通过检验，相关系数为 0.643，播放顺序准确回忆个数与品牌个数准确记忆间存在较强的正相关性。

另一方面，由表 8 的统计结果可知：（1）首尾放映的电影前贴片广告的品牌准确回忆情况比绝大部分中间放映的广告要好。在本次调查研究中，较为特殊的是第 5 个播放的蒙娜丽莎婚纱摄影广告，其记忆情况略好于第 1 个放映的消防安全公益广告。（2）电影前贴片广告间存在相互干扰。从统计结果中我们不难发现：7 个广告的品牌或产品准确回忆情况的好坏，按播放顺序呈现波动变化。准确回忆起"蒙娜丽莎婚纱摄影"及"17173 游戏网"的被调查者皆超过半数，其前后放映的广告的品牌准确回忆情况极差，对其的干扰极小是造成这种结果的原因之一。

表 8　广告准确回忆情况由好到坏排序统计

广告（播放顺序）	频数（人）	百分比（%）
福州华美美容医院（7）	35	70
蒙娜丽莎婚纱摄影（5）	30	60
消防安全公益广告（1）	29	58
17173 游戏网（3）	27	54
搜狐视频品牌推广（2）	10	20
晶茂（中国）电影传媒（6）	10	20
环宇传媒电影映前广告（4）	3	6

3. 持不同态度的被调查者对电影前贴片广告的记忆无显著差异

由表 9 可知，接受度与品牌准确回忆条数、顺序回答正确条数间没有显著差异的概率分别为 0.653 和 0.529，均大于 0.05，这表明在 5% 的显著性水平下，不同接受度的被调查者在关于"品牌准确回忆条数"及"顺序回答正确条数"的记忆问题上没有显著差异。同理，在 5% 的显著性水平下，不同喜好的被调查者在关于"品牌准确回忆条数"及"顺序回答正确条数"的记忆问题上也没有显著差异。

表 9　态度对准确回忆的影响

态　度	品牌准确回忆条数	顺序回答正确条数
接受度	无（$F = 0.547$，$Sig = 0.653$）	无（$F = 0.748$，$Sig = 0.529$）
喜　好	无（$F = 0.083$，$Sig = 0.920$）	无（$F = 0.386$，$Sig = 0.682$）

此外，调查结果显示，虽然被调查者对电影前贴片广告持消极态度，且超过60%的被调查者认为电影前贴片广告是否播放对其无影响，但实际上电影前贴片广告是否播放对其是有影响的，最起码电影前贴片广告的播放与否影响了其对电影前贴片广告的记忆。这说明态度和行为不总是具有一致性。

这与大多数学者的研究发现存在偏差。这可能是由态度测量的偏差造成的，也可能是由人们固有认知态度与事件发生时的态度间的差异造成的。正如Lewin的场论（Field Theory）认为那些额外的认知变量以及未知事件会在很大程度上打破态度对人们行为的预测过程，并且某一具体行为只能由它当时的那个时刻来决定。Ajzen和Fishbein也提到，人们看似对一个行为表现出积极态度，但他们却很少从事这一行为。研究发现，态度和行为之间的相关系数很少超过0.30，甚至大部分时候是零相关。[①]

五、电影前贴片广告投放策略建议

（一）影院依据电影前贴片广告的条数及顺序定价

1. 影院依据电影前贴片广告的条数定价

由于广告时长对电影前贴片广告的记忆效果无影响，因此，影院可以在电影前贴片广告总价恒定的前提下，依据广告条数制定电影前贴片广告的基准价，使影院的电影前贴片广告收入能不受其电影前贴片广告多寡的影响，进而令影院的电影前贴片广告收入维持在一个稳定的盈利范围内。

2. 影院依据电影前贴片广告的顺序定价

由于广告顺序对电影前贴片广告的记忆效果有影响，因此，影院可以按电影前贴片广告的播放顺序实行区别定价。具体来说，影院可以在电影前贴片广告基准价的基础上，提高首尾播放的电影前贴片广告的定价。

（二）广告主重视电影前贴片广告的制作及顺序选择

1. 广告主应重视电影前贴片广告的制作

由于广告时长对电影前贴片广告的记忆效果无影响，受众态度的主观能动性过高而可控性又过低，因此，广告主在制作电影前贴片广告时可忽略广告投放时长对电影前贴片广告的影响，把提高广告记忆效果的重点放

---

① 姜峰、卢苏、侯玉波：《对态度与行为一致性关系的再思考》，《北京教育学院学报》（自然科学版）2009年第3期。

在其他方面，如广告制作的趣味性、情节性、个性及创意展现等方面。

2. 广告主应慎重选择电影前贴片广告的顺序

由于广告顺序对电影前贴片广告的记忆效果有影响，因此，广告主最好选择在首尾投放电影前贴片广告，若受广告费用限制，无法选择在首尾的位置投放，则广告主应注重对其前后播放的广告的选择，尽量选制作粗糙、记忆度低的广告作为其前后播放的广告，以最大限度地降低相邻广告对自身广告的干扰度。

（三）重视电影前贴片广告的展露过程

1. 增加电影前贴片广告的展露频次

在本次调查中，所有被调查者对观看过的电影前贴片广告都存在记忆点，也就是说广告展露能引发广告记忆。而詹姆斯·维卡里的研究及其结果[1]表明：广告展露频次的增加，能提高广告产品的销量。广告记忆又是广告转换效果实现的前提，因此，在观影时多频次地展露广告能增强观众的记忆。所以，广告主应积极与影院协商，让影院同意其增加电影前贴片广告的展露频次。

2. 利用电影媒介的特有优势充分展露电影前贴片广告

心理学家经研究试验发现：大脑对于形象材料的记忆效果和记忆速度要好于语义记忆。也就是说，同时以视觉形式和语言形式呈现信息能够增强记忆。而电影媒介在视听效果上有得天独厚的优势，因此，在投放电影前贴片广告时，广告主应巧妙地利用这一媒介优势，增强电影前贴片广告的记忆效果，提高电影前贴片广告的有效到达率。

附录：调查问卷

第一部分：调查对象的选择

1. 您今天是否观看了影片正式放映前播出的广告？

2. 今天观看的这些广告，您以前没有见过，对吗？

若以上两题答案肯定则继续调查，否定则不采纳为调查对象。

第二部分：纯粹回想

---

[1] 试验内容：在美国新泽西州的一家电影院里，在电影正常播放的时候，在屏幕上每隔5秒以3/1000秒的速度呈现信息"请吃爆米花"和"请喝可口可乐"。试验结果：被试验影院周围的爆米花和可口可乐的销售量分别增加57%和18%。

请问，就您今天所观看到的影片放映前播放的广告而言：

1. 您记得的广告品牌有哪些？还有吗？

2. 您记得的广告所涉及的人物有哪些？还有吗？

3. 您记得的广告产品介绍有哪些？还有吗？

4. 您记得的广告语有哪些？还有吗？

5. 再请被调查者为其回想出的多个广告进行广告播放顺序回忆。

第三部分：辅助回想

1. 您记得看过××［广告的主要内容或品牌：消防安全、搜狐视频、17173 游戏网、环宇传媒、蒙娜丽莎、晶茂（中国）电影传媒、华美美容医院］的广告吗？

2. 您记得看过××（广告所提及的人物）代言的广告吗？

3. 您记得看过××（广告产品介绍具体内容）这样的产品介绍吗？

4. ××（广告语），您记得这句广告语吗？

第四部分：对电影前贴片广告的态度

1. 对影片正式放映前播放广告这种做法，您认为

A. 完全理解　　　　　B. 较为理解

C. 可以接受　　　　　D. 无可奈何　　　　E. 反感

2. 对您来说，在影片正式放映前播放广告是好处多，还是坏处多？

A. 好处多　　　　　B. 好坏差不多　　　　C. 坏处多

3. 总的来说，您喜不喜欢在影片正式放映前播放广告的这种做法？

A. 很喜欢　　　　　B. 喜欢

C. 无所谓　　　　　D. 不喜欢　　　　E. 很不喜欢

4. 影片正式放映前所播出的广告会引发你的购买欲吗？

A. 会　　　　　B. 不会　　　　C. 不一定

5. 您会选择观看影片正式放映前播出的广告吗？

A. 不会　　　　　B. 会　　　　C. 看情况

6. 您赞同以下哪些观点？（多选）

A. 只要电影能按票面规定时间播放，提早进场时观看些电影前贴片广告也无所谓

B. 我特别不喜欢电影前贴片广告，它浪费了我的时间，什么时候播放

我都不喜欢

C. 我喜欢电影前贴片广告，提前进场无聊，看着也挺有趣的

D. 电影前贴片广告的视听效果很好，看着比其他媒体（如：电视、电脑、手机等）舒服

E. 电影前贴片广告放不放对我没什么影响，我做我的，它放它的，互不影响

资料来源：云南财经大学传媒学院 2010 级广告专业学生毕业论文，编者有删节。

案例思考

1. 从本案例的调查结果来看，电影前贴片广告的记忆效果是比较好的，请分析获得较好的记忆效果的原因。

3. 案例中得到了这样的结论"持不同态度的被调查者对电影前贴片广告的记忆无显著差异"，就此请谈谈你的看法。

2. 除了案例中提到的因素，你认为还有哪些因素会影响电影前贴片广告的记忆效果？如果你要验证这些因素对记忆效果是否存在影响，你将如何设计研究方案？

本章实训

一、实训目的

1. 掌握广告心理效果测评的内容及其指标。

2. 掌握再确认法、态度量表测量法。

3. 掌握调查实施的过程。

4. 锻炼学生问卷设计、沟通表达的能力。

二、实训内容

选择一个月内在本地候车厅投放的广告为研究对象，运用调查法测评受众对该广告的认知、情感和行为意向三个方面的反应。要求如下：

1. 自行选择广告，并调查该广告投放的范围；

2. 拟定测评方案，包括测评目的、测评内容、测评方法、测评对象、

实施时间和地点；

3. 实施测评，并记录（视频和照片）测评的过程；

4. 在课堂上进行整个测评项目的汇报。

三、实训组织

1. 教师提前两周布置实训项目，指出实训的要点和注意事项。

2. 各小组选定测评广告，并设计测评方案。

3. 教师对各小组测评方案进行修改完善。

3. 按小组自行实施测评，并完成书面测评报告。

4. 在班级范围内，征集 2 个小组进行实训作业展示。

延伸阅读

［1］江林：《消费者心理与行为》（第 3 版），中国人民大学出版社，2007，第 59 ~ 70 页，第 80 ~ 85 页，第 164 ~ 169 页。

［2］马谋超：《广告心理学基础》，北京师范大学出版社，1997，第 169 ~ 202 页。

［3］斯科特·麦肯齐、理查德·卢茨、乔治·贝尔奇：《广告态度的中介作用：对各种假说的检验》，载黄合水编《广告研究经典案例》，厦门大学出版社，2010，第 236 ~ 258 页。

［4］黄合水：《广告调研方法》，厦门大学出版社，2006，第 114 页。

［5］小卡尔·麦克丹尼尔、罗杰·盖茨：《当代市场调研》，李桂华译，机械工业出版社，2011，第 244 ~ 260 页。

［6］江波、彭彦琴、漆书青：《网络广告心理效果测评指标体系研究》，《心理科学》2002 年第 6 期。

［7］王咏、马谋超、雷莉、丁夏齐：《网络旗帜广告的记忆效果》，《心理学报》2003 年第 6 期。

［8］于奎：《网络广告效果评价研究》，《江西财经大学学报》2004 年第 4 期。

［9］周象贤、孙鹏志：《网络广告的心理传播效果及其理论探讨》，《心理科学进展》2010 年第 5 期。

第五章 广告对销售影响的测评

学习目标：理解广告对产品销售产生的影响；掌握各种销售效果测评方法及其优缺点；结合广告销售效果的特点，选择恰当的测评方法。

第一节 广告对产品销售的影响

广告与销售之间的关系是复杂的，许多因素共同影响产品销售的变化和产品市场份额的变动。为了制定有效的广告策略，广告公司和研究者对广告如何影响销售进行了持续的研究。第二章中提到了广告效果研究的诸多反应层次模型，第四章专门介绍了广告对记忆、认知、情感、行为意向的影响以及测评这些影响的方法。除此之外对广告效果的研究还有一类模型，称为市场反应模型。市场反应模型指在回归模型或对数模型中，将广告、价格、促销测量指标与销售测量指标，如销售量、市场份额和品牌选择直接联系起来。市场反应模型是一种经济模型，不考虑中间效果。市场反应模型可以分为总体水平研究和个体水平研究两类。总体水平研究采用市场水平的数据，如品牌广告费用、毛评点、品牌销售量或市场份额；个体水平研究采用诸如个人品牌选择、个人暴露频次等数据。

一 广告的销售效果研究

从 20 世纪 50 年代中期开始，广告与销量之间的关系就一直是广告效果研究者们关注的一个重点。研究者们采用实地试验和实地分析方法获取研究数据，在市场反应模型的指导下评价广告对销量的影响。

（一）关于广告量的研究

广告量是指某一时期内广告的总体水平或者预算总额。如果增加广告量所带来的销售和利润的增加幅度超过广告成本，那么该品牌应该坚持继续做广告。反之，如果减少广告量所引起的销售和利润的下降幅度小于节约下来的成本，那么该品牌就应该保持一个较低的广告量水平。对广告量进行实验研究的条件变量一般为销售量（或者市场份额），实验目的是观察广告量的增加或减少是否会对销售产生任何影响。除此之外，研究人员还想通过实验搞清楚影响广告销售效果的其他因素的作用，如内容、媒体、受众、广告排期等。比如研究人员在内容实验中通过不同内容的广告来分析哪一种更有效。对任意因素的有效性进行实验研究，研究人员都必须保持所有其他因素在每一个条件中的一致性。研究人员可以在每次实验中改变两个或更多变量（如内容和投放量），为了保证实验的可靠性，实验因素越多，所需要设定的实验条件的数量也越多。

1. Anheuser – Busch 公司实验

两位研究人员拉塞尔·阿克夫（Russell Ackoff）和詹姆斯·安沙夫（James Emshoff）描述了 20 世纪 60 年代中期 Anheuser – Busch 公司为百威啤酒所进行的一些有趣的实验。这些实验改变广告量、广告排期、媒体和其他的促销行为。这些实验中广告量相对现有的实际广告量做出 –100%、–50%、–25%、0%、+100% 和 +200% 的变化。为了得到更精确的结果，每一水平都在超过 6 个地理区域中进行检验。实验表明，在一段时间内，提高广告量对销售没有正面的影响，减少广告量也不会对销售产生负面影响。实验中还完全停止电视广告超过一年，结果导致销量的减少。这时，通过恢复原来的广告水平，销量水平能够恢复。关于不同媒体的效果，研究发现广播杂志和报纸之间没有大的区别，而电视比上述媒体的效果稍强一些，户外广告则比上述媒体的效果稍差。

2. 坎贝尔汤料实验

两位研究人员约瑟夫·依斯特拉克（Joseph Eastlack）和安巴·拉奥（Ambar Rao）在 20 世纪 70 年代中期对坎贝尔汤料公司的 6 个品牌进行了 19 项实验，以研究广告对销量的影响。这些实验改变了广告量（从 –50%

到 +50%）、广告排期、媒体组合、广告文案和目标市场。这些实验都以前一个标准时间段内的销售作为基准来确定每个市场实验时间段内的销售。这些实验发现，广告量提升没有出现显著的销售上升，这说明消费者并不会对单一的广告强度增加做出反应；广告的削减也未引起销售的下降，这说明即便减少广告开支也不会对销售产生负面影响。其中 5 项实验针对过去未曾接触这类广告的受众展开。其中 3 项增强了广告的内容吸引力，结果显示销售显著提升；2 项为全新内容的广告，立即取得了 11% 的销售增长。销售增加的原因可能是新广告激发了新的消费者，或者是激起了消费者对该品牌的关注。总而言之，坎贝尔汤料公司的实验说明广告量的变化对于销售的影响很小甚至没有。然而，广告文案、媒体和目标市场的变化在一些情况下确实能导致销售的上升。同时，销售的显著提高都发生在广告重复的早期，而不是广告持久的重复时期。

3. AdTel 公司实验

研究人员戴维·阿克（David Ike）和詹姆斯·卡门（James Carmen）于 1960～1970 年在 AdTel 公司进行了 120 项实验。AdTel 公司在三座城市组织实验，每座城市有 2000 人参加。实验要求受试者收看有线电视，并采取日记法记录收视状况和各种商品的购买情况，而 AdTel 公司或者调整广告量或者调整广告内容。在 48 项涉及广告量变化的实验中，6 项涉及广告量的降低，然而这些实验无一造成销售的减少。在 42 项涉及广告量提高的实验中，只有 30% 表明销售比控制组有显著的不同。在 36 项广告内容变化的实验中，47% 的实验组和控制组的销售有显著不同。

4. 信息资源公司（IRI）的实验

研究人员伦纳德·劳帝施（Leonard Lodish）和他的同事对 IRI 公司在 20 世纪 80 年代和 90 年代进行的"行为广告实验"进行了总结。IRI 公司建立了一个大约 3000 个家庭的实验样本。所有家庭都同意使用一个专门的购物卡购买日常用品，并同意使用一个叫作电视计量器的电子仪器来监视记录他们对有线电视的收看情况。IRI 公司通过让这些独立的样本收看不同级别、内容和持续时间的电视广告，检验广告对销量的影响。IRI 公司的这些实验发现，大幅度增加广告投入的效果不一定比温和增加广告投入的效果更好。实验同时发现，只有在广告内容上进行变化，或者是在该品牌处于上升期时增加广告量才可能导致销售的上升。广告对新产品比对成熟产品的效果更为强烈。然而，成熟产品能够通过新创作的广告文案来加强广告效果。

这些实验的一个非常重要的发现是关于重复的价值。许多广告主和广告公司都认为广告发挥效果需要时间。换一种说法就是在广告的初期效果发生得很晚，在一个时间段内广告似乎不生效，但是经过不断重复，广告信息会深入人心，最终广告的效果会充分发挥。而 IRI 公司实验的结论是，如果广告不能在初期就发挥作用，那么它将根本不会发挥作用，不断重复也没有用。

以上研究表明，对于许多成熟品牌而言，广告量并不是影响销售的关键因素。在超过一半的试验中，增加广告量没有引起销售增加，同样，减少广告量也没有导致销售下降，至少在中短期内没有下降。另外，广告内容、媒体、产品、细分市场、排期表等因素的变化可以影响广告的销售效果。此外，对于那种能够激发积极情绪的感性化广告而言，增加其投放量往往是有效的。

（二）关于广告弹性的研究

广告弹性是指相对于广告量 1% 的变化，销售量变化（或市场份额变化）的百分比，它也叫广告销售弹性。研究人员通过从一个时间段到另一个时间段中销售量或市场份额相对于广告预算变化的不同，来分析广告弹性。

像广告量实验一样，对广告弹性的研究也集中在广告预算上。但是广告弹性研究比广告量研究更深入一步，它可以确定广告效果的不同类型和强度。研究人员可以将广告效果的类型表述为一个数学方程而把其强度表述为一个弹性系数，这一点是通过建立某种广告效果对于销售量或市场份额的经济模型来实现的。

1. 阿斯缪斯、法利和莱门的研究

1984 年三位研究人员哥特·阿斯缪斯（Gert Assums）、约翰·法利（John Farley）和唐纳德·莱门（Donald Lehmann）对过去广告对销售和市场份额的影响的研究中提出的 128 个经济模型进行分析，研究不同的实验内

容和实验设计所引起的广告弹性的误差问题。他们发现：广告弹性的总平均值为 0.2，广告的延迟总弹性值为 0.5。[①]

2. 塞萨门和泰利斯的实验

1991 年两位研究人员热·塞萨门（Raj Sethuraman）和杰拉德·泰利斯（Gerard J. Tellis）进行了一项包括 260 则广告在内的实验，测算广告量对销售或市场份额的弹性值，结果发现，这 260 则广告的弹性值的平均值为 0.11。在研究中他们同时测算了价格弹性，结果发现，价格弹性为 -1.6。另一个重要的发现是，弹性在耐用品和非耐用品之间区别巨大。对于非耐用品，价格弹性的中间值是其广告弹性中间值的 25 倍；而对于耐用品，价格弹性的中间值是其广告弹性中间值的 5 倍。研究还发现，在产品生命周期初期，价格弹性和广告弹性的中间值的比率为 17.7，而在后期，这个比率上升为 23.2。这一点说明，价格折扣对于促进产品生命周期后期的产品销售更有效，增加广告对于产品生命周期初期的销售提升更有效。

（三）关于广告频率的研究

广告的效果是作用于消费者个体的，因此某一时间段内的广告预算最终要转化为一系列针对某一个或某一群消费者的广告暴露。销售可以被视为个体消费者品牌选择的综合结果。频率是指某一个消费者在某一特定时间接触的广告次数。

如同广告弹性研究，广告频率研究也是通过广告反应方程的图形来确定广告效果的。不同之处是广告弹性研究使用的是广告预算这样一个综合性指标，而广告频率研究是通过非常具体的广告暴露的时间来建立消费者品牌选择的反应方程，所以这种研究更加具体和深入。

1. 麦克唐纳日记法研究

1966 年底研究人员科林·麦克唐纳（Colin McDonald）开始了一项对 255 名来自伦敦的家庭妇女为期 13 周的实验研究。受试者每天记录下她们看到的广告以及她们在 50 种不同类型商品中所购买的品牌。研究人员对其

---

① 弹性系数为 0.1 意味着相对于每 1% 的广告量的增加，只能引起 0.1% 的销售量的增加。

中9种商品类型产生的数据进行分析。研究发现，在受试者收看两次以上某一品牌的广告后的二次购买活动中，由其他品牌转而购买广告品牌的人数比由广告品牌转而购买其他品牌的人数多5%。这种倾向在广告发布的前4天内最为明显，超过4天之后急剧下降。另外，受试者在收看两次广告后，他们之后的购买受广告的影响很小。这说明在两次广告后出现饱和，或者说两次展露是最佳的广告量。

2. 琼斯的研究

研究人员约翰·菲利普·琼斯（John Philip Jones）1991年对12类商品的142个品牌的单一来源数据进行了分析。所有12类商品都是日常用品，它们都是高竞争和充分广告的产品。他的研究重心在于购买发生前7天内的短期广告效果。琼斯首先建立了一个销售量的控制水平，即消费者家庭在前7天没有收到电视广告时的购买所形成的每一种品牌在某类型中所占的市场份额。这个市场份额是经过计算取得的年平均值，计算时包括促销和没有促销的类型以及季节性因素等，以此来排除促销和季节性因素等对销售的影响。

琼斯发现广告对于广告品牌的购买确实存在短期效果，但是广告效果的方向并不一致。大约50%的品牌存在中等程度到强烈程度的广告效果，大约30%的品牌的广告效果很不明显，而大约20%的品牌存在负面的广告效果。某一部分存在短期销售效果的品牌同时也存在长期销售效果，但是这种长期效果远不如短期效果明显。琼斯研究最重要的发现是关于广告的重复。他发现在购买发生前的7天广告中，第一次展露获得最多的反应（购买），而后面的展露使销售增加的幅度不大。因此从这项研究得出的结论为："一次广告足矣。"

以上三个方面的实验研究结论进一步证明了广告具有推移性和累积性，同时广告的销售效果受到产品生命周期、促销、季节性等诸多因素的影响。由于我们知道消费者的购买决策需要一个过程，但态度的变化可以是即时的，消费者的购买经过品牌态度变化到采取行动的过程。所以，我们可以试图建立广告心理效果和销售效果之间的关系，考虑到广告的时间推移性和累积性，并且试图把促销等影响因素从中剥离出来。

二　销售效果评估的困难

广告主之所以每年花费大量的广告预算，是因为好的广告能给企业带来实实在在的回报，这种回报可能直接表现在销售额的增加和市场占有率的提高上。但是评估广告对销售的影响是极为困难的，这种困难源于广告运营的高度复杂性。

第一，消费者购买某一产品可以出于多种原因。其中包括看到一则品牌的广告，满意于以前对该品牌的购买和使用经历，一个有吸引力的包装或商店的陈列摆设，促销，或者是一个好价格。广告只是上述购买原因中的一项。因此要分析广告对购买的影响要求分析者完整地理解和控制其他几项因素的效果。

第二，某一品牌的广告可以出现在不同的媒体上，而每一种媒体对消费者的影响有其独到的效果。要想理解广告的效果，分析者必须读出每一种媒体的独特效果。另外，当所选择的媒体重叠时，它们的效果会产生互动，这就需要进一步的分析。

第三，广告不仅具备瞬时销售效果，同时还具备延迟销售效果。广告的瞬时效果表现为，一位消费者看到广告后便马上对之做出反应（见图 5 - 1A）。例如，一位观众看到一台搅拌机的广告便立即拨打广告中的电话购买了一台搅拌机。但在更多的情况下，消费者不会在瞬间对广告做出反应，而是等待一段时间，想一想，和朋友谈一谈，做一些调查，或是抓住一个更好的机会才购买（见图 5 - 1B）。广告的非瞬时短期效果和厌烦效果分别如图 5 - 1C 和图 5 - 1D 所示。

第四，销售效果会随着广告周期的不同而变化。广告主一般倾向于重复式广告，他们在几天、几周或几个月内，使用同一个广告或广告组合。如上所述，每一次单一的广告的效果会随时间推移而衰减：初期效果递增，后期效果递减（见图 5 - 2）。广告效果随时间推移而变化，使得广告效果的评估更为复杂，因为分析者必须对一个运动着的目标的全部影响因素进行评估。

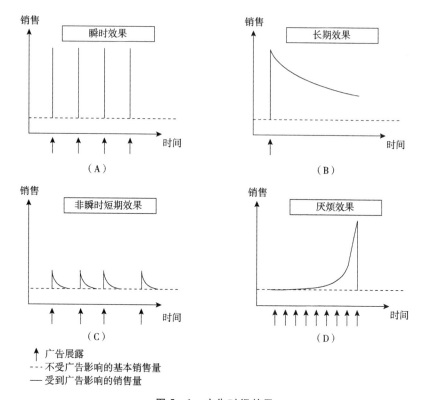

图 5-1 广告时间效果

资料来源：杰拉德·J. 泰利斯：《广告效果评估》，李洋、张奕、晓卉译，中国劳动社会保障出版社，2005，第6页。

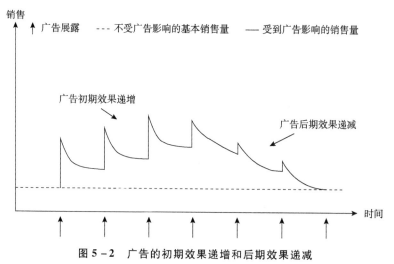

图 5-2 广告的初期效果递增和后期效果递减

资料来源：杰拉德·J. 泰利斯：《广告效果评估》，李洋、张奕、晓卉译，中国劳动社会保障出版社，2005，第7页。

第五，连续的广告存在重叠效果和重叠衰减效果。广告在不同的时段有着不同的反应，这取决于消费者对广告的熟悉程度或厌烦程度。一则广告的延迟效果与之前播放的广告的延迟效果重叠在一起能使广告效果分析变得极其复杂。

第六，市场中的不同细分市场及个体对广告的反应不同。一个市场可以细分为不同类型的消费者群体。有些群体忠诚于该品牌，有些是偶尔购买者，有些则只知道该品牌但没有购买过，还有一些人从未听说过该品牌，每一个细分市场群体对广告的反应不一。因此当我们分析销售效果时，必须把各个细分市场群体的各种不同反应考虑在内，去理解广告的整体销售效果。如果缺少翔实的数据则难以驾驭这种复杂的分析。

第二节　广告销售效果的测评方法

一　市场测试

市场测试（Test Market）泛指通过实验设计或准实验设计进行的任何研究。在营销实验中，经常用以衡量营销组合变量的改变，如价格、广告的数量或类型和产品特征等的变化，对因变量——总销售量和市场份额等的影响。市场测试属于现场试验，是在实验室以外的真正的市场环境下进行的实验。如不计较实验上的困难，市场测试可以说是测定销售效果最有效的方法。此方法最简单的思路如图 5 - 3 所示。选择等质的 A、B 两个市场，只向 A 市场投放广告，比较两者的销售情形，如果 A 市场的销售情况好于 B 市场的销售情况，其超出部分就是广告的销售效果。

实施市场测试可以使用两种实验设计：仅后期测量控制组设计和前后

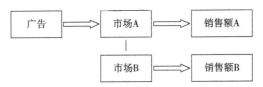

图 5 - 3　市场测试法研究广告销售效果的基本思路

测量控制组设计。我们将通过下面的例子进行说明。

××公司想测量购买点 POP 广告对销售的影响，公司考虑了两种实验设计。

（一）仅后期测量控制组设计

基本设计：实验组（R）X　O_1

控制组（R）　　O_2

样本：对销售其商品的商店进行随机抽样，这些商店被随机地分给测试组和控制组，这些组被认为是相同的。

处理（X）：将购买点 POP 广告置于实验组商店里 1 个月。

测量（O_1，O_2）：在购买点投放广告期间测试实验组和控制组商店中公司产品的实际销售量。

解释：因为商店随机分配到各组中，因此测试组和控制组可视为相同的。X 测量的是 $O_1 - O_2$。假设 $O_1 = 125000$（单位），$O_2 = 113000$（单位），那么 X $= 12000$（单位）。

（二）前后测量控制组设计

基本设计：实验组（R）O_1X　O_2

控制组（R）O_3　　O_4

样本：对销售其商品的商店进行随机抽样，这些商店被随机地分给测试组和控制组，这些组被认为是相同的。

处理（X）：将购买点 POP 广告置于实验组商店里 1 个月。

测量（O_1，O_4）：O_1 和 O_2 为实验组的前期测量和后期测量；O_3 和 O_4 为控制组的前期测量和后期测量。

结果：$O_1 = 113000$（单位），$O_2 = 125000$（单位）

$O_3 = 111000$（单位），$O_4 = 118000$（单位）

解释：（1）各组的随机性分配意味着它们可视为相等的；

（2）因为各组是相等的，所以它们受到的外来因素的影响也是相同的，这一假设合理；

（3）除了在实验中收到研究所感兴趣的处理外，还同样受到外来因素的影响。由于这个原因，对控制组前后测量之间的差异（$O_4 - O_3$）提供了所有外来因素对两组影响的恰当估计值；在这些影响的基础上（$O_4 - O_3$）＝7000 单位，估计的处理影响是（$O_2 - O_1$）－（$O_4 - O_3$），即（125000 － 113000）－（118000 － 111000）＝5000（单位）。

二　广告效果指数研究法

通过消费者的购买情况评估广告对销售的影响，是通过对接触过广告信息的消费者和没有接触过广告信息的消费者在购买率上的差异来判断的。比较有影响力的测评指数模型有 AEI 指数模型、NETAPPS 指数模型和 PFA 指数模型。

AEI 指数是指在全部目标消费者中，纯粹由于广告的刺激而引起购买的人所占的百分比。NETAPPS 指数表达的是在所有购买者中因广告而增加的购买者比率，是以广告商品购买者为基础建立的模型。PFA 指数表达的是因广告带来的增加的购买率，是以看过广告的全体为基数，统计纯粹因为广告作用而增加的购买率的模型。AEI 指数和 NETAPPS 指数计算的分子都是纯粹广告作用增加的消费者。不同之处在于，AEI 指数以全部调查对象为基数统计，NETAPPS 指数以实际购买的人数为基数统计。这三个指数模型的建立都需要调查这两个指标：是否看过某品牌广告和是否购买过该品牌商品。

以"是否看过广告"为自变量将样本分成"看过广告子样本"和"没有看过广告子样本"两个部分，分别统计这两个部分目标消费者的购买人数，并推算出在看过广告子样本中非广告因素引起的购买者数量。由此得出如表 5－1 所示的结果。

表 5－1　唤起购买效果四分割表

		(1) 广告接触		合计人数
		有	无	
(2) 购买	有	a 人	b 人	$a + b$ 人
	无	c 人	d 人	$c + d$ 人
合计人数		$a + c$ 人	$b + d$ 人	N 人

注：a ＝看过广告而购买的人数，b ＝未看过广告而购买的人数，c ＝看过广告而未购买的人数，d ＝未看过广告亦未购买的人数。

（一）AEI 指数模型

广告效果指数（Advertising Effectiveness Index，AEI）是指在全部目标消费者中，纯粹由于广告的刺激而引起购买的人所占的百分比。

在广告刊播后，通过调查分别统计出看没看过广告的人数和有没有购买广告商品的人数。根据表 5-1 可知没有接触广告的人中也有 $b/(b+d)$ 比例的人购买了广告商品，所以要从看到广告购买的 a 人当中，减掉因广告以外的影响而购买的 $(a+c) \times [b/(b+d)]$ 的人数，才是真正因广告而唤起购买的效果，将这个人数以全体人数除之所得的值，称为广告效果指数，其公式如下：

$$AEI = (1/N) \{ a - (a+c) \times [b/(b+d)] \}$$

例1：一家日用品生产企业，为了研究 A 品牌洗衣液广告对销售效果的影响，在广告播出之后 1 个月，随机访问了 600 人，其中有 400 人看到过 A 品牌洗衣液的广告，具体购买情况如表 5-2 所示。

表 5-2　广告信息接触与购买情况

		（1）广告接触	
		有	无
（2）购买	有	210	60
	无	190	140
合计人数		400	200

因此 AEI 指数是：

$$AEI = 1/600 \times (210 - 400 \times 60/200) \times 100\% = 15\%$$

（二）NETAPPS 指数模型

广告销售效果测定法（Net Ad. Produced Purchases，NETAPPS）是指纯粹由广告因素引起的购买者占总购买者的比率。这一指数是由美国人丹尼尔·斯塔奇创立的。

这一指数模型的分析思路是：在看到广告并购买商品的人中，有的是受广告影响而购买，有的并不是受广告的影响，而是由于其他原因而购买。NETAPPS 指数模型表达的是在购买过广告商品的人中单纯受到广告刺激而购买者所占的比率。因此需要在看过广告的购买者中剔除非广告因素而引起的购买者人数，剩下的是纯广告因素引起的购买者。事实上在调查中，对于接触过广告信息的人，要想让其分辨出是否由于广告的作用而购买非常困难。NETAPPS 指数模型解决这一难题的原则是："阅读广告而不受广告刺激购买者之比率和无阅读广告而购买者之比率相同"，即用"没有看过广告的群体的购买率"来替代"看过广告的群体中非广告因素影响的购买率"。

$$NETAPPS = \{ a - (a + c) \times [b / (b + d)] \} / (a + b)$$

斯塔奇认为此指数可用来比较新的广告活动与旧的广告活动的效果，或比较竞争者厂商相互间的广告活动的效果，也可以比较不同媒体之间的广告效果。用 NETAPPS 效果测定法有一个很有趣的问题，那就是消费者对广告的接触与商品购买的关系——到底是消费者看了广告才购买商品，还是购买了商品才注意到该广告？斯塔奇的研究发现两者的关系并不是单向的因果关系。也就是说当消费者购买了该商品后更有可能去注意及记忆该商品的广告，而当消费者注意及记忆该商品的广告后，也有更大的可能性产生购买该商品的行动。

依据例 1 的数据，计算 NETAPPS 指数的四个步骤如下。

第一步：计算没看过广告的群体的购买率。

$$没看过广告的群体的购买率 = 60 / 200 \times 100\% = 30\%$$

第二步：计算看过广告的群体中，非广告因素引起的购买者数量。

$$非广告因素引起的购买者人数 = 400 \times 30\% = 120 \ 人$$

第三步：计算纯粹广告引起的购买者人数。

$$纯粹广告引起的购买者人数 = 210 - 120 = 90 \ 人$$

第四步：计算 NETAPPS 指数。

$$NETAPPS = 纯粹广告引起的购买者数 / 总购买者数 \times 100\%$$
$$= 90 / 270 \times 100\% = 33.3\%$$

这一结果可以看作"在 A 品牌洗衣液的销售中有 33.3% 是由于广告的作用带来的"。

（三）PFA 指数模型

广告增加的销售额测定法（Plus for Ad., PFA）是指广告引起的销售情况的变化，这种变化可以用购买率来衡量，即广告带来的购买率增加，也可以用购买人数的变化来衡量，即广告带来的购买人数的增加，还可以计算所有购买者中 PFA 的比率。

$$PFA = a/(a+c) - b/(b+d)$$

依据例 1 的数据可知：

$$PFA = 210/(210+190) \times 100\% - 60/(60+140) \times 100\%$$
$$= 52.5\% - 30\%$$
$$= 22.5\%$$

由于这三个指数模型建立的前提假设都是遵守了"阅读广告而不受广告刺激购买者之比率和无阅读广告而购买者之比率相同"的原则，但这个原则只是理论假设，无法得到证实，因此在理论上存在值得推敲的成分，所以这些模型的科学性受到一定的质疑，并没有被广泛采用。但是在各种测量方法都存在一定缺陷的情况下，用这些模型比较广告对销售的影响还是具有一定的参考价值的。

三　单一来源数据调查

（一）单一来源数据

单一来源数据是指从同一家市场研究机构中获得的，通过同样方式采集的数据群。单一来源数据调查是指对消费者从接触电视到超市收银台的一系列活动进行跟踪调查。

这类数据通过几个独特的过程加以采集，如图 5-4 所示。首先，挑选样本城市，征集这些城市中的零售店，并让这些零售店使用由调研公司提供的激光扫描售货机。第二，招募一批家庭作为样本。同意接受调查的家庭就会收到调研公司提供的一张购物卡，并被要求只在调研公司指定的商店里购物。第三，调研公司在每一个样本家庭的电视上安装一个计量器，它每隔 5 秒工作一次，记录电视机是否被打开，家庭成员收看了哪些频道。这用来确定样本家庭接触电视广告的情况。调研公司还有一个独立的监视系统，用来记录某一时间内各频道播放的广告。将这一系列数据集合在一起就可以确定每一个样本家庭实际的广告接触量。

　　单一来源数据调查系统还可以进行扩展运用，用以进行市场实验。在中央控制系统上安装一个个体地址发送器的小装置，它可以直接向每个家庭的有线电视发送信号。调研公司可以通过有线电视让样本家庭接收到特殊的实验广告。这个系统使市场调研公司能够有效地进行广告实验，这种实验系统称为独立有线实验。在这种试验中，样本家庭被有选择地传送不同水平或不同形式的广告，而样本家庭对研究设计毫不知情。样本家庭的收看行为和购买行为被记录下来用以跟踪广告效果。

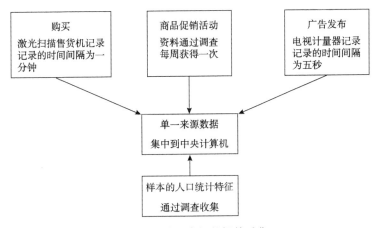

图 5－4　单一来源数据的采集

　　单一来源数据在实验城市的采集工作由下列部分组成。

　　（1）样本家庭的购买记录。记录样本家庭购买商品的时间、商品数量、口味、价格、折扣和促销优惠条件。

　　（2）商店营销环境记录。样本家庭购物的零售商店中陈列的其他品牌，以及这些品牌的价格、促销条件和其他营销变量。店外宣传活动，如零售店的广告也可以通过这部分的调查反映出来。

（3）样本家庭的人口统计资料。人口统计资料包括受教育程度、收入和家庭人口数等。

（4）广告接触数据。通过电视计量器获取的具体广告、广告发布的时段、该家庭接触广告的持续时间。

（二）单一来源数据的优势

单一来源数据的价值在于它们是具体地反映每一个个体（家庭）的，时间性的（以分计或秒计的）非综合性资料。在过去，企业使用不同来源的数据进行测算，比如使用自己工厂的发货记录代表销售，使用媒体提供的毛收视点代表广告接触，使用零售商提供的价格代表价格。这些多渠道的数据是复合性的，有时是不可比的，因此经常受到逆向因果关系①和多重共线性②的影响。而单一来源数据代表了数据搜集上的变革。

第一，这些数据是非常具体的，给出了市场、该市场中的商店以及某商店中的顾客等信息。数据还包含了品牌、品牌产品的细节、促销优惠条件等信息。这些数据可以细分到周或一周中的某一天，如果需要还可以进一步缩小时间单位。

第二，这些数据包含所有可能会影响销售的营销变量，如价格、折扣卡、店内陈列及在当地报纸上的零售商广告。对于这些变量的控制使研究人员更加清晰地确定广告对消费者购买的作用。

第三，这些数据包含了所有市场中的竞争产品，因此可以给出过去难以给出的完整的市场活动情况。

第四，这些数据在事件发生后立即就可以得到。过去想要了解市场上品牌销售情况，最好的信息来源是一些调研公司提供的双月刊数据。现在广告主可以通过单一来源数据调查系统在一周甚至更短的时间内取得有关资料。

---

① 逆向因果关系是因为广告预算是根据预期销售和销售季节的波动而制定。以一个季节性产品——空调的季销售数据为例。在夏季做广告时销售量会很高，而冬季做广告销售量会较低。看起来广告与销售的关联性很强。但是使用以季为单位的数据，研究人员无法说明这种关联性是基于广告原因导致了销售的提高，还是预期销售导致了广告开支增加。

② 多重共线性问题发生于两个独立变量高度相关时。例如，某产品在某一周内进行降价和广告并取得销售量增加。由于广告和降价发生在一周内，因此在以此周为单位的数据基础上研究人员无法区分是广告还是降价导致销售的增加。

第五，通过独立有线电视实验取得的数据的关联性极强，可以对因果关系做极好的测试。这种实验设计让样本家庭在自然的环境中看电视和做出购买决定，使研究人员的介入降低至最低程度，因此使实验的关联性大大提高。这种实验通过选取两组在同一市场上的类似的样本家庭，而它们之间的区别仅仅在于观看了不同的有线电视广告，从而使实验的因果关系更加明晰。基于这种数据的分析不易产生逆向因果关系，也不易出现多重共线性问题。

使用单一来源数据，研究人员通过跟踪广告后购买发生的顺序，并拿这些数据与没有看过广告的人的购买数据比较，可以确定广告是否对销售起作用。这样研究人员可以在广告展露与购买行为之间建立联系，如跟踪追加广告预算的效用、确定不同版本广告的销售效果。许多广告主认为单一来源数据调查具有容易控制、能够直接测量广告效果的优点。

思考题

1. 为什么说广告销售效果难以测定？
2. 如何理解广告与产品销售之间的关系？
3. 广告销售效果的测定有哪些基本的方法？分别有哪些优缺点？

案　例

汇源果汁销售火爆　春晚插入广告带动果汁市场

发布时间：2010 年 2 月 23 日

来源：全国食品招商网、全国糖酒招商网

春节长假临近尾声，节日消费市场依然呈现持续高涨的态势。记者走访了京城数家大型超市了解到，在今年春节期间，果汁类饮品的销售异常火爆，成为今年春节消费市场上新的亮点。

在家乐福双井店，记者看到，在汇源果汁的货架上，排面上的果汁已经为半空的状态，所剩产品寥寥无几，而陆续还有顾客不断进行选购。据该超市汇源果汁的销售人员介绍，自春节前一个月开始，汇源果汁的销量就直线上升，而在央视春晚的广告播出之后，汇源的销量再创新高。据了解，汇源果汁在该超市平时每个月的销售额约为 6 万 ~ 8 万元。而今年春节期间，仅一天的销售额就能达到 8 万 ~ 10 万元，是平时的 30 多倍。

在今年央视的春晚上，汇源果汁作为道具出现在刘谦的魔术表演中，受到了众多消费者的关注。从目前汇源的销售情况来看，春晚似乎确实带动了果汁产品的整体销量。然而，在记者现场的随机采访中，几位购买汇源果汁的消费者纷纷表示，自己之所以购买果汁，主要还是因为觉得果汁饮品比较健康，富含丰富的营养物质，而并非受到春晚的影响。

事件回顾：汇源果汁在 2010 年虎年春晚刘谦魔术中花巨资植入广告。此番"植入"，不仅将汇源果汁的盒子"插入"刘谦魔术的镜头中，还由刘谦喝了一口，说道："这是果汁，汇源的。"观众席的圆桌上摆的也都是该品牌的系列饮品。

资料来源：编者整理自网络资料。

案例思考

1. 你如何评价汇源果汁在春晚植入广告后所产生的火爆销售状况？

2. 请评价消费者所说的"自己之所以购买果汁，主要还是因为觉得果汁饮品比较健康，富含丰富的营养物质，而并非受到春晚的影响。"

本章实训

一、实训目的

1. 理解广告对产品销售产生影响的复杂性。

2. 运用广告效果指数法计算广告对销售的影响。

3. 锻炼学生的沟通、调查执行和广告设计表现等能力。

二、实训内容

在学校周边寻找一家饮品店，与店主协商为这家店设计制作一则平面广告，并在广告投放后实施调查，以广告效果指数法测评本次广告投放产生的销售效果。要求如下：

1. 设计、制作饮品店平面广告并进行投放；

2. 设计广告效果测评的调查方案；

3. 通过调查法获取研究数据；

4. 分析测评结果；

5. 项目实施的每一个过程都必须有简单的视频记录；

6. 在课堂上进行整个测评项目的汇报。

三、实训组织

1. 教师征集 1~2 个小组来实施这个项目，给学生 4 周时间来完成整个项目。

2. 在小组长的组织下，明确实训任务及分工，制定测评方案，并在教师指导通过后执行。

3. 由小组代表向全班同学报告该小组的实训情况和成果，发言内容应制作成 PPT 同步播放。

延伸阅读

［1］ Russell Ackoff, James Emshoff, "Adertising at Anheuser – Busch, Inc. （1963 – 1968）," *Sloan Management Review 16* （Winter, 1975）: 1 – 16.

［2］ David A. Aader, Carman Jamse, "Are You over Adertising?" *Journal of Adertising Research 22* （August/September, 1989）: 57 – 70.

［3］ Joseph Eastlack, Ambar Rao, "Adertising Experiments at the Campbell Soup Company," *Marketing Science 8* （Winter, 1989）: 57 – 71.

［4］ Leonard Lodish, *Adertising Work: A Study of Adertising Effectiveness and the Resulting Strategic and Tactical Implications* （Chicago: Information Resources Inc., 1989）.

［5］ Gert Assums, John Farley, Donald Lehmann, "How Adertising Affects Sales: Meta – Analysis of Econometric Results," *Journal of Marketing Research 21* （February 1984）: 65 – 74.

［6］ Raj Sethuraman, Gerard J. Tellis, "An Analysis of the Tradeoff between Adertising and Pricing," *Journal of Marketing Research 31* （May 1991）: 160 – 174.

［7］ Colin McDonald, "What Is the Short – term Effect of Adertising?" *Marketing Science Institute Report* No. 71 – 142, （Cambridge, MA: Marketing Science Institute, 1971）.

［8］ John Philip Jones, "Single – source Research Begins to Fulfill Its Promise," *Journal of Adertising Research* （May/June, 1995）: 9 – 15.

［9］乔治·E. 贝尔齐、麦克尔·A. 贝尔齐：《广告与促销：整合营销传播展望》（上），张红霞、李志宏译，东北财经大学出版社，2000，第282～289页。

［10］达瑞尔·克拉克：《广告销售效果持续时间的计量经济学测量》，载黄合水编《广告研究经典案例》，厦门大学出版社，2010，第6～26页。

［11］小卡尔·麦克丹尼尔、罗杰·盖茨：《当代市场调研》，李桂华译，机械工业出版社，2011，第195～215页。

第六章　广告的社会效果评价

学习目标：认识并了解广告的社会效果的含义，理解广告对社会经济、社会文化、意识形态的影响；通过广告中性别形象再现的研究个案，理解视觉文化中广告的媒介话语意义；了解内容分析方法在广告宏观效果研究中的作用，并掌握这一方法。

1759 年英国著名作家约翰逊在《懒惰书》中写道："……广告也和其他技术一样，应该服从公众的利益。我对那些负责做广告的人，不能不问一下有关道德的问题，你们是否有玩弄人们感情的行为……"① 广告作为一种经济现象和文化现象很早就受到人们的关注。作为最出风头的商业活动之一，广告在社会影响方面的作用历来是毁誉参半，广告的角色也具有较大的争议性。一些人把电视广告看作短小精悍的艺术作品，而另一些人则把其斥为消费主义及其意识形态的有害产物。

对广告社会效果的研究就是探讨广告与社会之间的关系，是在各类批判性立场下分析广告对社会宏观层面，如产品竞争环境、生产成本、价值观、社会文化等诸方面的影响。这种影响既包括正面的影响，也包括负面的影响，这种影响是在长期潜移默化过程中形成的。

第一节　广告的经济效应

广告通过使消费者认识产品和服务，并为他们做出决策提供信息而在自由市场体系中扮演了一个重要的角色。然而，广告的经济角色超越了这

---

① 刘家林编《新编中外广告通史》，暨南大学出版社，2000。

些基本功能，它是影响整个经济系统运作的强大力量。广告的经济角色作用犹如台球比赛的开杆，一旦企业开始做广告，经济上的连锁反应便开始发生。连锁反应的结果虽然难以预料，但却与"击球"的力量以及整体经济环境密切相关。

一 对产品价值的影响

20世纪60年代中期，著名心理学家欧内斯特·迪希特（Ernest Dichter）指出，产品的形象一部分是由广告塑造的，一部分是由促销塑造的，应该与产品本身固有的特质一致。随后的调查表明，虽然广告有时无法直接言明产品的品质，但其传递的正面形象却可以暗示产品的品质，使产品更符合消费者的理想，进而增加产品的价值。这就是为什么有人只选择可口可乐而不喝其他牌子的饮料，有人偏爱CK内衣而对未曾做过广告的其他品牌不屑一顾。做过广告的产品功能不一定更好，但是广告可以在消费者心目中赋予产品附加价值。

市场经济体制的一大优势就在于，消费者能在购买产品时选择自己所需的价值。如果价格因素对他来说很重要的话，他可以买一辆便宜的经济型轿车；而如果他看重身份地位和享受的话，他可以买一辆拉风的高档轿车或跑车。人们的许多欲望都是出自情感的、社会的或心理的，而不一定是功能性的。人们通过购买某种产品向外界表明自己是（或希望是）一个什么样的人。广告使人们把产品与自己希望的形象挂上了钩，给他们提供了满足这些心灵上的、符号化的需求的机会。

从经济的角度而言，广告可以增加产品的价值，因而有利于消费者和广告主的利益；又由于广告提升了品牌价值和知名度，从而刺激了经销商数量的增长，因而可以加剧市场竞争，这也有利于消费者的利益。

二 对产品成本和价格的影响

如果说广告可以给产品带来附加值，那么，广告也可能增加成本，对吗？这是经济学家、广告主、消费者保护组织以及政策制定者经常争论的一个问题。批评者认为，广告增加了消费者为购买产品和服务所付出的价格。首先，他们认为大量的钱被花在为某个品牌做广告上面，这些费用必然得到补偿，而这是通过消费者支付高价来实现的；其次，广告会导致高价的第二个因素是广告提高了产品的差异度，并增加了产品在消费者心目中的价值。

广告的拥护者承认广告成本至少有一部分由消费者承担，但广告可能帮助公司降低产品成本，而这种降低完全可以抵消广告费用。例如，广告可以通过在市场中提供大量的信息并刺激需求来实现生产和分销中的规模经济，规模经济有助于削减生产和营销产品的成本，这能带来较低的价格——如果广告主选择把节约成本的好处让给消费者享有的话。广告也能通过促进市场竞争来降低价格，这主要是指更激烈的价格竞争。无论怎样，广告是一种市场进入的方法而非障碍。广告有助于刺激产品更新，这使市场更具竞争性并有助于降低价格。

三　对竞争的影响

经济学家认为，大公司由于拥有巨大的广告预算而制造了进入壁垒，使得其他公司很难进入市场，从而导致了更少的竞争和更高的价格。他们观察到，市场中的小公司已很难与行业领导者的巨大广告预算相抗衡，因此常常不得已退出该行业。

激烈的竞争确实可能造成同一行业内企业数量的减少，但在竞争中被淘汰的企业很可能就是那些对顾客服务最差的企业。但在另一些情况下，竞争又会因企业间的兼并和收购而减弱。在需要投入巨额广告费的行业里，高昂的广告费支出确实会阻止新生的竞争者加入竞争，市场先行者可能会从这种壁垒中获得巨大的竞争优势。大的广告主通常销售一种以上的产品或服务，这意味着他们有较低的生产成本，并且能将较多的钱花在广告上面，因此他们能负担更贵但更有效率的媒体如电视。巨大的广告支出也为他们带来了更大的机会来实现产品差异化和发展品牌忠诚度。就这些因素而言，小的竞争者常常处于不利的竞争地位。但是，厂房、机器和人力等生产要素方面的巨大投资往往是一个更加难以逾越的障碍，这才是新（小）

企业入市的真正障碍。

虽然广告可能对市场有反竞争的影响，但没有明显的证据证明广告减少了竞争、制造了进入壁垒并由此产生了市场集中化。但是，高水平的广告并不总是存在于那些少数公司占有较大市场份额的行业之中。广告的维护者认为，把公司的市场主导地位和进入壁垒仅仅归于广告是不真实的。这里还有一系列其他因素，如价格、产品质量、分配效应、生产效率和竞争策略等。他们坚持认为行业领导者占据市场主导地位往往是因为有更好的产品质量和最好的管理与竞争策略，而不是简单的因为有最大的广告预算。

尽管进入市场与强大的、已存在的对手展开竞争是困难的，但拥有良好质量和合理价格的公司仍有可能打破这种局势，尤其在当今互联网开启新领域的年代。而且，广告事实上使这些公司进入市场更加便利，广告使这些公司把自己的新产品或新品牌的优点和特征介绍给消费者成为可能。

四　对消费者需求与选择的影响

广告对消费者的总体需求有什么影响？这个问题相当复杂。众多的研究表明，促销活动会影响群体消费，但其程度难以确定。其他许多社会力量与经济力量，包括技术进步、教育水平、人口增长、收入水平提高以及生活方式的变革等，都比广告重要。广告可以在新产品销售的起步阶段通过向消费者传递更多的"完全信息"，刺激市场对某类产品的基本需求（Primary Demand），即对整个产品品类的需求，进而帮助新产品在市场上立足。在市场不景气的情况下，人们只关心价格信息，这时广告能对选择性需求（Selective Demand），即对某一特定品牌的需求产生影响。但对基本需求的影响只能是减缓市场下滑的速度；在正在成长的市场，广告主则可以借助广告征得一席之地；而在成熟、稳定或下滑的市场中，广告主只好彼此争夺对方的份额。

对生产厂家来讲，在竞争中取胜的最佳方法就是使自己的产品与众不同。广告被用于获取：①差异化，即大广告主通过这种方式使其产品和服务被视为独一无二的，或比竞争者更好的；②品牌忠诚，这使大广告主获得对市场的控制，其结果往往是以牺牲小品牌为代价的。当某个品牌占有绝对优势时，弱小的品牌可能会消失。而一旦有更好的产品出现，同时广告又做得出色的话，先前占优势的品牌就有可能输给这个新的、更好的后来者。广告会激发公司发展新的品牌并改善其已经存在的品牌。而广告又会促使更多的后来者加入竞争，其结果是消费者有了更大的选择余地。

但是一些批评者则认为，广告阻止了消费选择，因为广告主利用自己的市场力量把消费者的选择权限制到一些广告做得较好的品牌上。大公司常常会索取较高的价格来获取一个更具主导性的市场地位，而小公司则难以对此做出抗争，也负担不了那么大的广告预算。当这种情况发生以后，广告不但将消费限制在一些著名的、做过大量广告的品牌上，同时广告竞争也替代了以价格或产品改进为基础的竞争。此外，批评者还称，广告应当仅仅是向消费者提供对于做出购买决策有用的信息，而不应当企图去说服其购买。他们认为信息性广告（只呈现价格、性能及其他客观性内容）是合理的，而把说服性广告（针对消费者的情感、恐惧的心情、心理需求以及诸如对地位、自尊和魅力的渴求心情）看作是不可接受的。批评者指责道，说服性广告助长了消费者的不满，并鼓励他们去购买产品及服务以迎合其更高层次的需求。他们称广告利用了消费者，并促使消费者去购买他们并不需要的东西。

广告的拥护者对广告促使人们购买他们并不真正需要的东西的指责提出两方面的反驳：第一，对广告的这种批评实际上夸大了广告的作用，并且假定消费者缺乏抵御广告的能力；第二，它忽视了这样一个事实，即当消费者面对说服性广告的时候，他有权利做出自己的选择。广告主承认他们的说服性目的，但他们同时指出，要想让消费者购买他并不想要或对他们来说看不到有什么好处的商品是极端困难的。如果广告像批评者所宣讲的那样强有力的话，就不会看到那些拥有数百万广告预算的商品在市场竞争中失败。现实的情况是，消费者会自己做出选择，他们并没有被强迫去购买，消费者将忽视那些他们并不真正需要或不能引起他们兴趣的商品或服务的广告。

关于广告在经济中的角色的两种不同观点

针对广告的经济影响这个问题，经济学家的观点基本上可以分为两派，

他们就广告对经济的影响做出不同的假设。下表总结了"广告等于市场力
量"和"广告等于信息"这两种看法的主要观点。

广告 = 市场力量		广告 = 信息
广告影响消费者的偏好和品味，改变产品的属性，使之与竞争产品相区别	广告	广告告诉消费者产品的属性，但不会改变消费者评价这些属性的方式
消费者成为品牌的忠诚者，缺乏对价格的敏感度，并很少去发现相关替代品	消费者购买行为	消费者对价格更加敏感，购买最有价值的产品，只有价格和质量的关系才对某一产品的弹性有所影响
潜在的竞争者必须克服已建立的品牌忠诚，并花费更多的广告费用	进入壁垒	广告使新品牌进入市场变得可能，因为它能将产品特征介绍给消费者
使公司和市场竞争及潜在对手隔离开来；市场集中加速，给公司更大的市场力量	产业结构和市场力量	消费者能很容易地将竞争性产品进行比较，竞争对手会越来越多；有效率的公司生存下来而无效率的则被淘汰，新的进入者出现；对市场集中的影响是不明确的
公司可索取高价，并不再可能就质量和价格进行竞争，创新也会减少	市场行为	具有更多信息的消费者将促进公司改进质量、降低价格；新的市场进入者有利于产品创新
广告主获得高价和超额利润，这使其更专心于为其产品做广告，这种情况下的产出与完全竞争相比有所减少	市场绩效	行业价格下降；由竞争加剧和效率提高产生的对利润的影响是不明确的

● 广告等于市场力量

相信广告等于市场力量的观点反映了传统的经济思想。这种观点把广
告看作一种改变消费者品味、降低消费者对价格的敏感度以及在所做的广
告的品牌购买者中建立品牌忠诚的方法。这个观点认为大的广告主带来了
高额利润和市场力量，减少了市场中的竞争，并给消费者带来了更高的价
格和更少的选择。支持这种观点的人通常对广告的经济影响持否定态度。

● 广告等于信息

相信广告等于信息的人对广告的经济效应持积极的态度。这种观点认为广告能为消费者提供有用的信息，增加他们对价格的敏感度（这使他们选择价格较低的产品），并促进市场竞争。广告被视作与消费者交流的工具，它能告诉消费者有关产品及其外形、特征的信息。具有更充分的信息和知识的消费者促使公司提供优质低价的产品。有效率的公司在市场中生存下来，而无效率的公司则被淘汰，同时又有新的参与者出现。支持这种观点的人相信广告的经济效应是令人满意的，并认为广告有助于形成更加有效率和更富竞争性的市场。

资料来源：乔治·E. 贝尔齐、麦克尔·A. 贝尔齐：《广告与促销：整合营销传播展望》（下），张红霞、李志宏译，东北财经大学出版社，2000。

第二节　广告的社会效应

一　广告的不真实性或欺骗性

人们对于广告的一个最主要的批评是许多广告的不真实性、误导性和欺骗性。广告主对于产品性能的承诺应该有一个合理的根据，并且应要求广告主提供证据以支持他们的承诺。然而，由于消费者对广告的理解以及这一理解对他们信念的影响不同，广告往往暗含欺骗性。广告主使用某些吹捧手法和做出某些主观承诺以及对构成欺骗的成分难以确定，使这一问题变得复杂化。虽然许多广告的批评者承认，大多数广告主并没有企图欺骗消费者，但是他们认为消费者并没有得到足够的信息以做出正确的选择。他们认为，广告主通常只会向消费者提供那些对他们自身有利的信息，而从来不告诉消费者关于产品或服务的全部真实情况。

广告如果想富有成效，就必须让消费者对广告产生信心。因此，任何形式的欺骗都会削弱自由市场的"完全信息"原则，还有可能使广告主自取灭亡。甚至连没有特定含义（但合法）的夸张也有可能招致严重的后果，被认定为具有欺骗成分。然而，广告的自然属性决定了广告不是"完全信息"，它会表现有利于广告主或品牌的内容。人们知道广告主对自己的产品充满自豪感，因此对他们的少许夸大一般并不在意。但是如果广告主越过了单纯表现观点与制造骗局之间的界限，人们就开始反对了。夸张是一种夸大的、主观的承诺，很难证明其"真伪"，比如"最好的""唯一的"等。只有当产品的承诺（明确的还是隐晦的）确实虚假并且具有欺骗或误导消费者的可能性时，该承诺才能被认定为具有欺骗性，但夸张不属此列。因此，法规管理人员坚持认为理性的消费者根本不会相信广告中的夸张成分，消费者自己能够抵挡违反他们意愿的诱惑，并且众多的行业和政府法规有能力防止广告对消费者的误导。

二　广告鼓吹物质主义

许多批评者指责广告鼓吹物质主义，从而对消费者的价值观产生消极影响。批评者声称广告通过倡导一种物质享受的生活方式，降低了人们的价值水准。广告利用消费者的情感，通过向消费者许诺更高的社会地位、更高的知名度以及性吸引力来操纵人们的购买行为。这让消费者养成了坏习惯，引诱贫穷的孩子去买售价高达 1000 元的运动鞋，促使普通老百姓购买一些没有用的奢侈品，妄想以此与名流攀比。他们还认为，在广告巨大的威力面前，消费者根本就无法抗拒。

批评者对广告这方面的批评是假定物质主义是错误的，以及对物质主义的追求是以其他目标的丧失为代价的。但是，许多人认为，物质主义是能为现代社会所接受的。现代社会的伦理观念强调的是勤奋、个人努力、创业精神以及把物质财富的积累看作成功的标志。另外一些人认为，鼓励消费者在满足其基本需求之后继续消费，并追求物质财富能够对经济产生积极的影响。即使假定物质主义是不受欢迎的，也仍然还有一个疑问，即广告是否应对创造和鼓吹物质主义负责。在批评者认为广告是物质主义价值观的主要推动力之一的同时，许多人认为广告仅仅是反映而不是塑造社会价值观。他们称，消费者的价值观是由他们所生存的社会决定的，他们的价值观是长期和深刻的社会化或社会发展的产物。

确实，广告通过把产品或服务描绘成地位、胜利和成功的标志，或通过鼓励消费者的方式对社会的物质主义起到了推波助澜的作用。正如理查特·波利（Richard W. Pollay）所说："也许认为广告是社会文化价值观的反映是正确的，但是它是有选择的，它往往更多地反馈和加强人们某些态度、行为和价值观。"①

有关广告将在多大程度上影响物质主义以及理想的价值观等深奥的哲学问题，仍将进一步成为人们争论的话题。

三　广告与儿童

广告主必须面对的一个最主要的指责是广告对儿童的影响。儿童不是精明的消费者，他们关于自我、时间、金钱的概念都不成熟，他们对自己的愿望、需求和喜好，以及如何合理地运用经济资源来满足自己的需求等都知之甚少。而且，孩子们理解概念的特点很容易导致他们对儿童广告产生误解，甚至导致他们对产品产生不切实际的过高期望值。

一方面，批评者认为，儿童特别是那些年龄较小的孩子易受广告的影响，因为他们缺乏有关的经历和知识来理解和评价那些诱人的广告的真正目的。有研究表明，学龄前儿童不能够在商业广告和电视节目之间做出区分，不能够洞察商业广告的销售目的，也不能够辨别哪些是真实的，哪些是虚幻的。早在 1974 年，托马斯·罗伯森（Thomas S. Robertson）、约翰·罗西特（John R. Rossiter）和斯科特·沃德（Scott Ward）、丹尼尔·沃克曼（Daniel B. Wackman）就分别在其研究中表明，对于广告，儿童不仅需要一个怀疑的态度，而且必须明白广告是如何运作的，只有这样才能使他们有能力对广告进行有效的防卫。1998 年梅丽·布拉克斯（Merrie Brucks）在其研究中指出，由于儿童对信息中隐含的商业目的的认识能力以及识别商业广告的能力有限，因而广告从一开始对儿童来说就是不公平和具有欺骗性的，因而应对这些广告加以禁止或者严格限制。

---

① Richard W. Pollay, "The Distorted Mirror: Reflections on the Unintended Consequences of Advertising," *Journal of Marketing* (April 1986), p. 33.

另一方面，支持者认为广告是生活中的一部分，儿童必须在消费者社会化过程中，即在不断获得在市场环境中生活所需技巧的过程中，学会如何应付这一问题。有一项研究发现，针对儿童们所做的广告为父母和孩子提供了关于产品的有用信息，而且不会破坏他们的关系。然而，大部分公众对此并不抱积极态度。特别是那些年长的和家里有儿童的消费者们对儿童广告持反对态度。

这一争论的核心是广告主到底要怎样做才能保证孩子们不被广告误导。为了推广对儿童负责的广告以及对公众关心的问题做出反应，各国都有相应的法规对儿童广告进行严格的限制，如美国设立了儿童广告审查处（Children's Advertising Review Unit），对所有在媒体上播出的针对儿童的广告进行审查和评估。一旦发现有误导、不准确或与指导方针不一致的地方，儿童广告审查处便会与广告主自愿合作来寻求改变策略。还有一些国家对儿童广告的限制要更加严格，如瑞典和挪威均不允许电视台播出任何针对12岁以下儿童的广告，而且在儿童节目中绝对不允许插播广告；澳大利亚禁止在针对学龄前儿童的节目中插播任何广告。相比之下，中国在儿童广告监管方面相对滞后，法律不完善，针对儿童广告的现行法规分散且规定宽泛，缺乏严格的惩罚措施。

四 广告的再现与话语

广告是一种话语，这已是毋庸置疑的真理。作为意识形态的载体，广告必须成为一种话语。广告当中常常使用有关性别和年龄的主流话语。广告中的再现是通过这类话语的文字和视觉语言建构出来的。例如，汽车广告中常用的话语包括技术、性别、时尚、都市和乡村环境、个人主义等。广告当中使用的是"话语的语言"。所谓"话语的语言"是指能够唤起受众对特定意义和价值观的认同。

在广告文本当中，那些"没有说出来的话"与那些"说出来的话"是同样重要的。广告当中的现实是被重新构建出来的，广告的再现融入了占主导地位的意识形态。在广告当中的世界和人们生活的现实世界之间，存在许多差别。做广告的目的就是掩盖两者之间的差别，从而构建出一种能够渗透到人们意识层面的再现，影响人们对现实世界的认知。在这一问题上，广告被指责通过对妇女、少数民族和其他一些团体的描绘创造和维护了许多主流话语。

第三节　广告中的性别刻板印象

以展现生活方式来塑造产品形象成为广告表现的惯例，两性成为广告难以回避的主题，尤其是女性，几乎成为所有广告形象必要的因素。批评者指出，广告不能够接受社会中正在变化的妇女地位。广告把女性描绘成家庭主妇或母亲，把女性作为节目中的装饰物或性感人物，广告中的女性歧视与偏见现象仍然存在。

一　广告中性别问题研究回顾

广告中的性别构建问题在西方是随着女权主义运动的兴起而逐渐引起人们注意的。20 世纪 60 年代，西方妇女运动经过一段时间的平静后重又掀起波澜，女权主义者不仅要求同工同酬和机会均等，而且对这个由男性支配的社会提出了抗议。与此同时，关于广告形象中的性别问题的研究文章也相继发表。在美国，欧文·高夫曼发表了在当时颇具影响力的题为"广告性别问题"的调查报告，高夫曼在报告中说广告常常体现男子是一家之主，即使在女性家庭用品的广告中也雇用男子来进行专业操作表演，女性成为男性的"附属形式"，"以俯身致敬的形式表明女性在身体上就低于男性"。例如，床、地板常伴随女性在广告中出现，这就代表着女性处于一个次要、附属的位置，她们不是在擦地板就是擦浴盆，"而地板又常常和那些不太干净、不太整洁如养狗、盛脏衣服的篮子和上街穿的鞋这些事物形象联系在一起"。另一项由艾丽斯·柯特尼和托马斯·维坡完成的《广告中性传统形象》的研究表明，广告中的女性通常以两种形象出现，要么是家庭妇女，要么是秘书、娱乐者或非权威性的职业者。诸如此类，一系列相关研究成果的发表使广告业界也开始关注性别问题，在广告制作过程中，大家要进行商榷，把会引起疑义的问题列成单子，在制作过程中作为参照，以避免出现性主义问题。① 中国的情况和西方有所不同，20 世纪 80 年代初，女权主义进入中国后并没有像它在西方那样掀起滔天骇浪，反倒有些波澜不惊。中国妇女不是以否定性别的本质差异，而是以重提性别差异的方式宣扬着女权主义。加之现代广告业刚刚起步，人们还来不及关注广告形象中的性别问题。20 世纪 90 年代初期，媒介的全球化和卫星电视的出现为跨国公司打开中国市场创造了条件，早已为西方企业驾轻就熟的传统销售手段——性销售，重新被用来加强广告的效力。国内的广告也纷纷效仿，一时间，性和性别成为广告界最钟爱的创新素材，广告形象中的性别问题随之出现，并开始引起人们的注意。

1992 年，《中国妇女报》首先注意到，在日益崛起的广告业中，女性形象越来越多地被利用，"广告 = 商品 + 女人"，女性成为广告创作中的一个"永恒主题"。于是，《中国妇女报》率先发起了"广告中的女性形象"的讨论。谈论发现，广告中的女性形象有两种角色类型：一是传统贤妻良母，另一种是超前消费、吃喝玩乐的"现代花瓶"。讨论提醒人们关注广告中的妇女形象，督促人们重新思考大众媒介与当代女性生存状态的关系。② 1995 年在北京召开了第四次世界妇女大会，大会通过的《行动纲领》将"妇女与媒体"列为"战略目标和行动"的 12 个关切领域之一。《行动纲领》认为，虽然在过去的 10 年里，全球传播网对公共政策、个人态度和行为产生了影响，但是"媒体继续显示负面和有辱人格的妇女形象"，"大多数国家的印刷和电子媒介没有以均衡的方式描绘妇女在不断变化的世界中不同的生活和对社会的贡献"。③ 大会呼吁媒体发挥世界各地的潜力，提高公众的性别觉悟，为提高妇女地位、推进男女平等做出更大贡献。世界妇女大会以后，一些研究者开始关注我国传媒广告中的女性形象问题。1995 年 11 月，黄梅在《中国妇女报》上撰文指出，在广告中，女性常常被描述为被观赏者和产品的享受者，而不是劳动或娱乐活动

---

① 朱丽安·西沃卡：《肥皂剧、性和香烟——美国广告 200 年经典范例》，周向民、田力男译，光明日报出版社，1999。
② 《广告中的女性形象大家谈》，《中国妇女报》第 3 版，1992 年 3 月 8 日。
③ 联合国：《第四次妇女问题世界会议的报告》，1995。

中的平等伙伴，对广告的认同意味着我们默许了广告内隐含的男权秩序及其对女性角色的规定。① 另一研究者卜卫在《广告与女性意识》中指出，广告中存在大量角色定型。这类角色定型喜欢强调女性的被观赏性和易操纵性，其实质是对女性独立人格的否定。② 1996 年 8 月，中国第一家"妇女传媒检测网络"诞生，1997 年初，该网络发表了全国妇联妇女研究所的刘伯红和中国社科院新闻研究所的卜卫执笔的《关于我国电视广告中女性形象的研究报告》。该研究以全国 10 个城市电视台的 1197 条广告为样本，从社会性别观念的角度分析了我国电视广告中的女性形象。研究发现，约 1/3 的电视广告有性别歧视的倾向，主要表现为角色定型和以女性作招徕。研究同时指出这类性别歧视广告的实质是对女性独立人格的否定。③

二　广告性别建构的负面效应

过去总是认为两性的差别是与生俱来的，男性特质和女性特质是天性使然，难以更改。但是，法国思想家阿尔都塞的主体建构理论使性别问题的研究者认识到：性别意识并非自然生成，而是被特定的历史和文化建构起来的，特别是由长期以来居于主导地位的男权主义文化建构而成的。所谓男女生而有别的本质主义观点不过是主导意识形态合法化的一种表现而已。广告形象中男性和女性的群体特征和行为方式就反映了男性对女性的支配和贬损的权力关系，表现了男权社会的主流价值观。广告主可能不同意这种说法，他们认为支配社会态度和影响文化价值观念并非他们的初衷，他们认为广告不过是反映了现实，因为生活中每时每刻都在进行着"性别行为的仪式"，广告只是从这些"性别展示"中援引素材进行表现而已。问题是，这种反映并非生活的全部，因为他们总是过分强调性别展示的某些方面，而对其他方面视而不见。广告中的两性形象只是社会中优

---

① 黄梅：《跟着广告走？》，《中国妇女报》第 3 版，1995 年 11 月 22 日。
② 卜卫：《广告与女性意识》，《妇女研究论丛》1997 年第 1 期。
③ 刘伯红、卜卫：《我国电视广告中女性形象的研究报告》，《新闻与传播研究》1997 年第 1 期。

势意识形态的反映，是经过男权文化的过滤，从男权角度塑造的类型化的形象。其实，广告形象反应的是男性中心的意识形态，是在塑造有利于优势权力结构的价值体系。这是一个排他性和单面性的价值体系，女性除了以这种确定的价值标准被呈现出来以外，要想以另外"非象征性形象"出现就只能意味着被"象征性地歼灭"，"或者被谴责、被轻视，或者'缺席意味着象征性地歼灭'"，"电视商业广告的分析支持了反映假设。在画外音广告和单性广告（角色都是男性或都是女性）中，商业广告要么忽视女性，要么对女性有成见。在塑造女性形象时，广告把女性放逐到妻子、母亲、主妇和性对象的角色中，以限制女性在社会中可能担任的角色"。①

当然，广告中也反映职业女性，但这些职业女性也多半符合男权社会对女性的共识：业务上不是权威，需要男性帮助，年轻漂亮，是男性眼中的"花瓶"。的确，广告中的性别不平等不仅反映在社会体制中服务与被服务、压迫与被压迫的关系上，而且也表现在审美层面的看和被看、欣赏和被欣赏、欲望被满足和被压抑上。在现代社会，广告中的性别形象特别是女性形象完全是按照男性的审美标准和感官需要塑造出来的。这里已经不仅仅是一个美学和艺术的论域，它同时也是权力运作的一个环节。在这种不平等的性别权力关系中，女性完全处于被观赏的从属地位，成了按男性价值和欲望塑造出来的被看的审美对象。在广告的视觉文化世界里，"男人看女人，女人看着她们自己被看。这不仅决定了男人和女人之间的关系，而且决定了女人和她们自己的关系"。

广告中对女性的贬损还表现在对女性主体性和独立性的否定，这主要是指女性形象在广告视觉文化中被物化了。美女（Beauty）、婴儿（Baby）、动物（Beast）是广告创作的三要素，其中运用之广泛和影响之大尤以美女为最。在广告形象中，女性烘托商品价值，商品价值渗透女性主体。可以说，"一部广告发展的历史，始终与女性形象怎样被当作一种特殊的商品来生产和消费有着极为密切的关联"。② 人类学家李陀在他的研

---

① 塔什曼：《大众传媒对妇女的象征性歼灭》，《大众文化研究》，上海三联书店，2001。
② 李陀：《"开心果女郎"》，《读书》1995 年第 2 期。

究中发现，人类社会有三种交换过程：讯息、女性、商品。在商品社会和男权意识形态的合谋下，现代广告将三者很好地融合在一起。广告在推销商品的时候，也把广告形象中的女性作为符合男权标准的"性玩物"推销给了大众。作为特殊的商品，女性的价值并不在于她那具有使用价值的真实身体，而在于男权社会中广告视觉文化建构出来的交换价值，即作为男性欲望的身体。谁都知道，消费者不能连同商品一起将广告中的女性买回家，在这种交易活动中，女性是作为能满足男性欲望的精神商品而存在的。

广告形象中的女性作为特殊的商品不仅男性在消费，女性也在消费。女性模仿广告中的女性形象，看似是在进行个性化的活动，其实是在自我消费。波德里亚对这种自我消费有过非常精辟的论断，他说："这是符合系统逻辑的：不仅与他人的关系，而且与自己的关系都变成了一种被消费的关系。在这里也不能把它与以对美、魅力、品位等真实品质的自信为基础的那种自我娱乐的事实混淆起来。这与那毫无关系；那种情况中不存在消费，存在的是自然自发的关系。消费总是通过某种被符号系统传媒化了的关系对这种自发关系的取代来决定的。在这种情况下，女性之所以进行自我消费是因为她与自己的关系是由符号表达和维持的，那些符号构成了女性范例，而这一女性范例构成了真正的消费物品。女人在进行'个性化'时消费的就是它。"而"通过自然品质发挥价值与通过对某种范例进行模拟并根据某种创建了的编码来进行自我赋值是完全不同的。它牵涉到的是一种功用性女性化，其中一切自然价值比如美、魅力、感性都随着那些指数价值如（虚假做作的）自然化、色情、'线条'、表现度的出现而消失了。"[①] 广告视觉文化对女性的物化的影响是非常深远的，因为生活中的女性对广告视觉文化中的物化女性形象进行自恋式的模拟消费无非是想被男性选择，她们在这样做的时候，自己也被物化了。

广告建构的女性典范形象在现代传媒的推动下，很容易成为某一特定地区集体的经验，最后形成一种类型化的社会性格。

---

① 让·波德里亚：《消费社会》，刘成富、全志钢译，南京大学出版社，2000。

第四节　广告社会效果测评的方法——内容分析法

一　内容分析与效果研究

19 世纪，伴随着美国报业的发展，许多新闻学者采用内容分析方法研究报纸主题。1952 年伯纳德·贝雷尔森（Bernard Berelson）出版了《传播研究中的内容分析》一书，该书是内容分析方法成熟的重要标志。在随后的几十年中，内容分析方法被广泛应用在文学、政治、新闻、社会心理学和传播学中。20 世纪 70 年代以后，内容分析方法广泛应用于广告研究中，涉及的领域包括：广告中的信息内容、广告中的女性形象与角色、广告策略等。贝雷尔森和霍斯迪对内容分析方法的应用领域进行了如下概括，内容分析研究可以归纳为："谁"传递"什么""给谁"，用什么"形式"达成了什么"效果"。值得注意的是这里的效果有两重含义，其一，当内容分析方法应用于传播研究领域时，着重于长期的、社会文化层面的效果，受议程设置理论和涵化理论的影响，内容分析的效果研究致力于媒介内容如何建构社会现实、提供世界观、支配参考体系等问题。其二，当内容分析方法应用于消费行为研究时，由于分析对象是已经记录好的传播素材，很多涉及受众反应，因此内容分析只能是效果研究的起点。研究者通常的做法是：首先通过内容分析了解传播讯息和主题的特性，然后通过受众调查和实验探究受众的态度是否与讯息内容一致。

卜卫指出，对文本进行内容分析，仅仅分析某种内容倾向的百分比是没有意义的，只有将这种百分比与社会现实、社会观念联系起来，才能对数据做出价值判断，在这个基础上，内容分析才有意义。也就是说，内容分析的价值不仅是描述内容趋势，更重要的是帮助人们理解和解释社会现实。卜卫将内容分析的意义及联系扩展成图 6-1 的模式。

卜卫对该模型进行了说明：内容分析不是孤立的分析，它与社会现实、传播者和受众之间存在一定的联系。从表面上看，内容分析的目标是揭示传播内容的倾向、特征或趋势。但实际上，研究者不可能完全脱离社会现

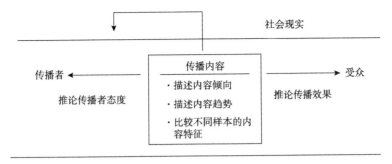

图 6 - 1　内容分析目标、意义及联系模式

资料来源：卜卫：《试论内容分析方法》，《国际新闻界》1997 年第 4 期。

实去做分析，或为分析而分析。就此卜卫提出了内容分析的三个目标：一是将媒介现实与社会现实进行比较；二是从媒介内容推论传播者的态度；三是从媒介内容推论传播效果。

内容分析研究者在从事这类研究时，一般暗含一种假设，即传播内容的倾向与社会现实（或现代社会价值观）不符。研究者试图通过系统的计量分析，揭示其内容所蕴涵的社会性质。另外，运用内容分析法从媒介内容推论传播效果时，研究者持有一个前提假定：人们长期接触某种媒介内容，就会受到某种媒介内容的影响。研究者以某种社会价值观来观察媒介内容，并试图得出关于社会现实、传播者和传播效果的结论，而内容分析方法则为研究者提供了分析的工具或规则。

二　内容分析方法的定义和特点

贝雷尔森将内容分析法界定为一种对具有明确特性的传播内容进行的客观、系统和定量的描述的研究技术。内容分析是一种信息处理方法，它将传播内容用客观和系统的分类规则转化为简单和可比较的数据。内容分析方法有如下四个基本特点。

（一）非介入性

内容分析方法属于"非介入性研究"（又称"无回应性研究"）的一种。这个概念由尤金·韦伯（Eugen Webb）在《社会科学中的无回应测量》

中首次提出，他认为应该通过观察人们不经意留下的线索来研究人类行为，而不是通过直接的访问。例如，想知道博物馆中哪一个展品最受欢迎，如果用面对面的访问（介入的方法），研究对象就会清楚地知道自己正在被调查，并会因此改变或隐藏他们真实的态度或行为，有意迎合（或者对抗）调查者。在这种情况下，"人们会告诉你他们认为你想要的答案，或者回答能使他们看起来更有学识或者更严肃的答案"，研究结果会因此受到研究活动本身的影响。他建议使用非介入方式进行研究，比如通过观察不同展品前面的地面磨损程度来了解博物馆展品的受欢迎程度。

内容分析方法的研究对象通常是已经发出的信息，由于信息发出者在发出信息的时候并不知道自己将被观察，因此会在自然状态下传达信息。内容分析以那些已经发出，并以文字、图片、图像等形式固定下来的信息为分析对象，保证研究结果不受研究活动本身的影响。

（二）系统性

所谓系统性有两层含义：其一，样本选择的系统性，内容分析方法的样本选择必须按照恰当的程序展开，每一个项目必须有同等的被选择机会；其二，评价过程的系统性，在内容分析过程中，有一个且只有一个指导整个研究的评价标准，研究者应该始终采用同样的分析和编码程序，每个编码者暴露于分析材料的时间也应该控制在相同的水平上。

（三）客观性

所谓客观性是指尽量避免研究者个人的偏好和意识形态对研究结果的影响，使其他研究者如果复制研究便可得到同样的结果。为了保证内容分析的客观性，研究所采用的操作性定义和分类方案应该清晰、明确且易于理解。

（四）定量化

内容分析方法必须严格按照分类标准对分析对象进行计量，准确记录特定符号或文字出现的次数，并采用统计方法检验类别之间差异的显著性，以达到客观呈现信息特征和趋势的目标。

三　内容分析方法的步骤

内容分析通常由如下五个步骤组成。

(一) 确定分析单位

常用的分析单位有两个层次：其一是抽样单位，其二是记录单位。抽样单位即观察的客体，就是各自独立的语文描述内容。记录单位是指内容的明确片段，是一个抽样单位中可分别分析的部分，是内容分析的量化对象。

抽样单位的物理界限分明，辨别容易，而记录单位间的界限则较抽象，需要进行详细的描述。抽样单位往往较为庞大、复杂，所以内容分析研究通常更加依赖明确而单一的记录单位。例如，在关于广告诉求类型的研究中，抽样单位是广告作品，记录单位是广告作品中的每一个诉求点。

常见的分析单位有：①单词或符号，这类研究通常分析特定词语或者符号的出现频率；②主题，它是一种比单词更大的单一主张；③人物，虚拟人物和历史人物都可作为分析单位；④项目，符号素材的一种完整的自然单元，可能是一篇完整的讲话、一段广播节目或一则新闻报道；⑤空间和时间，有些研究将内容按照一些物理维度分类，如报纸栏目的尺寸、行数和段落数、电视或者广播节目的时间。

(二) 建构分析类目

内容分析的核心问题在于建立媒体内容的类目系统。类目即概念，概念是理论的基本要素。类目反映了研究者的假设和研究目的。建构类目就是把研究问题概念化和操作化。通常为了便于编码，研究者会将类目转换为操作性定义，类目的操作性定义必须与类目概念吻合，这样才能获得预期的效果。

类目划分应该遵循如下原则：符合研究目的，反映研究问题，类别穷尽、互斥、独立，分类原则单一，可操作性强，合乎信度和效果要求。

分析类目有两种类型：其一，实质类目，反映"说什么"的问题，包括主题类目、标准类目、主角类目、权威类目、来源类目、价值类目、方法类目、特征类目和目标类目等；其二，形式类目，反映"如何说"的问题，包括传播形式、叙述形式、强度类目等。

（三）实施内容编码

编码是将杂乱无章的素材按照类目要求进行量化处理的过程。通常研究者需要准备完整、清晰、连贯的编码表，并据此对多名编码员进行充分的培训。一般而言，内容分析方法中理想的编码员数量是 2～6 人。编码员按照类目和分析单位的定义，阅读相应内容，判断分析单位应归入的类目，针对每一个分析单位填写编码表。

（四）数据分析检验

编码过程产生的量化结果可以用社会科学研究中常用的统计方法进行分析，卡方检验是最常使用的统计检验方法，因为大多数编码的最终结果都是定类变量，如果数据结果为定序或者定比变量，也可以使用 T 检验和 ANOVA 等方法。王石番（1995）建议内容分析的统计检验要注意三个问题：①明确推断的母体是什么，特别是当记录单位和抽样单位不同的时候；②明确自变量和因变量；③报告显著水平。

（五）信度和效度分析

信度问题是内容分析的关键，信度检验测量的是能否将相似的内容归入相同的类目。内容分析的信度具有三个特征：不同的时间进行测量的稳定性、不同编码员对相同内容进行编码的可重复性，以及内容分类符合某一规范或标准的正确性。内容分析研究通常都会对编码者之间的信度进行报告，它反映了使用同样的编码指南对相同的内容进行编码的编码员获得一致结果的水平。贝雷尔森认为可以接受的信度水平为 66%～95%，而另一些研究者则认为信度满意水平应该在 85% 以上，如果信度低于 80%，编码结果就应该被质疑。计算编码员信度的方法很多，这里只介绍最简单的一种——霍斯提公式。

霍斯提（Ole R. Holsti）提出了用一致性百分比来评价编码员信度的

方法。假设两个编码员分别作了 m_1 和 m_2 个编码，其中两个人一致的编码数为 m，则：

编码员信度（相互同意度）$= 2m/(m_1 + m_2)$，如两个编码员同时编了 40 个码，其中有 24 个码相同，则这两个编码员的信度为：

$$编码员信度（相互同意度）= 2 \times 24/(40 + 40) = 60\%$$

而如果有两个以上的编码员参与编码，编码员的信度可以用以下公式计算：

编码员信度 $= N \times$ 平均相互同意度 $/[1 + (N-1) \times$ 平均相互同意度$]$，例如有三个编码员，甲、乙、丙三人的两两相互同意度分别为：

甲—乙：0.53；甲—丙：0.60；乙—丙：0.64。那么：

$$平均相互同意度 = (0.53 + 0.60 + 0.64)/3 = 0.59$$
$$编码员信度 = 3 \times 0.59/(1 + 2 \times 0.59) = 81\%$$

通过评价编码员信度，可以达到两个目的：一是找出分歧太大的编码员，二是找出定义不清楚的类目。

效度反映一种测量工具能够测量它意欲测量的内容的程度。在内容分析领域，对效度产生影响的主要是类目和分析单位的选择。内容分析的效果有以下四种。①资料效度：包括语意效度和样本效度，其中语意效度鉴定分析方法对符号意义的敏感程度，样本效度鉴定分析资料足以代表母体的程度；②实用效度：包括相关效度和预测效度，其中相关效度指不同方法得到的发现之间的相关性，预测效度指用特定方法得到的预测与直接观察到的实施之间的相符程度；③建构效度：能够测量理论概念的程度；④内容效度：研究结果的适应性，在内容分析中如果研究只是描述性的，结果具备内容效度即可，内容效度通常依赖研究者见多识广的裁决。

思考题

1. 广告对经济运行有什么影响？请举实例说明。

2. 广告对我们的价值观有什么影响？如何影响的？

3. 对广告的一个常见批评是它促成了社会对女性的偏见。讨论一下广告是否对男性也造成了这个影响。请举例说明。

案　例

基于内容分析法的艾滋病公益广告传播效果研究

一、艾滋病公益海报分析

1. 海报的内容

海报中出现次数最多的三项内容依次是"红丝带"标志、高危行为和个人预防措施，而出现次数最少的内容是感染者/患者治疗保健知识，这正好与海报目标人群极少以艾滋病感染者/患者为主相呼应。海报中还出现了与防治艾滋病主题无关的文字内容，主要有年历（有一部分海报制作成年历，在上面有艾滋病防治的相关内容，主要为的是增强海报的实用性和能够被长时间保存）、生殖健康和计划生育等内容，详见图1。

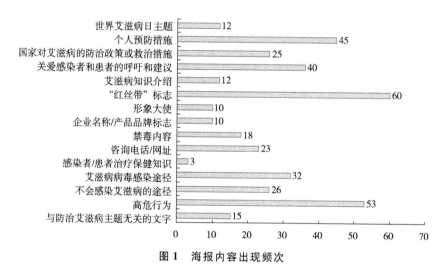

世界艾滋病日主题　12
个人预防措施　45
国家对艾滋病的防治政策或救治措施　25
关爱感染者和患者的呼吁和建议　40
艾滋病知识介绍　12
"红丝带"标志　60
形象大使　10
企业名称/产品品牌标志　10
禁毒内容　18
咨询电话/网址　23
感染者/患者治疗保健知识　3
艾滋病病毒感染途径　32
不会感染艾滋病的途径　26
高危行为　53
与防治艾滋病主题无关的文字　15

0　10　20　30　40　50　60　70

图1　海报内容出现频次

海报中出现了有关艾滋病感染途径及非感染途径的内容。有27.1%的海报出现了有关艾滋病病毒感染途径的说明。绝大多数海报会同时出现血液传播、性接触传播和母婴传播三种途径的内容介绍。而有3张海报只是分别出现一种传播途径，另有3张海报分别着重介绍其一种传播途径，同时又提及另外两种传播途径。有22%的海报出现了不会感染艾滋病病毒的途径。详见图2。

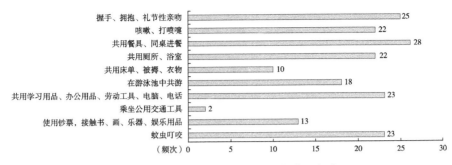

握手、拥抱、礼节性亲吻 25
咳嗽、打喷嚏 22
共用餐具、同桌进餐 28
共用厕所、浴室 22
共用床单、被褥、衣物 10
在游泳池中共游 18
共用学习用品、办公用品、劳动工具、电脑、电话 23
乘坐公用交通工具 2
使用钞票，接触书、画、乐器、娱乐用品 13
蚊虫叮咬 23
（频次）0　5　10　15　20　25　30

图 2　不会感染艾滋病病毒的途径出现频次

海报中没有直接出现"高危行为"的表述，通常表述为"易感染艾滋病的行为"，高危行为出现的频率见图 3。

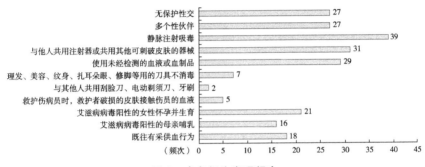

无保护性交 27
多个性伙伴 27
静脉注射吸毒 39
与他人共用注射器或共用其他可刺破皮肤的器械 31
使用未经检测的血液或血制品 29
理发、美容、纹身、扎耳朵眼、修脚等用的刀具不消毒 7
与其他人共用刮脸刀、电动剃须刀、牙刷 2
救护者破损的皮肤接触伤员的血液 5
艾滋病毒阳性的女性怀孕并生育 21
艾滋病病毒阳性的母亲哺乳 16
既往有采供血行为 18
（频次）0　5　10　15　20　25　30　35　40　45

图 3　高危行为出现频次

2. 海报的内容类别

艾滋病公益海报按内容分为四个类别：观念类、实践类、有形物及服务类和科普知识类。科普知识类海报占 33.9%，是数量最多的一种海报类别；实践类和观念类的海报数量接近，分别占 27.1% 和 24.6%；有形物和服务类海报数量最少，占 14.4%。

从图 4 中可以看出 2000～2006 年各年份艾滋病公益海报的内容类别的差别。观念类海报从 2002 年到 2006 年数量变化很小，每年在 3 张左右。在出现实践类海报的各年度中，这类海报所占的比例均超过了 30%，最高达到 50%。除 2002 年没有出现科普知识类海报外，各年度中都有这一类别的海报，但是这类海报有减少的趋势。有形物和服务类海报几乎集中出现在 2003 年。在年份不明的 56 张海报中数量最多的是科普知识类，观念类和实践类的数量相似，有形物和服务类最少。这 56 张海报各类别所占的比例与

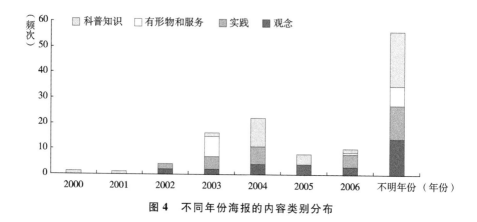

图 4　不同年份海报的内容类别分布

总体中各类别所占比例基本一致。

3. 海报的诉求方式

研究发现 62.7% 的海报没有使用明确的诉求方式，而在这些诉求方式不明确的海报中有 51.4% 属于科普知识类。科普知识的传播多以说明式的语言进行表达，以突出科学性和准确性。超过一半没有明确诉求方式的海报大多呈现"是什么"的描述性信息。

艾滋病公益海报使用较多的一种诉求方式是感性诉求。有 28 张海报的表现运用了感性诉求，即试图激发海报目标群体的某种情感以促使其行动。感性诉求方式可以细分为正面情感诉求和负面情感诉求。运用感性诉求方式的海报有 78.6% 的是以关爱、尊重的情感激起人们对艾滋病患者和感染者的关心，即正面情感诉求。而有 21.4% 的海报则是从不安和恐惧的负面情感诉求来唤起人们对艾滋病威胁的认识。有 16 张海报运用的是理性诉求方式，即强调给目标群体带来的功能和利益。运用理性诉求方式的海报有 56.3% 属于有形物和服务类。

进一步对不同内容类别的海报所使用的诉求方式进行研究发现，观念类海报中有 58.6% 使用感性诉求，只有 6.9% 使用理性诉求，有 34.5% 没有明确的诉求方式；实践类海报有 15.6% 使用感性诉求，有 12.5% 使用理性诉求，有 71.9% 没有明确的诉求方式；有形物和服务类海报有 29.4% 使用感性诉求，有 52.9% 使用理性诉求，仅有 17.6% 没有明确的诉求方式；科普知识类海报有 95.0% 没有明确的诉求方式，占了绝大多数；使用感性诉求和理性诉求的海报各占 2.5%。海报各种诉求方式使用比例如图 5 所示。

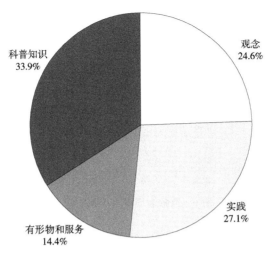

图5 海报诉求方式使用比例

4. 海报表现手法

海报的表现手段和形式是多种多样的，主要有直接展示、联想、比喻、象征、拟人、夸张与变形、幽默和形象代言等，它们各有所长，设计者既可运用一种表现手段，也可以综合运用多种表现手段，取长补短，以更生动、准确地表达海报的主题，使内容与形式得到完美的统一。直接展示是艾滋病公益海报最主要的表现手法，排在六种表现手法的首位。62.7%的海报使用这一表现手法，其中既有各类科普知识的直接表述，也有社会产品（如安全套）的直接展示。有16.1%的海报使用象征表现手法。象征是"用以代表、体现、表示某种事物的一种物体或符号"，是指用一种事物来表现另一种事物并传达出某种含义，它们之间没有必然的内在关联性，只有外在特征的某些类似联系。如以被蚕食的绿叶象征艾滋病对生命的危害。象征表现手法的使用排在第二位。形象代言表现手法的使用排在第三位，占8.5%。海报中出现两类形象代言人，第一类是预防艾滋病宣传员，第二类是艾滋病病毒感染者，此类人物只出现了二名，即"魔术师"约翰逊和子亮。除上述表现手法之外，海报的表现手法还有联想（5.9%）、双关（5.1%）和对比衬托（1.7%）。海报表现手法的具体运用比例如图6所示。

对四个类别的海报的表现手法进行比较，发现直接展示在各类海报的表现手法中是使用最普遍的，均超过三分之一。科普知识类海报的表现手

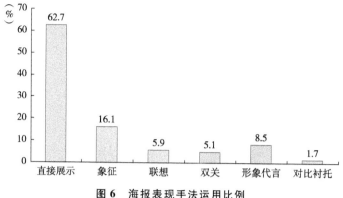

图6 海报表现手法运用比例

法相比其他三类海报的表现手法较为单一。虽然科普知识类海报也运用了直接展示、联想和象征三种表现手法，但是直接展示的使用率占了绝大多数（90%）。有形物和服务类海报是数量最少的一类，却是表现手法较丰富的一类海报，使用最多的表现手法是直接展示，占35.4%，双关占23.5%，象征和联想各占17.6%，对比衬托占5.9%。虽然实践类海报也使用了五种表现手法，但是直接展示的使用率超过一半，达到56.3%，象征的使用又占了28.1%，所以其余的表现手法的使用率都较低，联想占9.4%，双关和对比衬托各占3.1%。观念类海报是唯一运用形象代言表现手法的一类海报。形象代言表现手法在观念类海报中的使用率占34.5%，比直接展示低近14个百分点。

二、公益广告中呈现的艾滋病概况

艾滋病公益广告按内容分为四个类别：科普知识类、实践类、观念类、有形物和服务类。科普知识类主要是介绍艾滋病病毒原理、艾滋病的传播途径及非传播途径、国家对艾滋病防治的政策、个人预防措施、艾滋病在中国及世界范围内的流行情况等内容。实践类包括行动呼吁、行动建议和行动指示。研究中发现这一类公益广告有几个重要的主题：①呼吁人们参与艾滋病自愿咨询检测；②呼吁人们对艾滋病感染者和患者多一分理解和关怀；③为个人艾滋病预防提出行为建议，最为具体的行动指示是有关安全套的使用方法。观念类表现为看法、态度或价值观。看法是对某个事实的认识，不存在评价成分，比如世界艾滋病日的主题"关注妇女，抗击艾滋"，提醒人们进一步认识艾滋病对妇女的影响。态度是对人、物、观念或者事件的正面或者负面的评价，如"艾滋病自愿咨询检测利己利人"。有形物和服务类在研究样本中表现为安全套、有关机构提供的艾滋病自愿检测咨询服务和咨询电话、网址等。值得注意的是，有形物和服务并不是主要的社会产品，它们只是实现某个社会行为的工具。四个类别的艾滋病公益广告样本的诉求重点是：个人预防、传播途径、关爱与反歧视和国家防治政策等内容。本研究搜集到的艾滋病公益广告的发布时间主要集中在 2000年之后，即艾滋病的增长期，① 此时艾滋病防治政策的重点已经转到预防为主、全民参与、标本兼治、综合治理上。特别是艾滋病防治"十一五"行动计划指出，我国艾滋病防治工作围绕着实施预防、控制、治疗、关怀、救助等方面综合开展。从这个层面来看，媒介呈现的艾滋病防治主题与政府同时期的防治政策是相一致的。因为电视公益广告和海报作为我国艾滋病防治教育的一种重要方式，其呈现的内容信息反映艾滋病防治的导向。

　　但是从疾病的流行现状与媒介中呈现的疾病的预防导向进行对比，就发现了不一致的情况。2006 年底我国报告的且已开展个案流行病调查的感染者中，吸毒和性传播是主要途径，分别占 37.0% 和 28.0%。② 而到 2009年 11 月底卫生部表示，目前我国同性性行为导致的艾滋病传播已占传播总数的 32%，异性性行为导致的艾滋病传播占 40%。本研究显示，海报中出现频次最多的四项"易感行为"与目前艾滋病传播的主要途径已经出现偏离。海报中与性接触有关的"易感行为"的出现数量显然低于性接触已经成为主要传播途径的现实状况。艾滋病防治广告中所呈现的艾滋病感染方式与现实中的感染传播方式已经出现了严重的偏离。媒介的"镜中现实"与社会现实并不对等和一致。

　　另外值得特别指出的是，有 7 张海报使用了"性乱"一词，另外还有 7张海报使用"忠贞"一词描述夫妻之间的性关系。出现这两个词的海报已经占所有海报的 11.9%。这种具有道德评价倾向的用语与艾滋病防治中消除歧视的思路、理念相背离，作为公众教育的内容与政府的预防干预策略相矛盾，非常不利于公众预防观念的确立。

---

① 一般认为，艾滋病在我国的流行可以分为三个阶段，即 1985～1988 年为传入期，1989～1994 年为扩散期，1995 年至今为增长期。

② 《卫生部通报我国艾滋病流行现状》，http：//www. moh. gov. cn，2006 - 11 - 22。

三、艾滋病公益广告的传播效果

社会营销产品首先必须确定目标接受者的需要。社会营销是针对一个或几个目标接受者群体开展的，目标接受者的需要直接影响社会产品的生产。研究发现，96.6%的艾滋病公益海报是以大众作为传播对象的，覆盖多重目标接受者群体，有普通人、艾滋病感染者或患者、同性恋者、吸毒者、性工作者等人群。这些人群对于艾滋病防治信息的需求是复杂的和多样的，包括潜在需求、未被充分满足的需求、非常规需求、双重需求和单一需求等。从艾滋病公益广告中出现的 15 类内容可以看出，广告内容覆盖了我国艾滋病防治教育的方方面面，一方面可以说公益广告提供了丰富的艾滋病防治信息，而另一方面则可以认为公益广告提供的信息缺乏针对性，不同目标人群面对如此庞杂的信息无法快速、准确地获取自己想要的资讯以满足特定的需求。早在 2006 年王新伦等在《全国预防艾滋病宣传海报发放张贴情况调查分析》中就指出：不同目标人群的艾滋病相关知识的现状各异，对宣传教育有着不同的需求。本研究中出现的艾滋病公益广告内容宽泛、信息繁杂，并且没有划分明确的目标人群，艾滋病公益广告的传播内容缺乏针对性，必然直接影响到公众对信息的选择和感知。对媒体讯息的选择性接触指受众通常会根据自己的口味、想法和信息需求来选择媒体渠道和内容，这事实上降低了媒体改变广告效果的机会，但增加了媒体产生"加固"（Reinforcement）效果的机会。李彬（2003）指出，选择性接触又叫选择性注意，指人们会尽量接触与自己观点相吻合的信息，同时竭力避开与自己观点相抵触的信息这么一种本能倾向。选择性接触既包括对某类信息的接触，也包括对另一类信息的不接触。他还举例说明，一个烟瘾很大的人，会对一切有关吸烟危害健康的报道不看、不听，他藏身在选择性接触的防卫圈中，所有威胁他吸烟嗜好的信息都仿佛不存在，因而也就无法对他产生影响。信息庞杂且不细分目标群体的艾滋病公益广告，对于需求不同、态度不同的公众，要达到转变观念、变革行为的目的，成效如何值得认真分析。

2005 年 3～6 月，国务院防治艾滋病工作委员会办公室（国艾办）、卫生部、教育部和共青团中央联合对 2004 年中央制作的发往基层的 400.48 万张海报进行了发放张贴工作的综合评价。① 这项报告指出，广西、甘肃、青海地区的村民均听说过艾滋病，大体知道艾滋病的三条传播途径，但对不会传播的途径如一起吃饭、蚊虫叮咬等不清楚。同时他们对国家"四免一关怀"政策普遍缺乏了解。这3个省区的村民表示不愿意多谈艾滋病的问题，尤其是女性村民羞于谈论艾滋病。调查的6省村民对艾滋病均存在不同程度的恐惧心理，预防艾滋病的意识淡薄，他们认为自己所在的村子没有艾滋病病毒感染者和病人，艾滋病离他们特别远。广西、青海、甘肃的城市居民对艾滋病的三条传播途径和日常生活不传播等知识有一定了解，对"四免一关怀"政策和艾滋病自愿咨询检测了解不多，普遍认为艾滋病离自己很遥远。青海一位下岗女工说"艾滋病是富贵病"。这项调查反映出公众对艾滋病公益广告接触的认知层面的效果，调查显示传播效果十分有限。2004 年卫生部委托零点调查公司开展的居民艾滋病常识及态度和行为状况调查显示，② 当一个同事或一个共同劳动的人得了艾滋病时，有59.8%的被调查者明确表示不愿意继续与他共事或共同劳动。这些被调查者中84.2%表示主要原因是怕被传染，其中35.1%的人说，虽然从道理上讲日常接触不会感染艾滋病，但心里总是不踏实。不愿意继续与患艾滋病的同事或共同劳动者共同工作的人中，有16.7%是因为瞧不起得艾滋病的人。针对公众开展的长期的宣传教育，包括艾滋病公益广告在内，所取得的态度与行为改变效果同样令人担忧。

在以受众为中心的传播模式研究中，已经提出受众总是要依据自己的价值观念及思维方式对接触到的信息做出独特的个人解释，使之同受众固有的认识相互协调而不是相互冲突。在长期大量的艾滋病宣传教育下（包括公益广告），公众对艾滋病持有的固有观念并没有大范围的转变，即使清楚地知道艾滋病是通过有限的途径才会传染的一种疾病，与道德无关，但是当真正需要以自己的行动来展示无歧视时，就会表现出言行不一或为难

---

① 该调查按艾滋病感染者累计报告数和区域分布，选择江苏、福建、广东、广西、甘肃、青海6个省（自治区）为抽样检查地区，每省抽取一个示范区和一个非示范区。

② 2004 年4月3～20日在北京、上海、成都、太原、长沙6个城市，辽宁锦州北宁、河北石家庄辛集、陕西咸阳兴平、广东阳江阳东、河南信阳浉河、云南昭通6个小城镇及上述城镇下辖的6个农村，对18～60周岁的常住居民进行了入户面对面问卷访问。

情绪。公众的这些表现都是因对艾滋病的态度和观念没有发生根本性转变而造成的。刘林沙等（2011）在对比中外艾滋病公益广告后指出，国内对艾滋病公益广告的诉求重点是对生命的关爱，缓解公众对艾滋病的恐惧和对艾滋病病人的歧视，大多侧重于改变民众整体对艾滋病患者的态度。虽然大量的公益广告都指向公众的态度改变，但是仅仅通过抽象的口号来号召公众，能到达的效果只会停留在口头上，而不能促成态度和观念的变革。公众对艾滋病及患者持有的畏惧、排斥和歧视同样来自于媒体的再现和构建。肖明（2007）指出在艾滋病的传入期，政府采取"拒艾滋病于国门之外"的政策，和媒体反复强调艾滋病是传入性的疾病，不仅没有阻止艾滋病的传入，反而造成人们对艾滋病的无知、歧视和恐惧，给此后的艾滋病防治工作造成了极大困难。在艾滋病的扩散期，政府制定了一些局部防御措施，加大了对卖淫嫖娼和吸毒人群的打击和监管力度。与此同时，在《人民日报》的艾滋病相关报道中，艾滋病被看成单纯的卫生问题，同时艾滋病被构建为吸毒者、同性恋等高危人群的疾病。我国政府的政策导向和媒体的再现，使艾滋病防治又蒙上了一层阴影。正如我国台湾学者徐美苓（2008）所说，媒体内容塑造了人们思考、了解与采纳健康行为的方式。进入艾滋病的增长期后，国家对艾滋病问题的认识从单纯的卫生问题转变为涉及多部门关系的问题。建立政府领导、多部门合作和全社会参与的艾滋病性病防御和控制体系，在全社会普及艾滋病、性病防治知识，控制艾滋病的流行和传播。艾滋病公益广告在这一时期大量出现在各类媒体上，并以其他形式进入公众的视野。但是由于在艾滋病传入期和扩散期，媒体对艾滋病议题的建构已经让公众对艾滋病的认知刻上不良的烙印，所以试图在短时间内通过公益广告等健康教育的形式彻底改变公众持有的对艾滋病的负面态度和观念，确实十分困难。这也正是艾滋病公益广告的传播效果十分有限的真正原因。

艾滋病公益广告内容分析编码表及编码说明

A 艾滋病公益广告发布的年份

1　2000 年	2　2001 年	3　2002 年
4　2003 年	5　2004 年	6　2005 年
7　2006 年	8　没有标明年份	

ID 年度编号共 6 位阿拉伯数字，首先根据年度确定 ID 的前四位数，相同年度的再从 1 编起，不区分先后顺序。如果无法确定年份，则以"1000"为 ID 前四位数代替年度，后两位数从 1 编起，也不区分先后顺序。

B 发布者及形式

B1 发布者（多选）

1 卫生部门

2 党团组织

3 其他政府部门

4 国内非政府组织

5 国外非政府组织

6 企业（如果选此项 B2 不选）

7 没有标注（如果选此项 B2、B3 不选）

B2 发布者行政级别（如有多个级别的发布者，以最低级别的记）

1 国家级

2 省级

3 地市级

4 县级

B3 发布形式

1 政府部门独立发布

2 国内非政府组织独立发布

3 国外非政府组织独立发布

4 联合发布（中国政府部门与中外非政府组织合作，中外非政府组织合作与企业合作，中国政府部门与企业合作）

C 海报面对的目标人群是（多选）

1 普通人群

2 同性恋人群

3 感染者或患者

4 吸毒者

5 性工作者

6 其他（写出具体的目标人群）

D 海报内容类别（可多选）

  1 观念（包括看法、态度、价值观）

  2 实践（包括行动呼吁、行为建议、行动指示）

  3 有形物和服务

  4 科普知识

E 海报中是否出现以下内容（多选，对于每个选项，没有涉及的选 0，涉及的选相应的数字，1～12）

  1 世界艾滋病日主题

  2 个人预防措施

  3 国家对艾滋病的防治政策或救治措施

  4 关爱感染者和患者的呼吁和建议

  5 艾滋病知识介绍（包括艾滋病病毒原理，艾滋病不可治愈，没有疫苗，有药物可以控制，流行状况）

  6 "红丝带"标志

  7 形象代言

  8 企业名称/产品品牌标志

  9 禁毒内容

  10 咨询电话/网址

  11 感染者/患者的治疗保健知识

  12 与防治艾滋病主题无关的文字

F 海报中是否出现艾滋病病毒感染途径

  1 血液传播

  2 性接触传播

  3 母婴传播

  4 没有出现艾滋病病毒感染途径的内容

G 海报中是否出现不会感染艾滋病病毒的途径

  1 握手、拥抱、礼节性亲吻

  2 咳嗽、打喷嚏

  3 共用餐具，同桌进餐

  4 共用厕所和浴室

　　　　5 共用床单、被褥、衣物

　　　　6 在游泳池中共游

　　　　7 共用学习用品、办公用品、劳动工具、电脑、电话

　　　　8 乘坐公用交通工具

　　　　9 使用钞票，接触书画乐器等娱乐用品

　　　　10 到医院看病

　　　　11 蚊虫叮咬

　　　　12 没有出现不会感染艾滋病病毒的途径的内容

H 海报中是否出现高危行为

　　　　1 无保护性交

　　　　2 多个性伙伴

　　　　3 静脉注射吸毒

　　　　4 与他人共用注射器或共用其他可刺破皮肤的器械

　　　　5 使用未经检测的血液或血制品

　　　　6 理发、美容、纹身、扎耳朵眼、修脚等用的刀具不消毒

　　　　7 与其他人共用刮脸刀、电动剃须刀、牙刷

　　　　8 体育运动外伤和打架斗殴引起的流血

　　　　9 救护伤病员时，救护者破损的皮肤接触伤员的血液

　　　　10 艾滋病病毒阳性的女性怀孕并生育

　　　　11 艾滋病病毒阳性的母亲哺乳

　　　　12 既往有采供血行为

　　　　13 没有出现高危行为

I 海报使用的诉求方式（单选，如果选择 2，继续完成 E1，反之不必。）

　　　　1 理性诉求（强调给目标群体带来的功能和利益）

　　　　2 感性诉求（试图激发目标群体的某种情感以促使其行动）

　　　　3 无明确诉求

　　I1 感性诉求的方式

　　　　1 正面情感诉求（包括幽默、关爱、荣耀、欢乐、尊重、温馨）

　　　　2 负面情感诉求（包括恐惧、罪恶感、羞耻、不安）

J 海报的表现手法

1 直接展示

2 幽默

3 象征

4 联想

5 双关

6 形象代言

7 对比衬托

8 其他

资料来源：节选自云南省教育厅科学研究基金项目（2010Y118）的结项报告（验字〔2013〕503号）。

案例思考

1. 案例从哪些方面展现了艾滋病公益广告产生的社会效果？

2. 对于"广告是一种话语"，本案例给我们什么启示？

3. 运用第二章的感知过程模型和学习理论来分析你自己接触艾滋病公益广告后的反应。

本章实训

一、实训目的

1. 了解广告宏观效果的研究方向和意义。

2. 了解广告对社会文化、意识形态的影响，以及不同研究视角下对这些方面影响的理解。

3. 训练学生的思辨能力。

二、实训内容

对于广告社会效应的评价有如下两种观点：

"广告决定了消费者的品位和价值观，它应该对物质主义社会的形成负责。"

"广告是一面镜子，它只是社会的品位和价值观的反映。"

请围绕这两种观点展开讨论。讨论中的任何观点或想法均须提供证据，拒绝纯粹思辨。讨论要点如下。

1. 列举出更多的围绕广告社会效应的争议。

2. 出现争议的原因是什么？

3. 你赞成哪一种观点？为什么？

三、实训组织

1. 教师提前一两周布置，学生在进行充分课外准备的基础上，根据本课程课时总量安排 1~2 课时进行课堂讨论。

2. 在班级范围内，以学生个体或小组形式（4~8 人为宜）进行发言，发言内容应制作成 PPT 同步播放。

3. 教师应激励并安排具有不同见解的同学或小组之间展开相互质询；教师应对讨论过程和观点、证据进行评价。

延伸阅读

［1］乔治·E. 贝尔齐、麦克尔·A. 贝尔齐：《广告与促销：整合营销传播展望》（下），张红霞、李志宏译，东北财经大学出版社，2000，第 1012~1043 页。

［2］张殿元：《广告视觉文化批判》，复旦大学出版社，2007，第 72~103 页。

［3］刘伯红、卜卫：《我国电视广告中女性形象的研究报告》，《新闻与传播研究》1997 年第 1 期。

［4］卜卫：《试论内容分析方法》，《国际新闻界》1997 年第 4 期，第 57~59 页。

［5］格雷姆·伯顿：《媒体与社会：批判的视角》，史安斌译，清华大学出版社，2007，第 241~267 页。

［6］斯蒂芬·李特约翰：《人类传播理论》（第 7 版），史安斌译，清华大学出版社，2004，第 363~373 页。

［7］乔治·格伯纳，拉里·格罗斯：《与电视共同成长：涵化过程》，载简宁斯·布莱恩特编《媒介效果：理论与研究前沿》，石义彬、彭彪译，华夏出版社，2009，第 36 页。

［8］蔡骐、杨静：《关于涵化理论的历史考察和方法论反思》，《吉首大学学报》（社会科学版）2005 年第 4 期。

［9］徐翔：《"涵化理论及其在效果研究应用中的主要矛盾"》，《西南民族大学学报》（人文社会科学版）2010 年第 3 期。

［10］王石番：《传播内容分析法：理论与实证》，台湾远流出版公司，1995。

第七章　广告信息的传递与到达效果

学习目标：了解电视广告、互联网广告、报刊广告、户外广告的传播特点；掌握电视媒体广告、网络广告、移动互联网广告、报刊广告和户外广告等媒体广告效果的测评体系与测评方法。

报纸、杂志、电视、广播作为四大传统媒体，在传递广告信息方面各有优缺点，在广告运作中，通常根据产品或服务的特征、目标受众的具体情况而选择合适的广告媒体。随着城市的快速发展，我们还经常接触到一些户外广告媒体。如今信息科技的快速发展，也在不断颠覆并推动着广告业的发展，新媒体与我们的生活越来越密切，如网络、手机、微信、博客、数字电视等，新媒体的广告媒体特性，以及传统媒体和新媒体广告对受众的影响力成为广告信息传播研究中的重要话题。

第一节　电视广告

一　电视广告传播特点

电视自 20 世纪 30 年代发明以来，以其声画合一的媒体优势深入人们的日常生活，已经成为最重要的大众传播媒体，电视也是传播广告信息的重要媒体。电视广告具有以下特点。

（一）电视广告传播的优点

1. 直观形象

电视广告不像平面广告那样，只有文字、图像，没有声音；也不像广播广告那样，只有声音，没有图像；线下商业活动虽然声像兼备，但覆盖范围有限，不能广泛传播。只有电视综合了图像、语言和音响等元素，可以动态演示，直接刺激观众的视听感官和心理，冲击力和感染力极强。

2. 时效性强、累积性强，便于记忆，利于促成购买

电视广告可以通过图像真实地再现现实世界，可以把商品呈现在观众面前，俗话说"眼见为实、耳听为虚"，电视广告具有不可否认的让人相信的能力。而且我国的电视台都是事业单位，人们出于对政府的信任，自然认为电视台是可信的，所以连带出对电视广告信息的信赖。

3. 传播迅速，受众广泛，娱乐性强

目前，电视广告通过有线或无线数字信号传播，可以迅速穿越空间到达数字信号所能覆盖的任何区域，进入千家万户。尤其是在城市，几乎每个家庭都有一台或一台以上电视机，只要打开电视机，电视广告就接踵而来，因此电视广告的覆盖面比较广，到达率也相应较高。

4. 容易控制和监测

(二) 电视广告传播的缺点

1. 线性传播，转瞬即逝，干扰因素多，保存性差

电视广告以秒为基本单位，最短的只有 5 秒左右，可谓来去匆匆，最长的为 30 秒，广告信息的瞬时传递，很难一次性给观众留下较为深刻的印象，有的时候观众还没反应过来，广告已经结束了。而且电视广告的传播，需要有电视接收装置和适合的收视环境。电视机不能像报纸、收音机那样随身携带，在观看电视时，观众的人数，距离电视的远近、观看的角度、音质的好坏、音量的大小等都会直接影响电视广告的收看效果。此外，电视广告不能像印刷广告那样，可以保留、传阅和反复观看，不便于记忆。尤其是那些信息量较大的广告创意，一般不适合选择电视媒体来表现。对于一般的电视广告，也需要通过反复多次投放，才能引起观众的注意，逐渐建立对广告信息的记忆。

2. 强制接受，观众厌烦

电视是一种强制性很强的媒体，观众主动选择的余地很小。人们在看

报纸时，可以主动决定是否看报纸广告，但在收看电视节目时则没有这种主动性，人们几乎无法预测广告的出现，也无法随时找到满足需要的节目以规避广告，唯一可能的反抗方式就是不断转换频道，但仍然不能主动决定是否收看广告。

3. 制作复杂，不易更改，绝对费用高

电视广告片的制作费用较高，因为电视广告片的摄制周期比较长，工艺流程复杂，天气、设备、人员等不可预见的因素较多，而且作曲、演奏、配音、搭景、剪辑、合成等都需要大量资金。电视广告的播出，所需的费用更高。电视广告的单位价格，在同等级的大众传播媒体中应该是最高的，而且由于电视广告的保存性差，往往需要反复多次播出，为了取得更好的效果，还可选择在黄金时段播出，这就无形中增加了广告播出费用。电视广告高昂的摄制和播出费用，让一般中小企业望而却步，只有实力雄厚的大中型企业，才是电视广告时段的主要买家。

随着数字电视、IPTV 的快速发展，人们对电视的主动选择性加强，受众可自主选择喜欢的节目或广告。内在的技术有了革新，外在的形式也在变得多样化，手机终端、互联网媒体凭借便携、娱乐性强、互动性强等优势抢占着电视的生存空间。近几年电视观众的削减，网络用户的不断攀升，使得传统电视广告的优势逐步失去。借助电视媒体进行互动广告传播的手段也逐渐发生了变化。出现了与网络平台相结合的互动影视广告，如 2011年可口可乐在香港发布的"Chok Chok Chok"广告推广活动：消费者事先用手机下载"可口可乐 Chok 奖"App，当电视或电脑视频广告出现可口可乐这支广告时打开 App，广告中的特定音效会触发 App，并让手机震动，这时候消费者用力摇晃手机捕捉屏幕里的瓶盖，每次最多可捕捉到 3 个可口可乐瓶盖，每个瓶盖下面都有不同的奖品，当广告结束时，便可在 App 中查看摇到的奖品。

二 电视广告评估指标

电视广告传播效果的测评指标体系可以从电视媒体自身指标、受众收视行为指标、信息传递范围指标和信息传递经济效益指标等几个方面考虑。

（一）电视媒体自身指标

电视媒体自身指标主要包括电视普及率和覆盖率两个方面。

1. 电视普及率

电视普及率是一个地区拥有电视机的家庭数或人口数占家庭或人口总数的比例。特定地区或人群电视普及率的高低是决定电视媒体广告投放的首要条件。

电视普及率＝拥有电视机的人数（家庭数）/总人数（户数）

传统上我们常以拥有电视机的情况作为界定电视媒介人口的依据。但是随着社会的发展，尤其是随着互联网的发展，人们可以通过互联网收看电视节目，因此，以传统的电视普及率界定电视媒介人口会遭遇很多新问题。

2. 电视覆盖率

电视覆盖率是指在一定时间内，特定地区以各种方式接触电视节目的人口占该地区总人口的比例。

电视覆盖率＝特定时间内看过电视节目的人数/总人口

它强调的是受众实际的收视行为，"特定时间内是否看过电视节目"是衡量电视覆盖率的依据，只要在指定时间内收看过电视节目，都可以称为电视覆盖人口。电视覆盖率的高低是媒介选择的重要参考指标。在广告投放上，不仅要关注电视在总人口中的覆盖率，更要关注在产品目标消费者与潜在消费者中的覆盖率。

（二）收视行为指标

收视行为指标主要包括开机率、收视率和占有率等。

1. 开机率

开机率（Home Using TV，HUT）指在一天中的某一特定时间内，收看电视节目的家庭户数占拥有电视机家庭户数的比例。它表明一天中不同时段的家庭收视的百分比，显示受众随时间变化的趋势。通过不同时段的开机率变化，可以了解到电视媒体的优势广告时段和受众的工作形态与生活习惯。

开机率包含以下几个子因素。

（1）总人口开机率

特定区域总人口作为统计基数称为总人口开机率。

总人口开机率＝特定时间、特定区域打开电视机的人口/该地区总人口

（2）电视人口开机率

电视人口开机率是指以特定区域特定时间内电视人口为基数而统计的开机率。

（3）目标受众开机率

在开机率的统计中，采用目标受众为基数的开机率，比一般开机率更有价值。它提供给广告主的信息是期望接受广告信息的群体有多少人打开了电视机。

2. 收视率

收视率（Audience Rating）又称视听率，是指在一定时期，目标市场上收视某一特定节目的人数（或家庭数）占总人数的比例。收视率是电波媒体最重要的数量指标，显示出媒体到达的受众数量规模。收视率越高，表明媒体的受众接触率越大。收视率数据通常被用于节目编排和调整、广告刊播媒体计划等领域，是电视台和广告公司都关注的统计指标。我国的收视率数据是通过专门的统计机构进行调查的。目前采用的收视率数据采集方法有两种，即日记法和人员测量仪法。

日记法是通过样本户中所有4岁及以上家庭成员填写日记卡来搜集收视信息的方法。样本户中每一位家庭成员都有自己的日记卡。日记卡上所列的时间间隔为15分钟。每一张日记卡可记录一周的收视情况。

人员测量仪法是目前国际上最新的收视调查手段。样本家庭的每个成员在手控器上有自己的按钮，而且还留有客人的按钮。当家庭成员开始看电视时，必须先按一下手控器上代表自己的按钮，不看电视时，再按一下这个按钮。测量仪会把收看电视的所有信息以每分钟为时间段（甚至可以精确到秒）储存下来，然后通过电话传送到总部中心计算机中。目前，主要通过有线数字电视的机顶盒（或者电视内部的高频头）在一个频道节目播出时停留的时间来计算收视信息，如果超过3分钟，那么就算一个收视单位有

效，从而获取一定时期内收视单位有效率数据。

3. 占有率

占有率是指在一定时间收看某一特定节目的受众家庭数占总的开机家庭数的百分比。占有率受节目播映时间、其他电台、电视台节目的竞争状况以及节目内容、吸引力等因素的影响。

收视行为的三个指标之间是相互联系的，只是各自建立的人口基点不同，通常情况下，开机率和收视率建立在"总人口"的基点上，节目观众占有率建立在开机人口的基础上。三者之间的关系为：收视率=开机率×占有率。

（三）信息传播范围指标

电视媒体的信息传播范围指标包括广告到达率、暴露频次与毛评点、广告接触频次等。

1. 广告到达率

广告到达率（Reach）简称 R，是指在特定时间内（一般为 4 周），广告信息到达目标消费者的比例或者总数。

到达率=目标受众的视听人数/目标受众总体

例如，在一个月内，在一个大约 10 万人的目标市场上，有 60% 的人看到某广告至少一次，那么到达范围是 60000 人，或称到达率为 60%。

需要注意的是，在计算到达率时同一个受众不论接触同一广告信息多少次，都只能算一次，因此到达率又称为不重复到达率或净到达率。

对于到达率的计算，人口基数不同会有不同的到达率，值得注意的是，在媒介排期计划或比较不同媒介计划使用到达率指标时，必须以相同的人群为基础。

（1）总人口到达率

总人口到达率是指在一定的广告播出周期内，至少看过一次广告的人口占总人口的百分比。

（2）电视人口到达率

电视人口到达率是指在一定的广告播出周期内，至少看过一次广告的人口占电视人口的百分比。

（3）目标受众广告到达率

是指在一定的广告播出周期内，至少看过一次广告的人口占目标受众的百分比。

2. 总印象数与毛评点

（1）总印象数（Gross Impression）

总印象数是指媒体计划中整个媒体投放的总次数或一个媒体排期计划接触的总人次。可跨媒体类别计算，也可重叠计算。一个受众接触各类媒体 3 次，或 3 个受众接触各类媒体一次，总印象数都记为 3 次。

（2）毛评点（Gross Rating Points）

毛评点也叫总的视听率，简称 GRP，是指在一定时期内某一特定广告媒体刊播某广告的视听率的总数。

$$GRP = 到达率（R）\times 播出频次（F）$$

例如，某一电视广告随节目的到达率为 50%，节目一周播放了 6 次，那么毛评点即是 300 或者 300%。

总印象数和毛评点是一个概念的两种表达方式，总印象数在计算时不考虑重复人数。毛评点的计算采用重复记录的方式。这两个指标是媒介组合的重要参考指标，通常广告主在购买媒介时，需要考虑购买多少个毛评点，而预计广告到达毛评点的基础是各个时段各个频道通常的收视率或预期的特定节目收视率，根据收视率预测能推算出广告插播多少次能够达到预计的毛评点或总印象数。

（3）接触频次（Frequency）

广告接触频次又称为暴露频次，简称 F。即目标消费者接触同一广告的平均次数。

$$接触频次（F）= 总视听率/到达率$$

广告信息传播效果与广告的接触频次密切相关，电视广告稍纵即逝，在有限的播出时间内让受众全面接触广告信息，需要一定次数的重复，在目前的情况下，要使受众在众多广告中关注指定的广告信息，一定量的重复是必不可少的，在广告排期表中需要预测期望目标受众平均接触的次数。

（四）广告信息传播经济效益指标

衡量广告信息传播经济效益的指标主要是千人成本和每收视点成本两个因素。

1. 千人成本

千人成本（Cost Per Thousand 或者 Cost Per Mille）简称 CPM，是指在某一媒体上发布广告，广告信息送达 1000 个对象（个人或家庭）所需的成本。

千人成本是一个比较概念，在其他因素相同的情况下，千人成本可明确显示出在各个媒体发布广告的直接效率，因此是媒体评估的重要量化尺度之一。

$$千人成本 = 广告费/媒体受众总量（总印象数）\times 1000$$

例如，电视广告在电视台某一档节目中播出，假设节目收视对象为 500 万人，播出频次共计 10 次，则媒体受众总量即总印象数为 5000 万人次，播出费用是 10 万元，因而千人成本 = 100000/50000000 × 1000 = 2 元。千人成本可以计算媒体花费的基本代价和广告投放的平均收益，这个方法常被用作电视广告媒体量化评估的标准。

2. 每收视点成本

每收视点成本（Cost Per Rating Point）是用平均每个收视点需要的成本来计算。电视在不同时段、不同频道的收视率不同，在进行媒介组合时，需要考虑购买不同频道、不同时段的经济效益，平均每个收视点成本是一个非常好的参照指标。计算收视点成本需要具备的资料包括区域电视人口、频道或时段收视率等，对于媒介购买者，以目标受众人口为基数，计算目标受众在各频道和时段的收视点成本更有针对性。

$$收视点成本 = 时段广告播出费/时段收视率$$

衡量时段收视率可以用总人口收视率或目标人群收视率，在进行媒介计划的比较时，需要比较不同频道不同时段的投放效益，应选择相同的统计口径。

在一个媒体排期计划中，预计的全部收视点成本就是毛评点成本，它是该广告在此媒介排期计划下的总成本。

第二节　互联网广告

互联网广告又称为网络广告或者在线广告。广义的互联网广告除了包括以计算机为核心组成的计算机网络为媒介的广告行为，还包括其他所有以电子设备相互连接而组成的网络为媒介的广告行为，例如以无线移动网络、电子信息亭网络为载体的广告行为。移动互联网广告与依托电脑终端的网络广告有极大的共性，又有其独特性及特有的广告形态。故本节分别讨论以电脑终端为载体的网络广告和以手机为主要载体的移动互联网广告。

一　网络广告

（一）传播特点

网络广告的内容、作用、商业模式与传统媒体广告相似，都是以盈利为目的，以付费的形式向潜在顾客传播商品信息，促进产品销售。但传播媒体互联网具有的特殊属性，使网络广告显示出与其他媒体广告不同的特性。表现为以下几方面。

1. 海量信息

网络媒体突破了时间与空间的限制，网站可以通过超链接进行无限延伸，可以链接无穷层次的无数页面，而这些页面都可能是互联网广告的载体。如此巨大的信息容量，是其他媒体无法比拟的。网络广告拥有较高的灵活性，例如一条旗帜广告（Banner Advertising）的超链接蕴藏无限的信息。因此，网络广告的内容非常丰富，一个站点的信息承载量一般大大超过传统印刷宣传品。在网络上，广告主可以通过多种渠道、多种方式，不受限制地将自己的产品或市场活动的信息添加进来，展示在用户面前。同时，网民也可充分参与以及自由地发表意见，也可与其他朋友共享。

2. 信息传播的互动性和纵深性

信息传播的互动性是互联网最大的优势。不同于传统媒体广告的单向信息传播，网络广告可以做到一对一发布、一对一反馈式的互动传播。在互联网媒体中，网民对广告信息的选择和认知并不限于固定的层面，互联网的多层信息结构为广告信息的多层展示提供了方便。网络广告的载体基本上是多媒体、超文本格式文件，用户在访问广告的发布站点时，如果对某种商品感兴趣，仅需点击广告就可进一步了解更多、更为详细和生动的信息。他们还可以通过电子邮件、网络电话、社区留言、网络聊天工具等与广告主进行实时交流，甚至可以在线购买商品。同时，对于企业来说，一般在很短的时间内（几分钟或几小时）就能收到信息并根据客户的要求和建议及时做出反馈。在与消费者的实时沟通中，广告主可以随时得到宝贵的用户反馈意见、获知目标消费者的消费偏好、建立起比较完整的消费者数据库，这些对企业的产品开发、市场发展等都是难能可贵的参考资料。

此外，网络广告互动交流的纵深性使消费者与广告主之间建立起一条实时交流的互动渠道，为提高消费者对商品的认知、培养客户忠诚度和良好的客户关系提供了有力的手段。

对于网络广告的监测来说，其交互性使网络广告测评既迅速又直观，广告主可以随时了解广告被关心的程度、广告的传播效果、社会效果甚至广告的经济效果等。同时，由于受众或访问者在回答问卷时不受调查者和周围环境的影响，大大提高了回答问题的质量，增强了网络广告效果测评的可靠性。

3. 传播范围广、信息传播精准化

互联网上的广告是多对多的传播，因为在互联网上有众多的信息提供者和信息接受者，他们既在互联网上发布广告信息，也从网上获取自己所需产品和服务的广告信息。网络广告不受时间和空间的限制，可以24小时不间断地传播广告信息，只要具备上网条件，任何人都可以在任何时间和任何地点浏览广告，这些优势是传统媒体所不具备的。

网络广告不仅可以面对所有互联网用户，而且可以根据广告主的要求、消费者的特性确定广告目标市场。例如，某某汽车品牌，其广告主要定位于成功男士，因此可将企业的网络广告投放到与商业男性相关的网站上。通过互联网广告，就可以把适当的信息在恰当的时间发送给目标消费者，实现广告的定向传播。

4. 实时传播信息，迅速灵活

网络广告无时间限制，可以在任何时间发布，而且迅速及时，可以实现实时更新。传统媒体广告发布后很难及时改变，一旦修改不仅经济代价较大，而且比较费时、费力。网络广告不但制作周期比传统广告短，而且可以根据需要及时更改内容。如果广告内容出现了错误，网络广告可以在很短时间内修正，并及时更新。此外，传统媒体广告是硬性传播的信息，广告企图通过广告创意吸引消费者注意力而将广告信息强行灌输给消费者。但网络广告没有这种强迫性，它具有报纸分类广告的性质，却不需要受众彻底浏览，浏览者可自由查询自己所需要的信息，并加以集中呈现，这种灵活的信息获取方式不但节省了浏览者的时间，而且避免了无效被动的注意力集中。

5. 表现形式多样，生动活泼

网络广告的表现形式可谓丰富多彩，包括动态影像、文字、音响、图表、动画、游戏、三维动画等。这些表现形式可以根据广告创意的需要进行组合，最大限度地调动各种表现手法，制作出形式多样、生动活泼，能打动消费者的网络广告。网络广告的表现形式要多于传统媒体，而且这些表现形式之间的组合方式也是多种多样的，这不仅有助于拓展广告创意空间，而且为广告创意的表现提供了新的手段。

6. 可准确跟踪和衡量广告效果

在互联网上，可以通过第三方服务器精确统计出网站的访问人数、广告的曝光度和被点击的次数，还可以自动记录网站访问者的上网时间分布和地域分布等情况。

对网站所积累的海量数据进行挖掘和分析，还可以预测网民的上网习惯和兴趣爱好，从而具备精确定向的可能性。广告主借助权威公正的第三方数据，可以精确统计究竟有多少人接触了广告信息，以及这些人接触广告信息的时间和地域的分布，从而随时监测广告投放的有效程度，准确地评估广告效果，进而及时调整市场营销策略。网络广告是在特定的网站发布的，有些网站通过多年的研究积累，拥有完整的用户数据库，广告主在这些网站投放广告能够做到有的放矢，根据广告目标受众的特点，针对不同用户的不同兴趣和品位投放广告，往往能取得不错的广告效果。网络广告在广告效果的跟踪和测量方面具有技术优势，从根本上确立了其经济价值，并越来越得到广大广告主的青睐。

7. 价格低廉

与报纸、杂志、电视等传统媒体广告相比，目前网络广告的费用相对低廉。获得相等的广告效果，网络广告所需的千人成本要远远低于传统广告媒体。网络广告制作成本低、时效长及其高科技化的形象，使越来越多的商品品牌选择网络广告作为重要的广告传播媒体。广告主对网络广告的重视程度越来越高，一些访问量较大的网站的广告报价也逐年提升，但与传统媒体广告特别是电视广告相比，网络广告的价格还是非常低廉的。

同时，网络广告的价格低廉还表现在，其广告效果测评需投入的成本最为低廉。对于许多企业来说，做广告效果测评耗费的人力成本、时间成本、经济成本相对大，且获得的测评数据的准确性受很多因素的影响，于是，在现实操作中只有为数不多的企业会做广告效果测评。但互联网广告效果测评针对性强、效果好、费用低，便于广告主获得实时、精确的广告效果反馈。

（二）网络广告评估指标

1. 网络广告曝光次数

网络广告曝光次数（AD Impression）是指网络广告所在的网页被访问的次数，这一数字通常用计数器来进行统计。假如网络广告刊登在网页的固定位置，那么在刊登期间获得的曝光次数越高，表示该网络广告被看到的次数越多，获得的注意力就越高。但是，在运用网络广告曝光次数这一指标时，应该注意以下问题。

（1）网络广告曝光次数并不等于实际浏览网络广告的人数。在网络广告刊登期间，同一个网民可能几次光顾刊登同一则网络广告的同一网站，这样他就可能不止一次看到了这则网络广告，此时网络广告曝光次数应该大于实际浏览的人数；此外，当网民偶尔打开某个刊登网络广告的网页后，也许根本没有看上面的内容就将网页关闭了，此时的网络广告曝光次数与实际阅读次数也不相等。

（2）网络广告刊登位置的不同，每个网络广告曝光次数的实际价值也会有差异。通常情况下，首页比内页得到的曝光次数多，但不一定是针对目标群体的曝光；相反，内页的曝光次数虽然较少，但目标受众的针对性更强，实际价值更大。

（3）通常一个网页中很少只刊登一则网络广告，更多的情况下会刊登几则或更多的网络广告。因而当网民浏览该网页时，其注意力会被分散到几则网络广告中，因此很难获知企业的网络广告曝光次数的实际价值。总的来说，网络广告曝光次数，只可以从大体上反映广告受众的注意力。

2. 点击率与点击次数

网民点击网络广告的次数称为点击次数（Click）。点击次数可以客观准确地反映网络广告的效果，而用点击次数除以网络广告曝光次数，就可得到点击率（CTR）。

点击率是网络广告最基本的评价指标，也是反映网络广告最直接、最有说服力的量化指标。这种方法主要是通过消费者对网络广告的点击率或回应率，来测定消费者对广告的接触效果，即如果这个页面出现了10000次，而网页上的广告点击次数为800次，那么点击率即为8%。点击率可以很精确地反映广告效果，也是衡量网络广告吸引力的重要指标。

点击率的测定有利于广告主计算网络广告成本。但是随着网络广告的增多，以及人们对网络广告了解的深入，网民不会盲目点击广告，除非个别富有创意和吸引力的广告，也有可能网民浏览广告后已经形成一定的印象而无须点击广告或者保存链接的网址，以后经常直接到该网站访问等。因此，平均不到1%的点击率已经不能充分反映网络广告的真正效果。统计数据显示：网络广告的平均点击率已从30%降低到0.5%以下，但这也不说明这一测评方法完全不可采用或不具操作性，只要广告主科学地制订广告目标的测定方案，点击率仍然能够说明问题。

3. 网页阅读次数

浏览者在对广告中的产品产生了一定的兴趣之后进入企业的网站，在了解产品的详细信息后，可能会产生购买欲望。当浏览者点击网络广告之后即进入了介绍产品信息的主页或者企业的网站，浏览者对该页面的一次浏览阅读称为一次网页阅读。而所有浏览者对这一页面的总的阅读次数就称为网页阅读次数。这个指标也可以用来衡量网络广告效果，它从侧面反映了网络广告的吸引力。

企业网页阅读次数与网络广告的点击次数事实上是存在差异的，这种差异是由浏览者点击了网络广告而没有去浏览阅读这则广告造成的。目前由于技术的限制，很难精确地对网页阅读次数进行统计。在很多情况下，假定浏览者打开企业的网站后都进行了浏览阅读，这样，网页阅读次数（Page View）就可以用点击次数来估算。

4. 转化次数与转化率

投放网络广告的最终目的是促进产品的销售，而点击次数与点击率指标并不能真正反映网络广告对产品销售情况的影响。于是，业界通常引入"转化次数"与"转化率"（Conversion & Conversion Rate）指标。

与点击率相关的另一个指标——转化率，被用来反映那些观看而没有点击广告所产生的效果。2000 年美国的网络广告调查公司 AdKnowledge 最早提出了"转化率"概念，AdKnowledge 认为研究浏览而没有点击广告的这部分网民是有意义的，营销人员更应该关注那些占浏览者总数 99% 的没有点击广告的浏览者。

AdKnowledge 的调查发现，尽管没有点击广告，但是，全部转化率中的 32% 是在观看广告之后形成的。该调查还发现了一个有趣的现象：随着时间的推移，由点击广告形成的转化率在降低，而观看网络广告形成的转化率却在上升。点击广告的转化率从 30 分钟内的 61% 下降到 30 天内的 8%，而由观看广告的转化率则由 11% 上升到 38%。但是，转化率的监测在操作中还有一定的难度，仍然要参照其他的方法得以执行。

"转化"是受网络广告影响而形成的购买、注册或者信息需求；转化次数是由于受网络广告影响所产生的购买、注册或者信息需求行为的次数。

$$转化率 = 转化次数 / 广告曝光次数$$

网络广告的转化次数包括两部分，一部分是浏览并且点击了网络广告所产生的转化行为的次数；另一部分是仅仅浏览而没有点击网络广告所产生的转化行为的次数。由此可见，转化次数与转化率可以反映那些浏览而没有点击广告所产生的效果，同时，点击率与转化率不存在明显的线性关系，所以出现转化率高于点击率的情况是不足为奇的。但是，目前监测转化次数与转化率，在实际操作中还有一定的难度。通常情况下，将受网络广告的影响所产生的购买行为的次数看作转化次数。

5. 网络广告的成本

对于网络广告成本的计算，目前有以下 CPM、CPC、CPA 等几种计算方式。

（1）千人印象成本（Cost Per Impressions，CPM）

目前，按照千人印象成本（CPM）收费已经成为网络广告的惯例。千人印象成本是指网络广告所产生 1000 个广告印象的成本，通常以广告所在页面的曝光次数为依据。它的计算公式很简单，即 CPM = 总成本/广告曝光次数 ×1000。

（2）每点击成本（Cost Per Click，CPC）

所谓每点击成本就是点击某网络广告 1 次，企业所付出的成本。其计算公式为：CPC = 总成本/广告点击次数。

（3）每行动成本（Cost Per Action，CPA）

所谓每行动成本就是企业为每个行动所付出的成本。其计算公式为：CPA = 总成本/转化次数。例如，一定时期内一个企业投入某产品的网络广告的费用是 8000 美元，这则网络广告的曝光次数为 800000，点击次数为 80000，转化数为 1000。那么这个网络广告的成本如下：

千人印象成本：CPM = （8000 美元/800000）×1000 = 10 美元；

每点击成本：CPC = 8000 美元/80000 = 0.1 美元；

每行动成本：CPA = 8000 美元/1000 = 8 美元。

二 移动互联网广告

移动互联网从时间、空间上对各种形式的媒介进行补充，在广告营销活动中扮演着枢纽的作用，以用户的位置信息、手机机型、时间信息为基础，结合用户个人习惯信息，再现用户状态、分析用户需求，为企业提供了一幅轮廓清晰的消费者素描画像，可以帮助企业找到互动、精准营销的钥匙。

（一）移动互联网广告的传播特点

1. 信息传播的随时、随地特性

移动互联网消除了时空维度对信息传播的限制，实现了传播具有随时、随地的特性。手机和平板电脑等移动终端，伴随着人们在各个空间移动中的碎片化时间，可以实现信息的实时性传播，与需要在客厅、卧室、办公室或者汽车等固定地点接收信息的其他媒体相比，其信息发布与信息接收之间的时间差更小，基本可做到即时发布、即时接收，不仅可以实时获得信息，同时也可以实时向别人传递信息。通过移动互联网，在任何时间、任何地点、任何对象、任何信息、任何方式都能实现信息传播。

2. 移动互联网是涵盖全媒介元素的传播平台

手机和平板电脑等数字化多媒体终端，既接收音频、视频，又接收图文、数据，这赋予了移动终端强大的媒介融合能力，人们可以借助文字、图像、声音的任何一种或者几种的组合来开展信息传播活动，移动媒体、移动广播、移动电视、移动网站、移动 SNS、移动电子商务等不同的形态实现新的跨界组合，让移动互联网成为一个具有全媒介元素的传播平台。

3. 移动互联网广告精准传播新特性——基于位置服务

传统的电脑是固定的，即使是笔记本电脑也很少在移动过程中应用，这就使得其位置并不特别重要。但是在移动互联网时代，随着消费者的位置变化，企业可以提供的针对性服务可以有变化，LBS（Location Based Service）即基于用户当时位置的服务成为新的营销模式。随着 Foursquare、Loopt 和 Gowalla 等提供位置服务的网站的崛起，以及 Google 推出的 Lattitude 具有位置服务的功能，LBS 开始走入大众视野。因为地理位置信息的加入，在一个移动的世界中，人与智能终端其实已经融为一体，也即是人与信息融为一体共同成为移动网络上的一个节点，这就给社会既有架构带来了变革，且每个节点之间更容易形成精准快捷的信息交互，更人性、更便捷地满足人们的信息需求。例如，一条广告，可提供针对不同位置顾客的成千上万个定制版本；一家媒体，可提供针对不同位置顾客的成千上万个定制的服务。

4. 移动互联网构建新的有商业价值的聚合关系

移动互联网构建了新的消费者关系和消费者维系的新模式。以往很多人可能是靠工作、亲戚、朋友聚合关系，或者是依靠 PC 上的 SNS、即时通信工具等建立聚合关系，但是移动互联网可能让消费者基于地理位置、基于兴趣、基于行为聚合关系，且具有更高的商业价值。例如，移动终端可以随时随地为消费者收集分析身边所有数据，让消费者与身边的人更好地互动；还可以根据位置组织发起团购；也可以根据旅行轨迹，组成兴趣相似的"驴友团"等。

（二）移动互联网广告的测评指标

除网络广告测评指标外，针对移动互联网的 APP 应用，其广告测评还可以从以下几方面考虑。

1. 用户总数

以 App 应用来说，用户总数表现为安装应用的用户总值。例如，2013年 7 月，微信用户人数已达到 5 亿人。对于 App 用户总数是一个基础数据，主要取决于应用的质量和推广的效果，因此希望获得很好的收益，制作优质的应用、寻找适合的推广渠道是一个先决条件。

2. 日活跃率

日活跃率是当日活跃用户占用户总数的比率，取决于应用的类型和运营的情况。例如，快递查询应用，用户不可能每天都使用，只是在希望了解快递的进度时会使用此应用，应用的日活跃率就相应地低一些。而雅思背单词应用，其使用用户多为雅思备战者，其应用的活跃率自然就高一些。

$$日活跃率 = 日活跃用户数 / 用户总数$$

市场研究机构 Global Web Index 在全球范围内的最新调查显示，2013 年第四季度，微信海外的月活跃用户达到了 7800 万，比前两个季度增长了375%。11 月，微信的全球月活跃用户数量为 2.97 亿左右，其中公众账号数超过 200 万个，由此可以估算其海外的月活跃用户约占全球用户总数的 26%。

3. 人均使用时长

这个数据是指平均每个用户一天对 App 的使用时长。这跟应用的类型和应用内容相关，应用内容越丰富、应用内容对使用者的价值越高，用户的使用时长就越长。比如目前很多天气相关应用，都增加一些洗车指数、穿衣指数、当日运势等功能来丰富应用的内容，很好地提高了用户的使用时长。

$$人均使用时长 = 人均日启动次数 × 平均使用时长$$

通过用户总数、日活跃率、人均使用时长三个数据，我们就能基本判断移动互联网应用的广告盈利能力。

$$单日展示时长 = 日活跃用户数 × 人均使用时长$$

4. App 广告的转化率

这个数据与很多因素有关，包括广告投放的位置，应用的质量，广告的创意水平，广告投放的时间、地区，广告的精准性（广告与用户需求的相关性）等。

$$单日广告展示数 × 广告转化率 = 单日广告效果数$$

5. 留存率

用户安装应用后，持续使用的比率，根据时间维度分为日留存率、周留存率、月留存率；如果，App 应用增加广告投放后，用户的留存率出现了明显的下降，那么意味着用户流失增加，说明广告的传播效果下降，需要尽快对应用中的广告进行调整。

第三节　报刊广告

一　报刊广告传播特点

（一）传播的非强制性

报刊的非强制性是相对于电波媒体的强制性而言的，电波媒体信息按一定顺序播放，受众只能按照它播放的顺序收听或收看，而且电波媒体信息稍纵即逝，不可逆转，对受众具有很强的约束力。报刊读者则可以根据自己的喜好、需要或习惯自由选择阅读内容，阅读时间、阅读地点、阅读速度等。例如，报刊内容几乎是同时呈现在读者面前，供读者选择阅读，而不像电波媒体那样是线性呈现的，保证了内容接受的非强制性。报刊的非强制性使读者有条件主动深入了解广告信息，这种媒体特性使报刊适合刊登理性诉求广告。

（二）读者层次明确，且读者群稳定

每类报刊都有自己明确的定位，这使得广告发布的针对性更强。例如，《光明日报》以知识分子为主要对象，《时尚》以时尚年轻人（主要为女性）为主要的阅读对象，等等。报刊的细分，尤其是一些专业性报刊，都有相应的固定读者群，广告主可以根据产品目标消费者的特点选择他们关注的媒体进行广告投放。

（三）不受时空限制，具有较高的重复阅读率和传阅性

受众对报刊广告的信息接触不受时空限制。受众可以选择在家里、工作地点、上班途中或其他场所阅读报刊以及报刊广告。尤其是报刊一般都开通了网络版，这使得报刊广告信息的传递不受时空限制的特点更加突出。

报刊作为平面印刷媒体，具有可保存性和重复阅读的特点，尤其是报刊的传阅性强，这相对延长了报刊广告的传播时间。

（四）表现形式较灵活

报刊广告可以根据需要以灵活多变的形式来表现。例如，可以通过不同的版面位置、不同的规格、不同的色彩来进行信息传递。灵活多样的表现形式使得报刊广告能最大限度地把信息传递给目标受众。

电子期刊可以结合平面广告、互动广告、动画广告、文字链接广告等形式来进行广告信息的传播。

（五）便于传递详细的商品信息

报刊属于理性媒体，比较适合进行深度阐述，传递复杂详细的信息。报刊广告可以用最简洁的方式表达传递品牌形象，也可以用详细的文字说明传递的具体信息，比较适合传达内容丰富详细的理性产品信息。

二　报刊广告评估指标

对于以报刊为主的印刷媒体的评估我们通常通过表现覆盖受众广度的发行量、阅读人口和受众对内容的阅读情况几方面来分析。

（一）发行量与印刷量

发行量（Circulation）即印刷媒介每期实际发行并到达读者手里的份数。准确的发行量是选择媒介的重要依据，但有时候该数据很难获取。

印刷量（Printed Volume）是指一份刊物每期实际印刷的平均份数。

发行量和印刷量都是指一份刊物单期发行或印刷的份数，但两者不能混为一谈。印刷量是指刊物实际印刷的数量，这些印制出来的刊物，有可能全部到达读者手上，那么印刷量就等于发行量；也有可能一部分到达读者手上，一部分没有发行出去，那么印刷量就大于发行量，而且后者比较常见。

（二）订阅发行量、零售发行量与赠阅发行量

订阅发行量、零售发行量和赠阅发行量都属于发行量中的一部分。订阅发行量指发行量中来自读者长期订阅的部分；零售发行量指发行量中来自单期零售的部分；赠阅发行量指发行量中赠送阅读的部分。

三者在量的评估上的价值不同。订阅发行量由于来自读者主动订阅，表明读者对刊物有较高的阅读兴趣，对刊物内容的注意程度比较高，具有较高的价值。相比之下，零售发行量的价值要差一点，而赠阅发行量由于

大多数并非来自读者主动选择，价值相对较低。

（三）阅读人口

阅读人口（Readership）是指在固定时间内阅读了某种媒介载具（报纸或刊物等）的人口数量。

阅读人口和发行量不同，发行量是从媒体角度，计算每期刊物发行的份数，而阅读人口是从受众角度，统计特定时间内阅读刊物的人数。由于一份刊物会被多人传阅，阅读人口往往要大于发行量。

（四）阅读率、阅读频率和传阅率

报刊的内容受欢迎程度不同，在市场上就会出现不同的阅读率、阅读频率以及传阅率。阅读率高的刊物说明其被受众使用和接触的频率高，阅读频率高的说明受众对其忠诚度较高，传阅率高也可以反映出人们交流互看的情况。

通常可以用"阅读率"、"阅读频率"和"传阅率"这三个指标综合考虑读者对刊物内容的使用和喜好程度。

阅读率（Rating）是指在固定时间内阅读特定刊物的人口占总人口的比率。阅读率指标通常反映刊物被受众阅读、使用和接触的比率，可以作为一个基本指标来衡量刊物内容的价值。

阅读频率（Frequency of Reading）是指读者在特定时间内阅读某特定刊物的频率，可以用来衡量读者对刊物的忠诚度。根据读者对刊物的阅读频率的不同，我们可以判断读者对刊物是经常阅读还是偶尔阅读。经常阅读的刊物其内内容价值较高，说明读者对其忠诚度更高。

传阅率（Reader Per Copy）是指每份刊物包括本人在内被传阅给其他人的比率，一份刊物被 2 人所阅读，其传阅率即为 2；被 5 个人所阅读，传阅率即为 5。传阅率可以通过抽样调查来计算出一个平均值。阅读人数、发行量与传阅率之间的关系为：阅读人数 = 发行量 × 传阅率。

传阅率反映刊物被更多人阅读的可能性，可以作为评估刊物内容的指标，也可以用来衡量刊物的价值。

（五）版面阅读率与广告阅读率

版面阅读率是测量指定报刊的特定版面吸引读者数量的指标，是阅读某版面的人数占特定基础人数的百分比。根据版面阅读率可以准确推算版面阅读人口，是广告发布版面选择的重要参考指标。

特定基础人口可以分为总人口、读者、特定报刊读者或特定产品的目标消费群，根据不同的人口基数可以计算总人口的阅读率、读者广告到达率、特定报刊读者中广告到达率、特定版面读者中广告到达率以及目标消费者广告到达率。

总人口广告到达率是在固定时间内阅读指定广告的人口占总人口的百分比；读者广告到达率是指在特定时间内阅读特定广告的人口占该时段报刊读者的百分比；特定报刊读者广告到达率是指在特定时段内阅读指定广告的人口占阅读该报刊人口的百分比；目标消费者广告到达率是指具有某些特征的目标消费群在特定时间内阅读特定广告的人口占该时段目标消费群总体的百分比。

广告信息传播效果测评关注的核心指标是广告信息在目标消费者中的到达率。在报刊广告版面销售时，通常采用报刊阅读率或版面阅读率来预估广告阅读率，但正常情况下，报刊阅读率会高于版面阅读率，版面阅读率又会高于广告阅读率。广告阅读率有赖于版面阅读率，而版面阅读率又有赖于报刊阅读率。

第四节　户外广告

一　户外广告传播特点

户外广告是指暴露在开放的户外空间中的各类广告媒介，如各种公路广告牌、霓虹灯、高层建筑设置的广告牌、户外灯箱、海报、旗帜、大型模型、飞艇、气球、烟雾广告等。利用交通工具和交通设施开发的各种交通广告媒介，如交通车身、船身、飞机机体、站牌、站台灯箱、车厢、座位靠背、扶手、车票等也划在户外广告之列。

户外广告是一种非个体性、非面对面的传播、宣传活动。它不同于人员推销，要借助传播媒介向广大公众进行宣传，以非强制性手段劝服公众，以传播媒介自身的辐射力影响公众，最终达到促成行动、实现广告的目的。

随着社会的不断发展，科技不断进步，户外广告无论是在新技术的应用上，还是在创作理念上，都在积极进行着创新，一直受到众多广告公司和广告主的欢迎。从表现形式上来说，除传统店招式广告牌、路牌、墙体广告、交通广告、空中户外广告外，还有电梯广告、电视屏幕墙等表现形式。从技术上来说，从普通绘制类，到光源类、电子类户外广告，更到多媒体互动式户外广告。

户外广告的类型多种多样，但它们的媒体特性呈现诸多相同或相似的特点，可以从优点和缺点两方面去认识户外广告的传播特点。

（一）户外广告传播的优点

1. 成本低廉

户外广告与大众传媒及其他媒体广告相比具有不可抗拒的吸引力，在同等条件下媒体发布费用较低。户外广告的千人成本也低于其他媒体，据调查，户外广告的平均千人成本仅相当于电视、报刊等其他媒体的 1/30 ~ 1/10。

2. 信息渗透性好

户外广告由于受到客观条件的限制，一般都言简意赅，主题突出，明了，易记，画面视觉冲击力较强。这有利于突出主要信息，加深记忆。户外广告可以通过选择设置的地点、规格和时间，来达到较高的到达率和接触频次，而且户外广告全天候发布，不仅可以覆盖大量受众，还可以实现对受众的反复诉求。

3. 视觉冲击力强

户外广告可以综合使用文字、色彩、构图等多种艺术表现手段，图文并茂，吸引受众注意。科学技术的不断进步，使户外广告形式和区域越来越多样，最常见的有：射灯广告牌、霓虹灯广告牌、单立柱、灯箱、候车亭广告牌、地铁、公交车身、火车站、机场等，除去这些传统的自筹式媒介外，一些技术含量很高的媒介也开始应用，如电子翻转广告牌、DAV广告车、LED大屏广告，在白天、夜间都是极富视觉冲击力的户外广告。

4. 地理方位可选择

广告主可以在自己认定的最需要广告来支持促销的区域、地点定制户外广告，自主性强。一般户外广告大都选择在交通要道、公园、广场、娱乐和服务中心和车站码头等繁华地区。这样，在选定的显示区域不但信息到达率较高，而且重复率也很高。在一定区域内，随着数量增加，重复到达率会显著提高。

（二）户外广告传播的缺点

1. 广告信息量少，干扰性强

户外媒体一般属瞬间媒体，也就是说，人们接触户外广告的时间通常是非常短暂的。在相对短的时间内，要使受众对产品或品牌留下印象，广告信息不能复杂，否则，受众很难在短时间内读完，或者干脆不予理会。因此户外广告一般只用来宣传产品或品牌的名称、标志、口号等，无法用以对受众深度说服。

广告讯息的传达容易受周围环境的影响，通常户外的环境具有干扰性，如建筑物、树木、电线等的遮挡，会使品牌形象受到干扰。在户外，无论是静态的建筑还是动态的来往过客，环境总是处于不断变化之中，好的事物和不好的事物经常交替出现，客观上会对广告品牌形象产生附加影响。

2. 覆盖范围有限

大多数户外广告固定在一个位置，从单一的户外广告自身信息传播来说，只可能到达经过这个地方的人，传播范围相对有限。

3. 广告效果评估难度大

户外广告效果评估的难点是很难抽取有代表性的样本，因为接触户外广告的往往是流动的人群，总体难以确定，所以几乎无法从中科学抽样。对于户外媒介受众的有关量化指标，只能做出大概粗略的统计，目前还难有更好的监测方法对其进行统计及分析。

二 户外广告测评指标

户外媒体传播效果的测评和广告本身的地理位置、面积、载具、周边环境、广告表现等因素有直接的关系，户外广告的传播效果的测评涉及对广告本身各要素的测评、广告发布载体的测评、发布地段人流量与车流量的测评及周边环境干扰度的测评等几个方面，故可以具体归纳为对受众、媒体自身、环境、广告成本四个方面的测评。

(一) 受众覆盖测评

1. 到达率

户外广告的到达率是指广告在一定时间内到达该区域人口的百分比。通常户外广告到达率是指 30 天内广告信息到达指区域人口的百分比。

2. 到达频率

到达频率是指在一定测量时间内户外广告平均到达目标受众的次数。

户外广告的到达率 = 到达人数/经过的全部人数

例如，以 30 天为例，昆明机场某户外广告牌前平时每天平均有 10000 人经过，经过现场抽样调查，平时经过广告牌的人中有 30% 的人看到了指定广告牌的信息，周末每天平均有 12000 人经过，这些人中有 18% 的人看到了指定广告牌的信息。由于机场流动性人口多，因此，可以假设在一个月内重复出现在机场的人口比例较小，假设忽略重复出现的人口，则机场的指定广告牌的月到达率 = （工作日 10000 × 0.3 × 22 + 休息日 12000 × 0.18 × 8）/（工作日 10000 × 22 + 休息日 12000 × 8）≈ 0.26。

可见，机场指定广告牌的月到达率是 26%，即每个月经过机场指定广告牌的人中有 26% 的人看到了指定的广告牌。

3. 每日有效人口通行量

每日有效人口通行量（Daily Effective Circulation，DEC）是指每日经过

指定户外广告所在地的受众人数。由于受众以不同形式通过户外广告所在地，有的步行经过，有的乘坐各种交通工具经过，在统计经过广告所在地的人口流量时，需要考虑以不同形式经过广告所在地的人口计算规则，但由于乘坐交通工具经过户外广告所在地的人数无法准确测量，不同的国家有不同的标准。例如，美国经过调查，把每辆公交车按照 1.38 人计算，日本普通公交车按照 1 人计算，双层巴士按照 1.5 人计算。

户外广告形式多样，不同的户外广告载体具有不同的特征，有的适合白天展示，有的适合晚上展示，更多的是 24 小时都可以向受众展示广告，因此，不同类型的户外广告向受众展示的时间不同。在不同的国家以不同的权数标准来衡量不同类型户外广告的展示时间，即广告类型权数。户外广告每日流量的计算公式如下：

$$户外广告的每日流量 = 日交通流量 \times 广告类型权数$$

例如，在美国，把只有白天能观看的普通户外广告的权数定义为 0.45，而将霓虹灯、路牌、电子显示屏等 24 小时都可以向受众进行诉求的广告权数定义为 0.64，因此，每一个户外广告的每日有效通行量是流通人数与广告类型权数的乘积。

（二）媒体自身测评

户外媒体自身的形式及大小，即媒体自身被注意的能力，可以从高度、尺寸、能见角度、材质等方面来测评。

1. 高度

高度：户外媒体的高度是指受众能看见媒体内容的适当高度。

高度指数：设定平视高度（10 ～ 20m 的高度）为 100，以载具高度的中心点为准，往上（或下）每提高（或降低）10m 则递减 10。

2. 尺寸

尺寸：户外媒体的尺寸指的是受众看到的尺寸。

尺寸指数：以载具面积计算。以所有备选载具中具有最大面积的为 100，然后依各载具在不同距离所见尺寸大小比率定出各载具在分隔区域中的指数。

3. 材质

材质：户外载具材质所涉及的是呈现创意的能力以及载具本身的吸引力，包括呈现精致创意的能力、载具的亮度以及声音等。

材质指数：以主观认定为主。

设定一个最符合要求的材质为100，再根据各不同材质与这个最佳材质的差距制定指数。例如，电子显示屏可以传递清晰且颜色亮丽的广告，在所有材质中最符合商品创意表现需求，设定其指数为100。喷绘方式由于受灯光、画面色泽效果的影响，传播效果只有电子显示屏的70%，因此设定其指数为70。

（三）媒体环境测评

1. 能见角度

即载具所有可以被看到的角度。正面角度接触效果较为理想，侧面效果较差；受人潮流向的影响，来向具有较佳效果，去向则效果不如来向。

2. 能见指数

以载具正面且距离最近的区域为100，距离较远则指数递减；载具侧面角度指数是以侧面角度观察的载具尺寸比率为指数，距离较远则指数同时递减。

户外媒体测评表

媒体名称_____   材质_____   面积_____

1. 户外广告形式：

户外路牌（BB） □单立柱 □楼体广告牌 □霓虹灯广告牌 □跨街广告牌 □户外看板 □街道立地灯箱 □悬挂式灯箱

交通媒体（TR） □车身广告牌 □车内广告牌 □候车亭灯箱

交通类型 □公交车 □地铁 □火车 □飞机 其他_____

其他媒体（AL） □LED电子屏 □三面翻 其他_____

2. 区域分类：□市中心区 □交通要道 □餐饮娱乐 □购物中心 □商业中心

　　□工业中心　　□高速公路　　□专业市场　　□政府机构　　□宾馆饭店
□旅游景点

　　□场馆会所　　□医疗卫生　　□银行　　□邮政电信　　□文化教育　　□商
业大厦

　　□居民小区　　□运动场馆　　□机场

3. 离市中心区＿＿＿＿＿＿公里

4. 交通流量（每日）：

人行交通流量＿＿＿＿＿＿□高　□中至高　□中　□低　□不适用

汽车交通流量＿＿＿＿＿＿□高　□中至高　□中　□低　□不适用

5. 道路情况：

道路分类：□T字路口　　□十字路口　　□单行线

交通灯：□有　　□没有

人行道上能见度：□好　　□一般　　□差

与主干道视线角度　□对面　□对角　□平行　整体角度＿＿＿＿

竞争情况　□独立　　□1~3块　　□4~5块

杂乱情况　□最严重　　□中度　　□部分　　□没有

6. 照明设施　□有　　□没有

思考题

1. 简述电视广告媒体的测评指标。

2. 简述网络广告测评指标。

3. 什么叫移动互联网广告的日活跃率？

4. 简述移动互联网广告的传播特点。

5. 简述APP应用的广告测评指标。

6. 简述报刊广告媒体的评估指标。

7. 简述户外广告的优点和缺点。

8. 简述户外广告的测评指标。

9. 什么是户外广告的毛评点？

案　例

帷千动媒 In-App 移动视频广告

 IN-App频控视频广告　　广告形式 Advertisement

广告交互形式1
点击进入视频及活动页面

广告交互形式2
点击进入视频及活动页面

广告交互形式3
嵌入式播放，点击进入活动页面
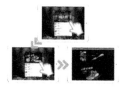

 In-App视频　＋　品牌页　＝　最佳注意力营销力组合

Millward Brown 和WQMobile的《移动广告营销效果研究报告》显示，In-App视频令人印象深刻，品牌令人容易获取更多信息，购买转化表现优异！

▷ **广告行为影响**　　■品牌页 ■前贴片

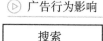
搜索

48.5%　43.0%
访问该品牌网站

购买

39.0%　30.5%
在购物网站上搜索该品牌

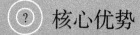
(?) **核心优势**

以受众为核心的投放执行
帷千职能投放系统SAPP
帷千职能媒介管理系统SMS

以数据为核心的精准推送
十几个维度，数百个变量广告
推送职能匹配，分布式定向目标受众

WQID解决个体辨识难题
移动端的复杂性导致个体识别成为难题
通过大量数据比对得出"WQID"唯一识别

跨媒体频次控制 提升投放效率
数据显示广告点击集中在前几次展示
帷千职能系统高效执行跨APP媒体频控

案例展示

蒙牛—3个品牌的TVC同时曝光

投放14天，共获得170万曝光，带来37万独立UV。

伊利畅轻—品牌与媒体属性人群高度吻合

投放4天，共获得30万曝光，带来13万独立UV。

李宁—结合富媒体展示，展现品牌活力

投放7天，共获得40万曝光，带来17万独立UV。

知名企业CMO对新媒体形式的重视度

内容共创	53%
视频植入	33%
原生广告	30%
APP营销	30%
数字电视广告	27%
互动电视广告	18%
基于地理位置的优惠券营销	18%
优惠券营销	17%
快速化电视广告	14%
付费广告	12%

知名企业CMO对新媒体形式的认识度

APP营销	97%
内容共创	95%
基于地理位置的优惠券营销	95%
优惠券营销	95%
视频植入	94%
数字电视广告	94%
互动电视广告	94%
原生广告	89%
付费广告	89%
快速化电视广告	88%

资料来源：MillwardBrown《2013 年中国 CMO 调查报告》。

案例思考

1. 以 In－App 移动视频广告为例，试述如何有效投放广告？

2. 在媒体领域有大量的新技术和新方式出现，你知道哪些？如何评价这些新营销概念？

本章实训

一、实训目的

1. 全面了解电视媒体广告传播的特点；理解电视广告效果测评的指标。

2. 全面了解网络媒体广告传播的特点；理解网络广告效果测评的指标。

3. 培养学生对广告媒体的观察力和理解力。

二、实训内容

1. 选择一个自己喜欢的电视频道并记录 19：00～23：00 投放的广告情况，对其中印象深刻的 1～2 个品牌，分析其广告传播及投放的特点。之后通过相关数据查阅获取本频道晚间节目时段的收视率数据，并解析本频道这一时段优势节目的传播效果。

2. 选择一个自己喜欢的门户网站或手机 APP，分析其中投放的广告的特点。

三、实训组织

1. 教师提前两周布置，学生在进行充分课外准备的基础上，根据本课程课时总量安排 1～2 课时进行课堂讨论。

2. 在班级范围内，以学生个体或组成小组（4～6 人为宜）进行发言，发言内容应制作成 PPT 同步播放。

3. 教师应激励并安排具有不同见解的同学或小组之间展开相互质询；教师对讨论过程和观点、证据进行评价。

延伸阅读

［1］郑欣主编《空间的分割——新媒体广告效果研究》，中国传媒大学出版社，2008。

［2］黄升民、段晶晶：《广告策划》，中国传媒大学出版社，2006。

［3］陈培爱、覃胜南：《广告媒体教程》，北京大学出版社，2005。

［4］中国电子商务研究中心，http：//www.b2b.toocle.com/。

［5］艾瑞网，http：//www.iresearch.cn/。

［6］中国互联网络信息中心，http：//www.cnnic.net.cn/。

［7］中国广告网，http：//www.cnad.com/。

［8］可口可乐"Chok"案例，http：//www.welovead.com/cn/works/details/3a4DksuD。

第八章　广告效果与媒体策略

学习目标：通过对广告媒体的选择标准与媒体综合评价指标的认知，掌握广告媒体投放策略，理解广告效果测定与广告媒体策略规划间的关系。能够制定广告媒体策略，并进行广告效果的预测。

广告通过媒体发布实现对消费者的影响，我们通常通过广告效果评估来衡量广告传播的效力。从媒体角度来看，在不同的阶段，影响广告传播效果的因素有所不同。

在广告接触阶段，广告传播效果的重点在于广告的到达人群，广告是否能够被广告商品的目标消费群接触到。因此影响这一阶段传播效果的主要有三个因素：广告投放的频率、广告投放的时段/节目、广告全天的投放量及编排。对投放频率和投放时段/节目的选择主要是看该媒体载具的目标人群是否与广告商品锁定的消费群相吻合。全天投放量的大小一方面会影响广告的受众覆盖面，另一方面会加深受众对广告的印象。而在广告认识阶段，影响广告传播效果更多的是广告本身，广告的好坏在很大程度上影响消费者对广告的评价，甚至影响消费者对广告商品品牌的亲切度。

此外，广告投放媒体的自身媒介属性及公信力也会影响消费者对广告的信赖程度及评价。

第一节　媒体选择的综合评价标准

在中国，大部分全国性媒体和区域性媒体在大众心目中的熟悉度和知名度都是很高的。而企业在广告投放上通常首先要评估媒体的知名度、发行量、收视率等，却没有真正从媒体的传播效果与企业的销售目标和产品特性的关联度去考虑。许多地方性企业在开拓区域市场上选择在央视投放广告，虽然央视的品牌影响力毋庸置疑，但其品牌特性却决定了其更适合全国性企业的广告，而不适合于区域中小企业的产品或品牌广告。结果是企业花了高价广告费，却收效甚微。因此，广告主在选择广告投放的媒体时，应综合考虑媒体的市场表现力和品牌影响力，同时还要兼顾广告的传播效率和效果问题。

具体来说，影响广告传播效果的因素很多，如投放的计划、广告制作等。要使广告有最佳的传播效果，就要在制定广告投放之初考虑清楚，做好周全的计划，用最小的成本达到最佳的效果。

一　媒体对广告效果的影响

我国的广告业在经历了三十多年的发展后，广告媒体呈现多元化的发展趋势，形形色色的媒体层出不穷。电台、报纸、电视、杂志、户外灯箱、车身、DM、网络、手机等媒体包围着人们生活各个层面。同时媒体的数量也不断增长。一个地方电视台由一个频道扩充为十几个频道，一份报刊由月刊改为周刊、版面由 8 版变为 16 版、24 版、36 版……并且每个角落里都充满了各种广告。媒体在有效细分受众群的同时也分散了消费者的注意力，减少了受众对广告的接触机会，影响了广告的投放效果。伴随着科技和文明的发展，人们的生活和娱乐方式也日益丰富起来，年轻人不再局限于在有限的空间里读书、看报、收看电视节目来获取资讯，而是选择内容丰富、更新即时、注重体验的伴随性媒体。在这样的广告传播环境中，受众对广告的关注和信赖更多的时候是来自对媒体的关注和信赖，因而对媒体选择成了广告效果好坏的重要因素。

从广告的市场运作来看，影响广告投放效果的因素有很多，可用下式表示：E（effect，效果）= A（aim，目标）+ M（medium，媒介）+ C（creation，创意）+ M（management，管理）。明确的广告目标，科学合理的媒介策略，高质量、有创意的广告作品，加上健全的广告管理机制，是成就一则好广告的前提条件，也是影响广告投放效果的重要因素。

媒体对广告传播效果的影响主要表现在以下方面。

（一）媒体的覆盖范围和到达率

一般来说，媒体的覆盖范围越广，广告被接触的人数就越多，影响力就越大，广告效果就越佳。但覆盖范围并不意味着到达率，许多目标受众接收不到广告传达的信息，而接收到信息的人却不一定是广告的目标受众，因此，大众传媒的覆盖率虽广，而广告到达率却不一定高。有时候分众媒体对目标受众的"渗入"更加准确深入。

（二）媒体的权威性和认知度

通常媒体的权威性和认知度越高，广告信息的说服力就越强，就越容易被人接受而产生良好的广告效果。比如，中央电视台、《南方周末》等，这些媒体具有较高的权威性和认知度，在这些媒体上发布的产品或服务信息，就容易获得人们的认可。而一些地方性的小报、电视台和广播电台等就很难有相同的境遇。

（三）媒体的时段和版位

广告媒体传播的时间因素直接影响到广告的传播效果，如电视广告的最佳时段是在晚上，且一般把每晚 7 点到 10 点称为电视广告的"黄金时间"，新闻联播前后更是黄金时间中的"黄金时段"。

广告媒体的版位也是广告传播效果的重要影响因素。如报纸广告的版位分为报头、报眼等；面积又有通栏、半通栏、整版、跨版等。不同的版位达到的传播效果也不一样。一般报眼的信息不易被读者注意到，而整版和跨版具有较大的面积和视觉冲击力，其承载的信息更易到达目标受众。网络广告也有不同的版位和形式，如横幅广告、浮动广告、旗帜广告、链接广告等，不同版位和形式的广告，其传播效果也不尽相同。

（四）媒体受众与广告目标受众的契合度

媒体有媒体的目标受众，广告有广告的目标受众，如果两者的契合度高，则广告到达率高，广告传递效果好。反之亦然。如在摄影杂志上做相机的广告、在时装杂志上做服装品牌的广告、在女性杂志上做化妆品的广告等，均能有效到达目标受众。

（五）媒体组合

所谓媒体组合，就是对媒体计划的具体化，即在对各类媒体进行分析评估的基础上，根据市场状况、受众心理、媒体传播特点以及广告预算等情况，选择多种媒体进行有机组合，在同一时期内发布内容基本一致的广告。运用媒体组合策略，不仅能最大可能地提高广告的到达率和重复率，扩大认知、增进理解，还能在市场上造成声势，给受众留下深刻印象。

二 广告媒体综合评价指标

（一）媒体的覆盖面

媒体覆盖面的广度是决定广告传播效果的第一要素。媒体覆盖的市场区域范围越大，就越能让更多的人接触到广告。媒体覆盖的广度也体现了媒体的传播价值，通常我们通过媒体的覆盖率、覆盖的区域范围、媒体的发行量和发行区域范围的经济地理价值等指标来衡量。

受众规模是广告投放期间媒体所能到达的最大受众群体数。可通过考察某一地区某种媒体的受众人数占总人口的比例来获得该媒体的受众规模。

受众规模＝广播／电视的收听／收视率或报纸杂志的阅读率×总人口数量

受众规模通常用媒体覆盖率来衡量，如对于电波媒体，通常用指定地区的电视机或收音机拥有量、投放期间的开机率、视听率等指标来衡量视听众拥有量；对于平面媒体，通常用单个发行周期的发行量、传阅率等指标来衡量媒体的读者拥有量。平面媒体普遍依据平均每期阅读率等指标来制定广告投放计划。通过平均每期阅读率的指标，可以清晰地了解某一个地区、某一份报纸每一期能覆盖多少读者，从而很好地解决关于报纸读者规模的问题。

1. 覆盖率

覆盖率是指某一媒体在特定时间内把信息传达到受众的比率或区域市场的比例。

覆盖率可以用来衡量广播、电视和网络媒体，也可以用来衡量报纸、杂志媒体。对覆盖率可以从两个角度进行分析：其一，从市场范围的角度分析，比如我们可以从全国市场的角度分析某媒体在全国的覆盖率，也可以从特定区域市场的角度，分析某媒体在某城市的覆盖情况；其二，从人群规模或特定人群的角度分析，比如可以分析某电视频道在某城市针对特定人群的覆盖情况，也可以分析某杂志在特定城市针对特定人群的覆盖情况。

比如某城市有1000万户家庭，由于地理环境的制约以及电视机的普及率没有达到100%，电视节目在该城市的覆盖只能达到980万户家庭，那么电视在该城市的覆盖率为980万户/1000万户＝98%。

再如某杂志在某地区的目标消费者为18～28岁的女性，共100万人，该杂志实际上拥有18～28岁的女性读者30万人，则该杂志在这个区域市场的目标受众覆盖率为30%。

某报纸在某城市的发行量为25万份，该城市的家庭户数共500万，则该报纸在这个城市的覆盖率为5%。

2. 开机率

开机率一般用于评估电视媒体，指在特定的时段内，暴露于任何频道的家庭数或人口数占该地拥有电视机的总家庭数或总人数的比率。如果某地拥有电视机的家庭数是100，在某个时段内有30个家庭的电视机处于开机状态，那么开机率为30%。由此可见，开机率仅考虑拥有电视机的家庭，没有电视机的家庭不在其基数计算范围之内。而且，由开机率的定义可知，开机率的计算只分时段，不分频道。按照不同的计算单位，开机率可以分为家庭开机率和个人开机率。

家庭开机率（Homes Using TV, HUT），指在特定的时段内，暴露于任何频道的家庭数占该地拥有电视机的总家庭数的比率。

个人开机率（People Using TV, PUT），指在特定的时段内，暴露于任何频道的人口数占该地拥有电视机的总人口数的比率。

开机率可以从总体的角度了解家庭或个人的收视习惯。分析某特定区域市场拥有电视机的家庭或个人在过去一段时间看电视节目的高峰和低谷时段，就可以找出当地居民收视的规律。比如在一个月中，假日和平时的收视高峰和低谷有什么不同；一天中什么时间是收视的高峰，什么时间是收视的低谷。开机率的分析也可以针对特定的群体，比如分析30～45岁的女性通常几点开机，收视多长时间，几点关机。

一般而言，开机率也会因为季节、地域、假期等因素有所不同。比如由于北方城市冬季天黑得早，或者由于平时户外的娱乐活动不多，因此下午下班后开机，由此形成的收视高峰可能较南方城市提早一些，北方晚上6点半的地方新闻的收视就比较高，而南方一些城市晚上11点的地方晚新闻的收视情况要好一些。另外在寒暑假期或老龄化较严重的城市，白天的开机率要高一些。

3. 收视（听）率

收视（听）率指在特定时段内，收看（收听）某个特定节目的人数或家庭数占该地拥有电视机（收音机）总人数或总家庭数的百分比。收视（听）率包括电视的收视率和广播的收听率。

收视（听）率可以反映受众对某内容的接触情况、连续接触情况、接触的程度，这些都可以反映出受众对该内容的认可情况。虽然收视（听）率不能代表观众对节目欣赏水平的评价，但是通常被视为评估节目内容是否有价值的一个基本指标。

对电视收视率进行详细解读，收视率的计算公式如下：

$$收视率 = 收看某一节目的人口数（家庭数）／$$
$$该地区拥有电视机的人口数（家庭总数）\times 100\%$$

收视率可以按计算单位的不同，分为家庭收视率、个人收视率和目标对象收视率。

家庭收视率：在特定的时段内，暴露于某一电视节目的家庭数占该地所有拥有电视机的家庭数的百分比。

例如，某城市有360万户家庭，电视机的普及率为100%，即360万户家庭都有电视机，某时段收看某栏目的家庭户数为36万，则其家庭收视率为36万/360万=10%。

个人收视率：在特定的时段内，某一电视节目的收视人口数占该地拥有电视机的人口总数的百分比。

例如，某城市有 1000 万人口有电视机，某时段某节目共有 200 万人收看，则该时段该节目的个人收视率为 200 万/1000 万 = 20%。

目标受众收视率：在确定的目标对象消费群中，暴露于某一电视节目的人口数占对象消费群总人口数的百分比。

例如，某城市有 240 万名观众有电视机，其中男性观众比例为 50%，即 120 万名，某时段某体育节目共有 12 万名男性观众收看，该时段该节目的男性收视率为 12 万/120 万 = 10%。

收视率是用来分析特定时段、特定内容的收视情况的指标。通过对收视率的分析，广告主可以了解各个频道的收视高峰（即黄金时段）分布，以决定其广告投放在哪个频道、哪个时间段。我们观察收视率数据可以发现，不同节目在同一地区的收视率各不相同，同一节目在不同地区的收视率也不相同。例如，不同地区的观众对节目的偏好程度不同，会带来收视率的差异。再如在 19：30 ~ 21：30 这样的黄金时段，电视剧的收视率要远远高于白天时段。

（二）媒体的成本效益评估

对广告媒体的评价必须包含媒体成本效益（Cast Efficiency）的分析，并且主要考察千人成本和收视点成本。

1. 千人成本

千人成本（CPM 或者 CPT）是评估媒体投资成本的重要指标。它指的是广告通过具体的媒体工具进行刊播时，这个媒体工具每接触 1000 人所需要花费的广告费用。

不同类型的媒体，其千人成本的计算方式不同，但基本的思路就是广告的单价除以接触的人数再乘以 1000，表示广告每接触 1000 个人需要的广告费用，即 CPM 为该节目的广告价格除以实际收视总人口再乘以 1000。

电视 CPM = 广告单价/收视率 × 1000

广播 CPM = 广告单价/收听率 × 1000

报纸 CPM = 广告单价/阅读人数 × 1000

杂志 CPM = 广告单价/发行量 × 1000

网络 CPM = 广告单价/广告曝光次数 × 1000

2. 收视点成本

收视点成本（CPR 或 CPRP）是考核媒体成本的一个指标，指的是广告刊播时，每购买一个收视率的点所需要花费的广告费用。

收视点成本的计算就是用节目的广告单价除以节目的收视率点数，即节目的收视点成本 CPR = 某节目广告单价/某节目收视率。

例如，某品牌在某城市电视台的电视剧场投放一个 15 秒的广告，这个时段和这个节目的广告价格为 15000 元，节目的收视率平均值为 15%，那么其收视点成本 CPR = 15000/15 = 1000。

3. CPM 和 CPR 评估时的注意事项

（1）CPM 与 CPR 的比较要在一个固定的计价单位下，即固定的秒数、固定的位置，广告价格以折扣后的实际价格输入进行计算则更有实际意义。

（2）CPM 与 CPR 不能用在跨媒介类别的比较上。媒介类别的选择是根据商品品牌在媒介特性与功能方面的需求决定的。

如某电视栏目的千人成本 CPM 和某杂志的千人成本 CPM 就没有可比性，因为投放电视广告追求的是快速、广泛覆盖，投放杂志媒体追求的是深度解释广告信息。

（3）CPM 与 CPR 不能用在跨地区的比较上。因为不同地区各市场的收视率建立在家庭或人口数量的基础上，相同的收视率代表的家庭或人口数量可能不同，应使用千人成本 CPM，把收视率转换为收视人口，使评估更为合理。

在实际操作中，千人成本（CPM）受很多因素的制约，最主要的因素就是区域经济的差异、区域媒体市场的竞争环境等。有的区域市场经济发达，当地居民的消费旺盛，是广告主重要的目标消费者，所以即便广告价格高，折算的千人成本高，也值得投资；而有的区域市场人口规模很大，但是当地的经济不是很发达，居民消费谨慎，这个时候，即便是广告价格低，折算的千人成本低，广告主投资也需要谨慎。

同样的道理，收视点成本 CPR 也不能用在跨区域比较上，《新闻联播》后的广告在武汉的 CPR 和在昆明的 CPR 就没有可比性。因为不同区域市场的收视率的计算是建立在该市场现实的家庭或人口规模的基数上的，即用收看某节目的家庭户数或者人口数除以当地市场所有的家庭户数和人口数的比率，在不同的区域市场，由于其家庭户数或人口规模不同，所以即便是相同的收视率所代表的家庭与人口数也可能有相当大的差距。

第二节　媒体策略

任何产品的目标消费人群都有一定的媒体接触习惯，而产品信息的传播要通过适当的媒体发布，才能有效地传递给诉求对象。广告媒体策略是对广告媒体活动的全面策划和安排，它包括广告媒体策略的目标、媒体选择、媒体组合、媒体排期、媒体购买等具体任务。

一　目标策略

每个企业/品牌在进行营销推广时，都要明白自己投放广告的目标，基于广告目标的广告媒体策略必须按照广告目标来制定。如在产品的市场导入期，媒体推广的目标为塑造品牌知名度，而在产品的市场成熟期，媒体目标为扩大产品的美誉度和忠诚度，在产品的市场衰退期，媒体目标策略更是不同于前面两个时期。因而，要根据该产品的不同市场营销状况及目标，不断调整媒体的目标及选择策略，有的放矢地选择好媒体，使广告宣传取得预期效果。确定媒体目标就是将广告目标转化成媒体能够实施的实际目标，即目标受众是谁，发布信息的原因的场所以及信息发布的时间与频次。

媒体目标包括四个方面：

第一，与品牌/产品营销目标相匹配的媒体推广目的；

第二，该地域和人均广告必须到达多大范围的多少消费者之中；

第三，预期的目标受众接触媒体的范围、次数和频繁程度；

第四，接触范围或到达率（在限定时间内媒体到达目标对象的百分率及平均次数）。

二 媒体选择策略

广告媒体的选择是指根据广告目标及诉求策略，对可供使用的广告媒体进行遴选，从而选出最能满足讯息传播目标要求的媒体类别和媒体载具，从而进行科学合理的投放。

选择有效的媒体，可按以下三个层次进行。

第一，媒体类型的选择与分配。测评电视、报纸、电台、杂志、户外、电影、互联网等各类媒体的受众。以一种媒体为主，其他媒体尽可能去配合，针对目标对象的不同，在决策时期传达多层信息，从而使广告达到最佳效果。

第二，各种不同类型媒体的选择。要考虑不同覆盖范围（如全国性、区域性）、不同的受众（老人、年轻人、学生）、不同的分类（财经、IT、综合等）。要根据企业的目标对象选择适当的媒体，确保广告信息准确地传递给目标消费者。

第三，栏目、版面、频道的选择。分析目标受众的生活习惯和特征，了解他们经常会阅读（或收看/听）的栏目/版面/频道，进行科学合理的组合。

（一）广告媒体选择的标准

广告媒体是传播广告讯息的通路和载体物质。广告媒体策划的最终结果是对广告媒体的恰当选择和配置，使用不同的广告媒体会产生不同的广告效果，因此首先应注意广告媒体的选择标准。

1. 以整体营销目标与战略为选择标准

对广告媒体的选择应符合广告主的整体营销目标与战略。媒体策划者应该深入了解并把握广告产品的特性和广告主预定的市场目标与战略，同时准确了解可供选择的广告媒体在目标受众心中的形象与个性。根据广告媒体的受众层和影响力，有针对性地选择广告产品（或品牌）特性与媒体个性相匹配的广告载体。

广告产品（或品牌）特性规定了适当的媒体选择范围，广告的市场定位、产品定位几乎限定了媒体类别和媒介载具的层次，如对于户外用品，需要通过能够体现品牌专业性的相关专业杂志、旅游类或野外真人秀节目刊载。

品牌广告的传递范围应与品牌营销目标的地域范围相一致。比如企业在广告中所宣传的产品是准备在国内各省区市销售的产品，像饮料、汽车、药品等，就可以选择全国性的广告媒体，如中央电视台、中央人民广播电台、新浪网等来刊播。如果只是打算在省内或某一地区销售的产品，就应该找省级或地区性的媒体做广告投放。

媒体选择之前应该对媒体市场中有关的媒体类别和媒体载具的品牌效应做出市场细分：是权威性强、具备公信力的，还是娱乐、休闲搞笑的；是严肃的，科学严谨的，还是轻浮的。这些对于广告品牌的传播将有不同的媒体影响力，因此对不同的广告产品应该有相应的并尽量准确的选择。

媒体自身的传播内容、编辑环境要和产品定位有一定的兼容性。如期刊媒介在市场中已经形成一定的品牌风格，各种期刊分别侧重于经济、时政、生活、时尚、娱乐、体育等不同内容，从而也形成了或严肃或轻松，或感性或理性的不同风格。发布于不同类型期刊上的广告，应该尽量贴近期刊本身的风格和读者的喜好。生活时尚类的期刊内容和风格都比较轻松活泼，广告品牌也必然产生轻松活泼、生活化的特性。如《瑞丽》的刊名取"幸福、美丽"之意，"瑞丽伴随女性生命的每个阶段"暗含着"让女性幸福美丽一生"的美好寓意，所以《瑞丽》作为一个媒介的主要功能就是"设计美丽、设计生活"。《瑞丽》系列杂志的核心内容是服饰和美容，其中服饰搭配又占绝大多数。平面媒介的特性使得《瑞丽》杂志特别适合设计美丽、设计生活类的广告产品。根据《瑞丽》上述的编辑环境，选择在《瑞丽》上刊载的广告一定要注意它的女性化的风格，使广告产品的品牌及广告文案的创作风格与《瑞丽》本身的编辑环境相匹配，尤其是选择服饰和化妆品的广告，更能结合期刊的品牌内涵和外延，做到相得益彰。

如果广告主的营销目标是发展更为广泛的分销渠道，媒体策划者就应该选择能够影响潜在经销商的媒体；如果营销目标是对某一区域特定市场的销售，则广告媒体应该选择能够渗透到该市场的地方性或区域性媒体。此外，广告产品的定价策略也会影响到媒体选择。时尚奢侈品应当选择

"有身份"和有一定社会威望的广告媒体,使媒体的品牌效应支持产品的市场形象。

2. 以媒体受众特征为选择标准

受众是指接触到某个媒介的人数或户数的总和。每一种媒体都具有一定的受众,电视、报纸这样的大众传媒也在不断细分自己的目标受众群。媒体的内容决定其受众群体的特征,每一种媒体载具都会形成一定的相对稳定的受众群体。根据产品的特殊性和销售范围,媒体策划者要通过媒体的选择使广告目标受众最大限度地接近媒体载具的受众,达成广告与目标受众良好的讯息沟通。根据不同的广告目标受众,形成不同的媒介选择。

比如15~20岁这一年轻群体,他们基本上处于受教育的阶段,其特征普遍表现为:独立与逻辑思考能力不强,分析和处理问题感性而直率;性格叛逆,乐于挑战传统而接受新事物;张扬自我个性并力求无限释放;紧追潮流和时尚,娱乐界偶像对他们的影响较大。针对他们的媒体选择就应该首选新的媒介形态,如互联网、电子游戏、手机应用广告等。但传统媒体中的某些部分对他们也会有一定的影响,如广播中的音乐类节目、时尚节目,电视中的综艺娱乐节目,电子杂志(时尚版块和时尚电子杂志)等,可以搭配使用。

3. 以广告的到达效果为选择标准

广告媒体的选择,一个重要的标准就是到达效果,选择的媒体不仅需要达到预期的目标受众,还必须引起注意并促使人们采取行动。一般可以用广告讯息的暴露度、注意度和驱动值来衡量媒介广告讯息的传播效果。

(1) 暴露度

暴露度(Exposure Value)也称为暴露值,指一条广告被多少人看到。如果一个电视节目的收视人口为100万,能确定这条广告被100万人看到吗?回答是否定的,因为100万人看到的是该电视节目而并非广告,也许恰在播放广告时人们起身做别的事情或转换频道了,因此媒介的广告暴露值很难确定,除非再做专门性的收视、收听广告调查。所以,广告暴露度经常用该节目或栏目的视听人口替代,也经常依靠媒体策划人员的经验做出主观判断。

有关方面的研究表明,广告在媒体上只显露一次的话很难被人注意,一般情况下应刊播3~7次,对于一些诉求要求比较特殊的产品或信息,则应刊播更多次数，在进行媒体选择时要充分考虑这一因素。

影响广告暴露值的有如下因素：对媒体讯息的感觉器官；媒体本身要求的注意度和注意类型；受众将媒体作为信息源还是娱乐消遣工具；媒体及节目是针对普通受众还是特定受众；广告在载体上的发布安排，电视广告是在节目中还是在节目间，印刷广告与文字材料毗邻还是与其他广告毗邻等。

（2）注意度

注意度（Attention Value）也称为注意值，即受众对广告的兴趣与关注程度。暴露度只与媒介本身有关联，而注意度不仅涉及媒介，还涉及广告讯息的创意表现及文案。

可以增强广告注意度的因素有：受众对编辑环境中的文章或节目的投入程度；受众身份或兴趣的专门化及强烈程度；在广告环境中竞争对手的数量越少越好；受众对该广告的广告主及品牌的熟悉程度；广告再现的质量与吸引力；广告暴露的时机。

（3）驱动值

驱动值（Motivation Value）即受众看到广告之后的行动性反应。受众对广告的熟悉程度会对注意值产生较大的影响，但对驱动值的影响不大。但是如果广告再现后的质量印象强烈，或发布时机较佳，则能够在人们即将购买而期待讯息之时驱动其购买。

4. 以媒体的成本效益为选择标准

成本效益（Cost Efficiency）即将广告讯息暴露给目标受众的成本，而不是总收视人口或总发行数量。广告媒体价格的高与低是选择媒体的必要标准之一，媒体策划人员必须分析每种媒体的成本效益情况，在媒体选择中经常使用的是"千人成本"（我们在前述内容中已经介绍了其概念及计算方法），需要比较各个媒体的千人成本才能得知媒体的成本效益，同时还应兼顾媒体其他方面的优点与缺点。

三　媒体组合策略

（一）媒体组合的增效效应

广告所追求的目标、产品或服务的特征、预算的规模和个人偏好都是决定采用什么样的媒体组合的影响因素。通过采用一个媒体组合,广告主能使其媒体战略更加多样化。

将不同媒体整合到一起发挥作用,叫作组合媒体法(Mix – media Approach)。采用媒体组合策略的原因大致如下:

(1)到达仅靠一种媒体无法到达的人群;

(2)在获得最初的最佳到达率之后,以较便宜的媒体维持重复暴露;

(3)利用附加媒体的天然价值,扩大广告活动的创意效果(如在广播中运用音乐,在印刷中运用长文案);

(4)产生增效效应,综合效应大于部效应的简单相加。

通过媒体组合,营销人员能在提高达到总体沟通和营销目标可能性的同时,增大了覆盖面、到达率和接触频率水平。

(二)媒体受众的重复覆盖率

大多数广告投放需要通过组合媒体投放,在选择媒体进行组合时,必须研究备选媒体的重复覆盖率情况。既要考虑媒体组合对广告到达率的影响,也要考虑组合媒体对受众重复覆盖的程度。在到达率接近的两种组合中,重复覆盖率高的组合,其目标受众接触广告的机会也多,将更有利于提高有效到达频次。一种媒体形式内的到达率通常不是按照直线方式累积的;加入的媒体载具越多,重复率就越高。一般来说,要累积达到近100%的广告到达率,就需要有24个到达率/收视率分别为20%的不同媒体载具。媒体间的重复率与累积到达率呈反比;重复率越低,到达率越高,反之亦然。

研究媒体受众的重复覆盖率可以从同类媒体和不同类别媒体两方面入手研究。

1. 同类媒体的重复覆盖率

同类媒体的重复覆盖是指相同类别媒体的不同媒体载具拥有共同受众群的情况。如在某市场上2/3以上的报纸读者至少是两份报纸的共同读者,他们处于两份甚至更多报纸的覆盖下。可以利用媒体的重复覆盖率使受众的互补性达到理想的效果。

例如,电视观众是电视各频道共同拥有的受众资源。他们通常并不是专门看某一个频道，而是根据节目内容有所调整，因此各频道在一定程度上会重复覆盖某些观众群。比如某观众既看新闻频道，也看体育频道，同时也观看影视文艺频道，这个人是三个频道共同拥有的观众，三个频道的节目都能传递给这个人。但是在同一个时间，他只能属于一个频道。广告媒体策略必须考虑同类媒体之间的相互覆盖问题，合理利用这一特征对广告投放非常有帮助。

根据表 8-1 计算得知，在杂志媒体 A 和 B 中投放同一则广告，广告对受众的重复覆盖率为 67%（重复受众/总受众 = 60000 ÷ 90000 ≈ 0.67），这次组合投放广告的总到达率为 67%（总受众人数/到达的受众人数 = 60000 ÷ 90000 ≈ 0.67）。

表 8-1　杂志 A 与 B 的受众情况

杂志媒体	总受众	重复的受众	未重复的受众
A	50000	30000	20000
B	40000	30000	10000
总　计	90000	60000	30000

根据表 8-2 计算得知，在杂志媒体 A 和 C 中投放同一则广告，广告对受众的重复覆盖率为 22%，这次组合投放广告的总到达率为 88%。可见，杂志媒体 A、C 组合方式的总到达率高于 A、B 杂志媒体组合。

表 8-2　杂志 A 与 C 的受众情况

杂志媒体	总受众	重复的受众	未重复的受众
A	50000	10000	40000
C	40000	10000	30000
总　计	90000	20000	70000

2. 不同类别媒体的重复覆盖率

受众在很大程度上是在不同类别媒体的共同覆盖下。但是由于受众生活方式的差别，不同媒体拥有特别的受众群，因此不同媒体之间的重复覆盖与同类媒体之间的重复覆盖存在比较大的区别。不同媒体之间的组合能够将广告信息传递给同类媒体无法达到的人群，在覆盖面上往往超过同类媒体的覆盖率。由于不同媒体广告表达方式不同，能够以不同的方式向相同的受众传递相同的信息。在互联网快速发展的时代，广告媒体的使用策略由单纯的信息传递向吸引消费者主动寻找信息的方向发展，将各种能与消费者接触的媒体作为一个整体，按照吸引消费者接触的轨迹将信息进行分割，使消费者能在不同媒体上接触不同的信息，达到互相补充的目的。当然也能用不同媒体、不同的表达方式传达相同的信息，提高信息的接触频次。在媒体高度发达的今天，几乎所有生活在城市的人都是媒体受众，只是每个人所接触媒体的种类、数量和接触媒体所用的时间有所不同。

四 媒体刊播量策略

广告的刊播要设定正确的受众，要设定合理的区域市场范围，要在恰当的时间投放。除选择媒体类型或具体的节目和版面来投放广告外，还有一个重要的策略环节，就是设定广告的刊播量，即广告到底要在多大范围内投放和刊播多少次。

(一) 影响媒体刊播量的因素

出色的媒体策略既是一门科学，又是一门艺术。媒体策划人员必须利用有限的预算获得最有效的暴露。媒体刊播量的确定主要受到有效到达率和有效频次的影响。有效到达率（Effective Reach）是用来描述暴露质量的，衡量接收到足够暴露次数，并确定接收到广告信息的人数的百分比。

有效频次（Effective Frequency）指一个人在广告信息产生效果之前必须听见或看见同一广告的平均次数。从理论上讲，有效频次应该位于实现信息知晓度的最小值和过度暴露的最大值之间。广告的过度暴露会导致消费者疲劳，这时广告开始让消费者反感。这个界限的确定标准，通常参照迈克尔·纳普勒斯（Michael J. Naples）的研究结论。[1] 其主要内容包括以下7个方面。

---

[1] 迈克尔·纳普勒斯于1979年出版了经典著作《有效频次》（*Effective Frequency*），提出"在绝大多数情况下，在为期4周的时间内，平均频次达到3就可以形成有效频次"的观点。这个简单的结论成为广告业大多数媒体策划人员的标准。

（1）在一定时期内只对广告目标对象进行一次广告一般毫无价值。

（2）在分析媒体有效程度时，暴露频次要比到达率更为重要。

（3）在一个购买周期或 4～8 周时间内，至少要有 2 次暴露才可能产生一点效果。

（4）在一个购买周期或 4～8 周时间内需要有 3 次暴露才能产生足够的传播。

（5）达到一定频次后，其后的暴露所产生的价值是递减的。

（6）达到某一频次后，传播会变得毫无价值，并可能产生反作用。有人认为，超过 8 次就可能产生负效应，最佳频次应为 6 次，但纳普勒斯认为广告使人厌倦与暴露频次无关。

（7）以上暴露频次有效性与在不同媒体上进行广告无关，即只要暴露频次相等效果就相等。

（二）广告刊播次数的设定

1. 设定有效接触频次是媒体刊播量策略的核心环节

广告投放比重策略的一个重要工作就是在覆盖范围和刊播次数之间做出选择。一般而言，比重安排策略的首要环节是设定刊播频次，只有当消费者和广告接触的次数达到有效的程度，广告投放才有意义。如果一味追求覆盖范围而接触次数不够，则消费者对广告难以形成理解和认知，这样的广告投放就是没有意义的，因此设定有效频次是媒体计划非常重要的一个环节。

2. 刊播次数不够，消费者没有对广告所传达的信息产生记忆

如果有效频次设定得太低，则没有办法让接触到广告的消费者明白或记忆广告。假设消费者第一次接触某品牌的啤酒广告，只记得是个广告，第二次接触该品牌的啤酒广告，记得似乎是个关于酒的广告，第三次接触该品牌的啤酒广告，记住了是个啤酒的广告，但是没有记住具体品牌。这个时候，假设没有第四次的接触，没有对具体的品牌名称、包装等很重要的终端销售元素产生记忆或者好感，那么即便消费者发生了消费行为，也很难是针对该品牌的，从这个角度看，前期的广告投放在一定程度上就是浪费。

3. 刊播次数太多则是对广告主费用的浪费

如果有效频次设定得太高，在消费者已经对广告产生理解和认知后，还是继续保持一个高投放量，那么对广告主而言，其广告投资的压力很大，而且是一种资金的浪费。

4. 考虑投放媒体的因素

在设定广告接触频次时还要考虑媒体自身的因素，因为所选择的媒体类型会影响到频次的高低。如电视、广播等信息稍纵即逝的媒体类型需要反复传播信息，报纸、杂志或者户外广告载具这样的媒体类型有利于保存信息，刊播的频次可以较广播、电视少一些。此外，如果媒体里面的广告多、竞争激烈、干扰大，则需要高频次，反之可以少一些频次；如果媒体能够从内容方面进行更多的配合，则频次可以少一些，如果不能进行其他更多的配合，则所需要的频次要多一些。

五 媒体的刊播时机与排期策略

在媒体的选择与配置完成以后，媒体策划人员即进入广告的刊播时机与时间的选择环节。广告的投放时机与排期策略是对广告的发布时间、周期和频率做出具体安排。

（一） 时机策略

由于市场竞争环境的不断变化，企业的媒体传播必须善于抓准时机，适时推出广告讯息。广告讯息的发布受到各种时间因素的制约，要善于把握最佳时机。

1. 广告发布策略

（1）提前发布策略，即在广告产品上市之前发布预先告之性的广告。

（2）同步发布策略，即与广告产品投放市场同步发布广告。

（3）延迟发布策略，即在广告产品上市之后根据市场反应有针对性地发布广告。

2. 广告频率策略

广告频率越高，一般越能引起人们的注意和记忆。但频率的增高要有一定限度，过分多次地简单重复，必然会使人们产生厌恶和逆反心理。对频率的运用也要讲究策略，要不断变换形式给受众以新鲜感。广告媒体使用的频率策略有如下几种。

（1）均衡频率：在某一单位时间内（如一周）使用均衡的次数和每次均衡的时间。

（2）变化频率：在广告次数的安排上随节令时机的变化而变化，根据需要灵活安排。

（3）交叉协调：根据媒体组合方案，合理安排各媒体播出的频率间隔、交叉并相互协调形成最佳的综合效应。

3. 广告投放时机的选择

选择广告讯息的发布时机要注意以下几个方面：要有广告主企业发展的全局意识和整体意识；要服从并适应市场环境各因素的变化，要根据企业或产品竞争对手的情况积极应对；要根据产品销售或消费者需求的季节变化进行调整；要根据产品生命周期或市场周期的发展变化进行调整；要符合社会环境与受众心理的接受规律。

（二）排期策略

广告投放既可以持续出现，也可以采取不固定的脉冲式投放。消费者的购买模式、产品的季节性以及媒体目标和广告预算都会影响排期。更重要的是，这些影响因素还要与广告讯息的到达率、频次和持续性保持一个基本的平衡。通常运用三种主要排期方式来保持广告的持续性。

1. 持续式排期

持续式排期（Continuous Schedule），即在营销与广告的整个活动期间持续发布广告，不需要什么变化（见图8－1）。这是达到广告讯息持续性效果的最佳、也是最简单的途径。对于消费者经常购买的日用消费品，广告主

图8－1 持续式排期

一般采取这种排期模式。

持续式排期是在整个广告运动中，连续不断地在广告媒体中投放广告，广告贯穿整个广告运动始终。如果有大预算的支持，持续式排期是最为理想的，但在预算有限的情况下，就只能维持低调的持续性广告投放（如每日在黄金时间段投放一条广告）。此方法比较适合知名度较高的品牌。

2. 起伏式排期

起伏式排期（Flighting Schedule）指有广告期和无广告期交替出现，隔一段时间发布一批广告，有规律地做出广告时间上的间隔。有时也把起伏式排期叫间断式投放排期（见图8-2）。这种间断式排期的方式比较适合于在一年中需求波动较大的产品或服务，以及季节性较强的商品。在需求季节到来之前，可集中投放广告，需求期过后则停止广告，等待下一轮需求的到来。如此循环，既可以降低广告预算，也可以取得比较好的广告投资回报。这种排期最能集中火力，也适合某些新产品的上市，能够帮助产品在短时间内脱颖而出。

图 8-2　起伏式排期

3. 脉冲式排期

脉冲式排期（Pulsing Schedule）是持续性广告战略与起伏式广告战略的结合。这种排期是在广告持续不间断的基础上，根据销售或需求的时机间隔性，在需求期加大广告投放力度，形成有规律的脉冲起伏（见图8-3）。这种战略一般适用于全年都有需求，但在特定季节有大量需求的产品，如软饮料在全年都有需求，但在夏季需求量大增。也适用于消费者购买周期长的产品。这样可以使广告主在全年都维持一个较低的广告水平，也不影响在销售高峰期"脉冲"式的强力广告促销效果。

三种媒体排期的优缺点比较如表8-3所示。

图 8 - 3　脉冲式排期

表 8 - 3　三种媒介排期的优缺点比较

排期方式	优　　点	缺　　点
持续式排期	可以经常性地向消费者提示某种产品或服务； 覆盖整个购买周期； 可以获得媒体优势（数量折扣、优势位置等）	较高的成本； 潜在的过度接触
起伏式排期	在重点销售季节集中投放从而降低成本； 在有限的预算内实现媒体组合策略	当间断太久时，广告信息很容易被忘记，给竞争对手留下更多的机会； 在非广告期间对于竞争者表现脆弱
脉冲式排期	以上所有优点	不适用于季节性产品或其他周期性的产品

4. 其他排期模式

除上述经常用到的三种广告排期方式外，还有针对特定广告目标或特定需求的不同的排期方式。

（1）集中式排期（Bursting），即在同一个媒体类别或同一个媒体载具上，如某电视节目的黄金时段每隔半个小时播放一次广告，加大广告密度，在时间上集中"轰炸"，使人感到广告无时不在，这样的广告非常见效，但也容易使受众感到厌倦甚至产生抵触心理。

（2）路障式排期（Roadblocking），即在同一个媒体类别的不同媒体载具上，在相同的时段在几个频道同时投放广告，以达到提高到达率和目标受众到达频次的目的，这也是较为见效的排期方式。如在晚间黄金时间买下目标受众收视率比较高的几个频道，使目标受众无论转换到哪个频道都能接触到广告信息，甚至重复接触相同的广告信息，从而让受众感到这个品牌或产品的广告垄断了整个时段，其身影无处不在。

（3）间歇式排期（Blinking），即专门选择特定的广告目标受众可以视听广告的时间投放广告。遵循这些特定受众的时间规律造成了广告客观上的间歇性，但对于目标受众而言，他们没有错过广告的时间。如将企业的决策者或主管人员作为目标受众，将广告安排在周日的休息时间，可提高这类目标受众的广告到达率。

思考题

1. 试述广告媒体综合评价指标。

2. CPM 与 CPR 如何计算？调查并计算湖南卫视《快乐大本营》和《天天向上》栏目的 CPM 与 CPR。

3. 简述广告媒体选择的标准。

4. 如何衡量媒体广告讯息的传播效果？

5. 请谈谈你对重复覆盖率的理解。

6. 简述广告发布的时机策略。

7. 简述广告的排期策略。

8. 举例说明路障式排期方式。

案 例

雷柏 RATV 广告媒体策略提案

雷柏，无线外设技术专家，致力于向全球用户提供高性能、高品质的无线外设产品。中关村在线（ZDC）的调研报告显示，凭借一流的工业设计、国际化的品质、本土化的价格，雷柏已连续两年占居中国无线键鼠市场占有率的榜首，成为领先的无线键鼠供应商。

RATV 中的 "RA" 取材于雷柏 Logo "Rapoo" 中的前两个字母，"TV" 代表电视，即 RA + TV = RATV，代表 RATV 是雷柏旗下的子品牌。RATV 重新定义了人与电视的沟通方式，突出以 "无线" 这一看家技术带动家庭娱乐革命性功能的提升。作为一款跨界的家庭娱乐终端设备，RATV 能满足每个家庭的个性化需求，专为大屏（电视）深度开发的 RA. UI 触控操作系统，让一切变得如此简单。

RATV 是雷柏公司第一次进入互联网电视机顶盒行业所研发的产品，对于行业和产品来说都处于导入期。本策划案通过 2013 ~ 2014 年度的一系列推广活动，提升消费者对 RATV 的认知度，让目标消费者真正接触到

RATV，而不再认为其是遥不可及的智能科技。因此，本策划案以"RATV——遇见无线美好"为主题，将产品定位于"无线生活娱乐终端"，通过体验式营销活动以及广告整合推广，利用新媒体和传统媒体的有机组合，向消费者传达雷柏 RATV 为消费者提供无线触控娱乐生活的理念，让消费者重拾电视生活的乐趣，让看电视不再是一个无聊的选择，从而塑造雷柏 RATV 行业领导者品牌的形象，旨在宣扬雷柏的智能无线共享主义，带领目标消费者遇见无"线"美好未来。

一、媒介目标

1. 以"奇遇 Funny""乐·无线""遇·街头""创意市集"等一系列活动吸引年轻消费群体的注意，让他们与 RATV 互动，消除消费者与品牌的距离感。

2. 增强雷柏 RATV "遇见无线美好"的品牌联想，加强 RATV "无线生活娱乐终端"的产品定位概念。

3. 通过体验活动提高消费者对雷柏 RATV 的品牌认知度，并最终促进销售。

本策划案选择网络、手机、杂志、户外广告媒体，这些媒体能接触到 18 ~ 40 岁的消费者，尤其是 25 岁以上的办公白领群体。其中，网络广告传播不受时间和空间的限制，广告到达目标受众的群体范围较广。杂志和户外媒体可以在巩固现有消费群体的基础上，挖掘市场潜在消费者，从而在短时间内快速普及 RATV 概念，提升雷柏 RATV 的品牌认知度，提升产品销量，最终塑造 RATV 行业领导者的品牌形象。

二、营销推广活动

表 1　RATV 营销推广活动思路及安排

营销思路	具体营销活动	第一阶段（2013 年 9 月 ~ 2013 年 12 月）	第二阶段（2013 年 12 月 ~ 2014 年 2 月）	第三阶段（2014 年 3 月 ~ 2014 年 8 月）
活动第一体验至上	奇遇 Funny——地铁站体验 RATV 遇见无"线"美好	占据四大城市地铁站的强大人流量，以突发性事件引起人们的注意或兴趣，邀请人们参与游戏来达到现场体验的目的，提高品牌认知度	在网络上发布活动内容剪辑视频，进行病毒式营销，扩大活动影响力	活动后期延伸到线上活动，在网上征集人们的创意、想法，并进行投票活动，让目标受众真正参与到活动中来，提高品牌认知度

营销思路	具体营销活动	第一阶段 （2013 年 9 月 ~ 2013 年 12 月）	第二阶段 （2013 年 12 月 ~ 2014 年 2 月）	第三阶段 （2014 年 3 月 ~ 2014 年 8 月）
活动第一体验至上	乐·无线——电影院遇见 RATV 无"线"美好		通过与四大城市人流量大的电影院合作，开展有奖互动式的体验娱乐活动，给影院观众带来无"线"乐趣，提高品牌认知度	
	遇·街头——卖场街头遇见 RATV 无"线"美好			让 RATV 接近家电卖场，实地接触真正需要购买家电的消费者，带给他们真实的体验，使产品真正接近消费者，以提高其产品知名度，促进销售
	创意市集——Web 网遇见 RATV 无"线"未来		线上遇见美好、遇见未来，创意引爆 RATV 市场；建立活动网站，对活动进行宣传	线上征集、票选、评选关于 RATV 的创意，是消费者与 RATV 的新遇见，让消费者投入 RATV 的创意想象中，增强品牌知名度
传统媒体推广	杂志广告和软文	作为线下的推广方式，让全国更多的人初步认识 RATV，使消费者对 RATV 有个初步概念		
户外媒体推广	小区电梯平面			利用小区电梯媒体，让 RATV 接近目标受众的生活，提高品牌认知度
新媒体推广	互联网旗帜广告	利用互联网介入目标受众的网络时间，普及率高，受众面广		

三、媒介策略

1. 诉求对象：18～40岁的消费者，核心群体是25岁以上的办公白领。

2. 投放区域：北京、上海、广州、深圳。

3. 投放组合：整合网络、手机、专业电子产品杂志、生活类杂志、户外、POP、DM等媒体进行传播。

4. 投放原则：最低的投资获得最大的效益，在目标消费群体接触率和接受程度最高的媒体集中投放，追求精准到达率与广告效果的最优化。

四、媒介选择

选择手机、网络、户外、电子产品类杂志、生活类杂志、POP、DM等新媒体作为主要的广告推广渠道，辅之以传统媒体。

1. 手机媒体：一种新的移动媒体，移动媒体的营销是如今广告发展势不可挡的趋势之一，同时可以体现目标消费者追求潮流时尚的个性。根据中国工信部的统计数据，截至2013年3月底，中国共有11.46亿移动通信服务用户，[①] 其中，中青年用户占绝大多数，手机成为与目标消费群体距离最近的媒体，可有效地实现广告沟通。

2. 网络媒体：网络的热潮席卷了一代又一代年轻人，拥有庞大的网络用户群体，对年轻群体消费行为的影响更是不可忽视，并且网络媒体的广告费用较少。

3. 户外媒体：广告醒目，能很快吸引人们的注意，并且与目标消费者近距离接触，能够增强宣传效果。

4. 电子产品杂志和生活类杂志：这类媒体的消费群对时尚科技和生活品质很敏感，他们喜欢主动寻求时尚科技、健康生活等方面的信息，因此更容易受广告信息的影响。同时他们对数码产品有一定的兴趣爱好，并经常使用新潮数码电子产品。这一群体和雷柏目标消费群体相吻合，投放此类媒体可以增强广告记忆，强化其购买决心，从而产生购买行为。

5. POP和DM：在活动体验终端展示和发放，认知效果明显，给消费者以最直观的印象。

五、细分媒体

新浪微博：新浪微博是在青年消费者群体中影响深远的SNS社区，利

---

① 工信部：《中国手机用户数量达到11.46亿》，2013年4月25日。

用公司原有微博进行微博营销，并在系列活动开展之时，配合活动开展和宣传，持续不断地更新消息，报告活动进程，进行话题传播。——活动宣传

论坛：在"奇遇 Funny""乐·无线""遇·街头""创意市集"系列活动开展之时，在 RATV 论坛发帖、灌水，话题传播。——活动宣传

官网：持续不断的更新消息，报告活动进程。——活动新闻

Mini site 活动网站："创意市集"活动的载体，进行活动和产品的自我宣传。——活动宣传

网站旗帜广告：投放于太平洋、中关村在线等专业电子产品网站进行产品宣传，让目标消费者接触到 RATV，实现精准投放。——品牌形象广告

手机 App：优化自有 App 平台，增加活动资讯、图片展示、精选推荐、论坛互动平台等项目，进行自我宣传。——活动宣传和品牌形象广告

微信：配合活动的开展和宣传，并开展数据库营销，精准推送信息到每一个消费者。——活动宣传

QQ：与 QQ 合作，配合线上"创意市集"的活动宣传，进行品牌概念传播，即增强"遇见无线美好"的品牌联想。——活动宣传和品牌形象广告

户外：小区电梯平面广告是跟城市居民朝夕相处的广告形式，在"奇遇 Funny""乐＊无线"活动之后的半年内选择四大城市的 4 个中高档小区进行小区电梯平面广告的投放，体验活动之后让消费者可以真实了解到 RATV，并让其主动寻找 RATV 的产品信息。——品牌形象广告

杂志：以《新潮电子》[①] 为代表的电子产品类杂志和以《明日风尚》[②] 为代表的时尚生活类杂志塑造产品品牌形象。——平面软文和品牌形象广告

---

① 《新潮电子》荟萃各类时尚数码精品，将科技知性与时尚魅力相融合，追求个性、新鲜、变化、独特的消费理念，与流行数字潮流同步，让消费者享受数码科技带来的全新生活理念和文化品质。目前发行量达 47 万册，是国内发行量第一的消费类电子杂志。《新潮电子》的读者是一群有着高素质、高文化的群体，他们大多是商业人士、公司中高级职员，有着较高的收入，消费能力很强，对时尚生活和数字技术有着强烈的渴望，是对其周围人群具有重要示范作用和推荐作用的群体。

② 《明日风尚》是一本深入生活的时尚类杂志，时尚、饮食、建筑、设计、文化、艺术、阅读、旅行，乃至时事性的、社会性的或来自娱乐圈的种种话题，都是构成生活的重要部分。《明日风尚》是一份高尚正派的大型娱乐时尚生活杂志，一月三册，分 A、B、C 三书，拥有丰富的中国大陆及港台娱乐资讯及权威专访，并有大量国际及国内高品位时尚生活资讯。A 书（Ming，明星名人），B 书（Attitude，生活态度），C 书（Top Fair，国际盛事）。《明日风尚》是国内城市高品位、高学历、高消费的"三高"族群量身打造的全新综合性刊物。

六、媒体排期表（2013 年 9 月 ~ 2014 年 8 月）

表 2　媒体选择表

广告媒体	媒体选择	形　式	内　容	投放频次
网　络	RATV 官网	活动推广平台、活动新闻更新	活动宣传	持续
	RATV 新浪微博	活动推广平台、活动展示平台	活动宣传	持续
	RATV 论坛	活动推广平台	活动宣传	持续
	Mini site	活动推广平台、论坛、推荐功能	活动载体和活动宣传	持续
	中关村在线	首页	平面旗帜广告宣传	持续
	太平洋	首页	平面旗帜广告宣传	持续
	腾讯 QQ	聊天界面	平面旗帜广告宣传、活动宣传	持续
手　机	App	活动推广平台、论坛、推荐功能	活动宣传	持续
	微信	活动推广平台	活动宣传	持续
杂　志	《新潮电子》	1/2 版面	平面、软文	每期一次
	《明日风尚》	1/2 版面	平面、软文	每期一次
户外媒体	小区电梯平面	小区电梯平面整版	平面	持续

表 3　媒体排期表（2013 年 9 月 ~ 2014 年 8 月）

广告媒体	媒体选择	9 月	10 月	11 月	12 月	1 月	2 月	3 月	4 月	5 月	6 月	7 月	8 月
网　络	RATV 官网	√	√	√	√	√	√	√	√	√	√	√	√
	RATV 新浪微博	√	√	√	√	√	√	√	√	√	√	√	√
	RATV 论坛	√	√	√	√	√	√	√	√	√	√	√	√
	Mini site				√	√	√	√	√	√	√	√	√
	中关村在线	√	√	√	√	√	√	√	√	√	√	√	√
	太平洋	√	√	√	√	√	√	√	√	√	√	√	√
	腾讯 QQ						√	√	√	√	√	√	√
手　机	App	√	√	√	√	√	√	√	√	√	√	√	√
	微信	√	√	√	√	√	√	√	√	√	√	√	√

续表

广告媒体	媒体选择	9月	10月	11月	12月	1月	2月	3月	4月	5月	6月	7月	8月
杂　志	《新潮电子》	√	√	√									
	《明日风尚》				√	√	√						
户外媒体	小区电梯平面							√	√	√	√	√	√

注：本案例来自昆明理工大学吴小雨等同学参加 2013 年大广赛的策划案，指导教师为昌蕾。本策划案获云南分赛区策划类二等奖。

案例思考

1. 本策划案的广告媒体选择为何以传统媒体为辅？

2. 在雷柏 RATV 的策划案中，网络推广选择了哪些网站，有哪些广告投放形式，为什么？

3. 本策划案采用了哪种媒体排期方式，为什么？

本章实训

一、实训目的

1. 理解媒体策略的含义。

2. 理解媒体策略对广告效果的影响。

3. 训练学生的观察力和理解力。

二、实训内容

1. 从报纸、电视或电子杂志上选择一则广告，对该广告刊播的广告位、刊播时间、刊播次数进行统计，结合产品本身的特点分析这则广告在选择媒体的刊播时间和次数等方面采取的是什么样的媒体策略。

2. 选择几种不同类型的产品，如房地产、汽车、快消品、电商、化妆品等，结合每一种产品的特点分析其具体的广告媒体策略，并阐述原因。

三、实训组织

1. 教师提前一两周布置，学生在进行充分课外准备的基础上，根据本课程课时总量安排 1 ~ 2 课时进行课堂讨论。

2. 在班级范围内，以学生个体或小组形式（2 ~ 4 人为宜）进行发言，发言内容应制作成 PPT 同步播放。

3. 教师应激励并安排具有不同见解的同学或小组之间展开相互质询，教师对讨论过程和观点、证据进行评价。

延伸阅读

［1］刘超编《广告媒体策略》，中国建筑工业出版社，2008。

［2］黄升民、周艳、赵子忠：《媒体策划与营销》，高等教育出版社，2009。

［3］乔治·E. 贝尔齐、麦克尔·A. 贝尔齐：《广告与促销：整合营销传播展望》（上），张红霞、李志宏译，东北财经大学出版社，2000，第 420～467 页。

［4］威廉·阿伦斯、大卫·夏尔菲：《阿伦斯广告学》，丁俊杰、程坪、沈乐译，中国人民大学出版社，2008，第 404～429 页。

［5］《向微软学习如何制定和实施社交媒体策略》，http：//www. shichangbu. com/article－19928－1. html。

［6］广东省广告公司，http：//www. gdadc. com/publish/index. htm。

［7］互动中国，http：//www. damndigital. com/。

第九章 广告效果测评的流程

学习目标：通过对广告效果测评整体流程的介绍，掌握广告测评的操作。广告效果测评首先要设定测评的目标，拟定测评计划书，并选择恰当的测评方法，通常可采用的测评方法有：询问调查法、观察法、实验法、焦点小组访谈与深度访谈法等。依据测评方法的要求及特点设计并实施抽样，之后进行相关数据的搜集、整理与分析，最后撰写书面测评报告或对测评结果进行口头报告。

第一节 广告效果测评计划

一 测评的目标

确立测评目标，也就是根据广告计划确立测评的目的和必要的测评内容，并依据测评目标的主次，排列测评的次序。在进行正式的广告效果测评之前，首先要明确广告测评的目的，即为什么要进行调查研究？首先要认清调查研究的背景是什么；其次要明确调查的目的是什么，即通过调查要达到什么目标；最后要确定调查得到的资料有什么意义及用途。

一般来讲，在测评目标指导下开展广告测评，可以为实现广告效益提供可靠的保证，能为企业的营销活动提供决策依据。

（一）为实现广告效益提供可靠的保证

广告效果的测评，可以检查和验证广告目标是否正确，广告媒体的运用是否合适，广告的发布时间与频率是否得当，广告主题是否突出，广告创意是否感人，广告预算是否合理等。

（二） 为企业的营销活动提供决策依据

广告效果的测评能客观地反映广告活动的传播效果和销售效果，检验广告公司的业务能力，因而，这种测评可以为企业的营销活动提供决策依据。

二 测评计划书

广告效果测评活动的开展需要一份有效的调研计划，一份完整的调研计划书通常是研究人员为获取所需资料应该采用的方法、程序、成本预算的详细计划书。根据测评目标，确定各阶段具体的测评内容和测评方案，包括各阶段的时间安排与抽样分布、测评的对象和方法、人员安排和经费预算等。制定测评方案应包括以下内容。

（一） 明确调研的目的和所需的调研内容

在一份计划书中拟订的调研目的是与本次调研项目的研究目标直接相关的内容，所有的调研步骤都是围绕这个目的开展的，详细的调研内容必须符合调研目的。当然，在具体的执行过程中，往往在调研的主要目的之外，还会有一些次要的目的加入其中，只要把握好分寸，这也是允许的。但是，在总体上不能偏离主要目的太远。因而，需要根据测评项目、对象和方法制定测评方案，明确人员分工，安排各项必要措施。

比如宝洁公司欲推出一款新洗发水，广告投放的目的是了解消费者对这类产品的味道、包装的喜好以及购买的可能性，同时还希望了解他们对这类产品的广告形象代言人的看法。前者就是调研的主要目的，而后者则是调研的次要目的，但是它与产品的推广是密切相关的，因为产品广告的形象代言人对目标消费人群而言具有很大的影响。

（二） 确定搜集资料的方法

不同的调查目的决定了调查的内容，也决定了调查的方法，即采用观察法、访问法还是实验法？是使用抽样调查、典型调查、个案调查还是群体小组访谈？只有根据调查目的选择合适的方法，才不至于使广告效果测评发生资金浪费的现象。

（三）决定调查的范围以及选择调查的对象

决定调研信息的来源，如调研对象总体的界定，采用什么样的抽样方法，样本量应该有多大。总体就是将要从中抽取样本的群众，应该包括所有其观点、行为、偏好、态度等能够产生有助于回答调研问题的人。关于抽样的方法，我们基本上考虑实行的简便性和正确性，即在相同的财力条件下，选择比较方便而又不影响数据准确性的抽样调查方法。抽样方法大致分成随机抽样和非随机抽样两大类。随机抽样是总体中的每个元素都有一个被抽中的非零概率。采用这种样本，调研人员可以估计研究中的抽样误差。非随机抽样是指总体中的不同元素被抽中的机会是不可知的。调研人员无法用统计的方法计算非随机样本的置信度，也就是说，无法确定预计的误差大小。

（四）制定项目进度和日程表

这里主要涉及两个问题：一是工作进度，二是时间进度。工作进度可以分为如下几条线索开展：如问卷的设计、测试、审核、印刷阶段；抽样阶段；访问员的选择、培训、试访、实地访问阶段；问卷的复核、抽查、录入、统计阶段；数据和材料的分析、研究阶段；研究报告的撰写、编制和陈述阶段等。

日程安排可以是连续性的，也可以是同步进行的。比如在执行问卷设计这个阶段的时候，可以同步进行抽样的设计，这视时间的松紧程度把握。如果是连续性的工作安排，那么在整个时间进度中，调研人员的选择、培训和实地访问将占全部时间计划的30%～40%；数据的录入和分析，以及调研报告的撰写也将占用整个时间的30%左右。当然，问卷的设计是最具技术性的工作，时间的安排必须十分充裕。

（五）编制经费预算

调研经费一般包括如下一些内容：调查方案的策划和设计费，问卷设计费，抽样设计费，印刷费，调查实施费用（包括调查费、培训费、交通费、调查员和督导员劳务费、问卷的复核费、礼品费等其他费用），数据的录入费，统计和列表费，报告的撰写费，组织管理费和其他杂费等。在通常情况下，调研的实施费用约占总费用的40％，后期的分析报告费用也约占40％，而前期的调研策划和准备费用则占20％左右。

第二节　广告效果测评的基本方法

一　询问调查法

询问调查法又称直接调查法，是调查人员以询问为手段，从调查对象的回答中获得信息资料的一种方法。它是市场调查中最常用的方法之一。

询问调查法在实际应用中，按传递询问内容的方式以及调查者与被调查者接触的方式不同，分为面谈调查、电话调查、邮寄调查、留置问卷调查等方法。通过这些询问方式获取所需资料，从而对广告活动和广告作品的影响力做出评价。

（一）询问调查法所解决的问题

首先，与所有调查方法相比，询问调查法之所以被广泛采用是因为它最能直接解决一些实际问题，比如了解消费者为什么买或不买这个广告产品？是因为他们不喜欢广告所产生的效果还是对产品不能接受？这类消费者究竟对哪类形式的广告感兴趣？在他们产生购买行为的决策时刻，究竟是哪些因素起决定性的作用？这就是通常所说的了解"为什么"发生这样行为的问题。比如在市中心开发的单身贵族公寓，目标消费人群会购买这个产品吗？如果购买的话，是广告起的作用吗？

其次，可以通过这种调查方法了解消费者在发生消费行动之前的决策程序。比如消费者是怎样决策购买某品牌汽车的？在他们做出决策之前都经历了哪些重要阶段？他们曾经接触过哪些形式的广告信息？他们主要关注哪些问题？最后是如何做出决策的？其中最主要的因素是什么？这就是我们所需要了解的消费者是"如何"产生行为的过程。

最后，对上述的问题有了比较明确的答案以后，我们要知道这样的人群（比如那些愿意花 20 万元去购买"甲壳虫"汽车的人）属于哪一类人群，这就必须按照人口统计学的特征以及生活观念和方式去分析。与此相关的年龄、收入、职业、文化、婚姻状况等因素都是分析的参照系数，对于市场细分的识别和确认都是极为有用的。

（二）询问调查法的几种类型

1. 入户访问

入户访问是指访问者按照抽样的要求进入被访问对象的家中面对面地访问，这种访问是根据预先设计的问卷进行的调查，在访问员的指导下要求被访者回答问卷的题目。采用这种方式可以直接得到被访者的反馈信息，并可以直接解释一些相对复杂的问题，甚至可以出示书面材料帮助被访者尽快地理解题目的含义，加快回答的速度并保证回答的质量。在这样的环境下访问，能够使被访者感觉自然、轻松、安全。如要完成比较复杂的问卷，大多采用这种方法。但是，入户访问的效果会受到各种原因的影响，如果处理不当将会产生很多问题，比如擅自填写调查表格，对错误的访问对象进行调查问卷，操作不完整等。

从被访者的角度看，主要是家庭结构的变化影响对调查要求的满足，比如单身住户、单亲家庭等形态的出现和增多，另外，一户家庭拥有多处居住点的情况也时有发生，造成对抽样的需求无法尽快满足，这些问题随着社会的变化可能会越来越复杂。

从访问员的角度看主要存在这样一些问题：访问员的专业水平、对工作重要性和责任性的认识、对工作报酬的满意状况以及人的基本素质都会影响到调查的结果。我们可以通过各种培训、监督和复查来控制这些问题尽可能少出现。访问员的来源一般是在校大学生和家庭主妇，相对来说只要培训到位、控制得当，调查的质量还是可以掌握的。

2. 街头拦截访问

目前街头拦截访问这种调查方法的使用率较高，对单一产品的调查大多采用这种方法。街头拦截法的第一个问题是选择访问对象，比如在百货商店、大型超市等公共场所，访问员当场根据预先设计的标准和要求，根据自己的判断，拦截他认为合适的人作为访问的对象。这些标准中的性别、年龄等要求是基本可以判断的，但是对于职业、收入等要求就很难判断了，一般只能用过滤题目的问答来筛选和剔除非访问对象。比如，在对境外旅游的潜在消费对象开展的调查中，收入的高低就是筛选访问对象的首要问题，最简单的方法是在高档百货商店和高档专卖店门口挑选访问对象。

街头拦截访问法在 20 世纪 70 年代在一些经济发达的国家和地区很流行，目前国外很多百货商店和大型超市设立了消费者访谈室，可以邀请被选定的访问对象到访谈室里进行交谈，甚至允许调查公司长期在那里工作，当然费用是必须支付的。

街头拦截访问法的优势是可以节约寻找被访问对象的时间，从而将更多的时间用于对访问对象的了解和分析。从操作过程来看，街头拦截访问法还节约了交通费，所以从整体上看，不仅省时省钱，还可以达到与入户访问基本相同的效果。不过如果采用请消费者进访谈室做调查的方式，其费用可能会高一些。

该方式也存在一些不可避免的问题，即在百货商店、大型超市等公共场所得到的人群具有一定的区域限制，而且越是经常购物的人，其被选中访谈的机会越多，影响了样本的代表性。目前，街头拦截访问的拒访率在 70% 左右，而且，即便接受访问，被访问者也是行色匆匆，而且周边的干扰较大，难免会影响被访问者对问题的思考和答题的准确性。假如访问员训练有素，给人以亲和力，周边的环境也不嘈杂，则效果还是不错的。

3. 电话访问

电话访问也是一种简便而实用的调查方式，只是需要具备一定的通信设备，专业调查公司为开设一个电话调查室所花费的投资在日后的运作中是可以很快就收回成本的。

电话调查方式适用于比较简单的信息的搜集和分析，比如某个广告片播出时，究竟有多少观众即时注意到该信息，即时的反应如何，接受的主要信息点是什么，是否与信息传播者的初衷相吻合等。因此，问卷的设计需要反复斟酌，要在对方接听电话的一开始就用最简单的语言将调研的主题和目的阐述清楚，尽可能避免将问题复杂化，用语要简洁、明了、口语化，整个问卷提问的时间不能太长，访问员的语气、态度与被访问者答题的质量有密切的关系。

尽管现在电话普及率很高，但是由于电话号码簿未能包括全部电话，所以现在常用的方法是采用乱数表抽样法或乱数表拨号法，这样可以将未在电话号码簿上出现的用户也包含进去。如果抽样方法合理，访问员训练得当，则可以得到较好的调查效果。其优点主要体现在所花的费用较低，能够节省访问人员的时间并能获得高质量的样本。

这种调查方式也有诸多不足：一是如果问卷中需要对问题做出提示，则在电话中很难执行，比如产品的式样、包装的色彩和图形等，只能用形象化的语言进行解释；二是访问员没法通过电话亲眼看到被访问者的实际状况，并就此对他的经济和家庭状况做出判断，这对答题的准确性判断会产生影响；三是因为不可能拟订较长的问卷，所以搜集的信息量是有限的。

电话调查的回答率和访问人员的开场白是密切相关的，只要被访问者知道访问人员是做电话调查而非推销商品，则其接受访问的概率还是比较高的。就现代人的心理而言，其宁可接受电话访问，也不太愿意接受陌生人的入户访问。

4. 邮寄问卷访问

邮寄问卷调查法分为两种：一是固定样本邮寄调查法，二是单次邮寄调查法。

固定样本邮寄调查法是一种纵向研究常用的调查方法，即为了某些研究目的选择一群固定的被访问者，在不同的时间点对他们进行调查，以观察、分析他们对事物的反应。具体的操作方法如下。

首先用信件的方式联系根据规则抽取到的目标调查对象，告知他们将参加的调研活动的作用和规则，在征得他们同意的前提下，请他们填写一份比较详细的个人或家庭的背景材料，一般包括家庭人口、年龄、受教育程度、收入、住房、家用电器、汽车等情况，作为将来邀请他们作为某一类产品调查对象的选择标准。比如有关对汽车保险的认知、选择投保标准的调查问卷，就非常有针对性地邮寄给那些拥有汽车的家庭。当然这种调研的执行需要预先说明支付的酬金，以确保调研顺利进行。比如如果要分析房地产广告对楼盘选择的影响力究竟有多大，就可以选择具有一定经济能力的住户进行邮寄调查。

从实际效果分析，这种调研方法是一种比较有效的信息搜集方法，因为具备这样一批基本调查户后，整个监督、管理工作就可以规范化，从整体来看，这是一种高效、方便、经济的方式。世界上一些有实力的大型调研公司、咨询公司往往会有这样的固定样本户，以保证经常性调研工作的开展。固定样本的回收率目前在经济发达国家和地区可以达到70%。

单次邮寄调查法就是为了某个研究项目而一次性邮寄问卷进行调查，被访对象是根据恰当的来源获取的，一般不需要事先联系，而且样本只用一次。假如拒访率比较高，就可以重复寄给拒访者。为了吸引他们回答问题，可以设计问卷抽奖的方式，一般获奖的面可以设计得稍广一些，奖品要能够吸引人。根据经验判断，拒访者一般是那些高学历、高职位、高收入者或对该项目不感兴趣者，在分析数据时要考虑到这些人群的特殊性。

单次邮寄调研的回收率通常较低，最低仅有5%的回收率。当然设计得好也有可能达到较高的回收率，这取决于问卷的长短、涉的群体、奖励的方式以及回信的方式等因素，在经济发达国家和地区甚至也可以达到50%的回收率。

这两种方式存在的共同问题是：因为现场没有访问员，所以没有办法询问需要辅助资料的问题，限制了信息的类型。另外，问卷究竟是谁完成的，在某种程度上很难验证和确定。

5. 在线调查

在线调查又叫网络问卷调查，即依靠一些在线调查问卷网站，这些网站提供设计问卷、发放问卷、分析结果等一系列服务。这种方式的优点是无地域限制，成本相对低廉，缺点是答卷质量无法保证。目前国外的调查网站Survey monkey提供这种方式，而国内则有问卷网、问卷星、调查派等提供这种方式。

按照目前国内的现状，在线调查可以分为普通网站调查和专业在线调查两种类型。

（1）普通网站调查：一般网站利用简单编程的方式将问卷生成页面，用户在浏览页面的时候对问卷进行回答，生成简单的调查结果。一般门户网站上的调查属于此类。

（2）专业在线调查：将传统的调查过程完全在线化、智能化，并做出深度分析，最终形成专业调查报告。专业在线调查分为以下几个模块：建立问卷、问卷测试、问卷发送、数据收回、统计报告、项目管理、系统使用权限等。

6. 留置问卷访问

留置问卷访问也称自我管理问卷访谈，即将预先设计的问卷根据调查内容选择适当的场所，然后放置在一个特定的位置上，而且是一个目标访问人群可以接触到的地方。问卷的外观设计要求比较高，要能够吸引目标访问人群在不经意间注意到这份问卷，并有兴趣按照要求作答。

选择采用这种调研方式需要一定的场合和条件，比如在飞机上的座位背后留置问卷，调查乘客对航空服务的意见就比较合适，因为被访人群明确、集中，因而能够取得较好的效果。乘客在飞行途中原本就比较空闲，有时间、有兴趣完成问卷。同样，在酒店、餐馆也常用这种方式，相反，在人流量很大的商场就不宜采用这样的方式。

在不同的场合，留置问卷调查法的问卷回收率是不同的，一个项目能够完成的时间也是不同的。但是，一旦被访问者愿意回答问卷，就往往会认真对待，还可以不受访问人员举止、态度的左右而影响答题的质量。问题是很难判断这份问卷究竟是谁完成的，因为个人资料很难核实。另外，由于没有访问员可以对比较复杂的题目做出提示和解释，所以可能会限制题目的信息含量。

二　观察法

观察调研法指在特定的环境和条件下，不通过直接的提问或交流而对所关注的目标对象（指人群与物体或事物之间）的行为模式的变化进行系统的观察和记录。观察调研法一般可以用来研究销售技巧、客户行为、客户反应等现象。由于不能直接询问和接触被调查者，所以只能是对外在现象的一种观察、分析和判断，无法取得有关被调查者的心理活动、行为动机和对物体的印象等内在的信息，因而这种调研方法的使用受到一定的限制。

（一）观察调查法的使用条件

假如采用观察法搜集有关信息，那么必须具备以下条件。

第一，所要搜集的信息必须是能够对一种具体场景下的某些行为进行观察的，或者是能够从观察到的行为中推断出某些原因的，也就是说，通过对现象的观察和分析能够得出一些分析结果。比如，在究竟是用易拉罐、利乐包装还是全新设计的塑料瓶包装饮料调查中，就可以通过观察法来分析消费者对已有这些包装形态的消费行为。

第二，所要观察的对象的行为必须是经常性的、不断重复的，而且是可以预测的，不必让调查者持续地守候观察，否则会花费太多的时间和精力，耗费过多的成本。在一般情况下，对易耗品的相关问题的调查较多地采用这种方法，而对耐耗品的有关问题的调查则因为购买频率相对较低而很少采用这种方法。

第三，所要观察的行为相对是在比较短的时间内完成的，如果是购买决策因素比较复杂、行为决策的时间比较长的商品，则不宜采用这种方法，比如购买汽车、房子等商品。

（二）观察调查法的优势和缺陷

从使用观察调查法的具体条件来看，这种方式具有一定的局限性，那就是只有行为和自然的物理特征才能被观察，所以只能停留在对表面现象的观察上，无法深入探究人们的动机、态度、想法和情感，而这些消费者的内心需求恰恰是当今我们分析和研究市场发展和消费增长最主要的内容。因为今天被观察到的行为并不能代表明天的行为，虽然一个人的行为发生是有一定的习惯在起作用，但是这种行为能否持久，则无法通过这种调查去推测。所以，观察法是一种调研过程的辅助手段。

但是正因为观察法注重的是人们实际上在做什么，而不依赖他是怎样说的，所以这又成为观察法的一大优点，即避免了在面对面的人员调查过程中，因调查人员的主观态度和问题结构中存在的缺陷而导致的误差。换言之，这种方法的客观性是突出的。尤其是商店的扫描仪所提供的记录，十分真实地反映了实际的消费行为。相反，在面对面的问卷访问或小组访谈中，人的虚荣心、随大流的心理往往会给我们的调查结果带来误差。

事实上选择采用怎样的调查方式取决于调查的对象和目的，选择的方式恰当，就能够起到很好的作用。比如对儿童玩具的购买调查，妈妈们可能会受时代潮流的影响表示愿意购买"益智"类玩具，但是在购买现场你或许会发现孩子的天性促使他们更乐意选择那些看起来并不"益智"的玩具，真正的消费者偏好会一目了然。

（三）观察法的种类

在实际操作中有许多观察法可以采纳，选择的标准必须从调研的特定目的出发去考虑，根据花费的成本和获得的数据的质量决定。在一般情况下主要有两类观察调研法：人员观察和仪器观察。

1. 人员观察法

人员观察主要是指调研人员根据预先设计的要求和制定的方案到实地去观察被访对象的特定行为。在促销活动中一般用于调查商场的客流量、商场的货物配置情况、现场促销广告对消费者的吸引程度，甚至是消费者在商场的行走路线等。观察的具体做法还可以分为两类，一是现场人员观察，二是通过录像带事后观察。

在执行人员观察之前，是需要经过精心策划的，比如我们准备去某大型百货商场观察销售点广告被消费者关注的程度和赠品的吸引力，在事先的执行计划中就要落实这样几个主要的环节：观察目的和要求的确定、观察时间的选择（何时观察和观察多长时间）、观察人员的挑选和训练、观察记录的表格拟订、观察位置和方式的选择，以及用什么标准衡量消费者是否被售点广告和赠品所吸引等，只有做到"有备而去"才能获取充分信息。

2. 仪器观察法

仪器观察是指利用科学技术、采用先进的设备开展观察。尽管成本很高、难以普及，但是与人员观察相比，仪器观察法的结果更客观和准确。

目前在实力雄厚、资金充裕的大公司常有的观察仪器有下面几种类型。

第一类是交通流量记录器，经常用来测试特定路段在不同日期和不同时段的人群流量和汽车流量，以便审核在该位置发布广告的展露价值。

第二类是对被调查者在接受一定信息时的生理反应进行测试，通常采用的有脑电图、皮肤电气反应仪、测瞳仪和声音高低分析器等。

第三类是对被调查者在接受一定信息时的行为进行测量，通常采用的有阅读器、快速分析测量系统人口统计器等。

第四类是基于扫描仪的观察，主要有电视测量仪和激光扫描仪，它们能够比较准确地为市场营销决策者提供广告观众、产品销售量和库存量的当前信息，以便反映市场营销策划方案的影响和结果。

比如，可以通过扫描仪解决这样一些问题，诸如新的广告计划将产生怎样的效果？如何使广告媒体的费用减缓增长的幅度？假如改变电视广告的播出时段会对销售额产生多大的影响？等等。

三 实验法

实验法是采用归纳法的逻辑，通过科学设计的实验搜集数据，进行统计分析和假设检验，以达到实验样本对总体的描绘。在广告效果测定中，它指在给定的实验条件下，通过实验对比，对广告活动中的多种因素及其关系进行检测和评价。它是一种主动搜集资料、信息的方法，研究者控制自变量（如价格、包装或广告）的变化，然后观察这些自变量对因变量（如销售量、品牌态度等）的影响。实验法主要用于探讨现象之间的因果关系，来测试营销组合变量，如包装对产品销售量的影响，广告对品牌态度、品牌偏好的影响等。实验法是广告效果测评中常用的方法，大多用于广告作品的效果测评和广告销售效果的研究。

运用实验调查法是为了研究一种变量的产生是否会影响到一些预见性的变化，即能否发现一些可以控制的因素。比如电视广告中就有很多影响效果的因素，如音乐、人物形象、色彩等。

通过实验法确定某些因素之间的关系时，这些因素之间必须存在相关的关系，即它们会按照一些可以预测的因素共同发生变化。例如，广告和销售就是正相关的关系，当广告增加时，销售量也会增加到一定的值；而价格和销售量则是负相关的关系，价格上升，销售量下降，我们可以运用统计程序来证明统计关系的存在和方向。

必须注意的是，在使用实验法时还要考虑到市场的一些其他客观因素。

例如，在投放大量广告之后，销售量确实上升了，但是你还必须了解市场的其他变化，比如竞争对手是否减少了广告费用，或者提高了价格，或者干脆退出了竞争，如果存在这样的情况而你事先没有获得相关情报，那么高额广告的投放就成了浪费。

（一）基本概念

1. 自变量

自变量指由实验者控制的变量或因素。在市场研究中，自变量往往是价格、包装和广告等。

2. 因变量

因变量指实验中观测到的变量，即实验结果、观察值。如在包装设计与销售量关系的研究中，销售量就是因变量。在市场研究中，常见的因变量有销售量、市场份额、满意度等衡量市场表现的一些指标。

3. 外部变量

外部变量又叫无关变量，是影响实验实体反应的除了自变量之外的其他所有变量。外部变量是市场实验中必须努力加以控制、排除或平衡的。外部变量有两类：一是研究者可以加以控制的各实验单元之间的差别，如商场规模、消费者的购买力等；二是研究者难以控制的，如气候、季节、商业状况等，通常只有通过实验单位的随机抽样来减少或平衡其对因变量的影响。

4. 被试

被试指在实验研究中，经常以人为研究对象，这些被招聘或自愿作为实验研究对象的人就是所谓的被试。

5. 实验组和控制组

在实验研究中，置于实验处理下或者说接受实验处理的被试组称为实验组。相反，没有接受任何实验处理的被试组称为控制组。

（二）实验环境

实验能在实验室或者现场环境中进行。

实验室实验的优点主要在于可以进行比较严格的高水平的实验控制；

比较容易操作；所需的时间比较短；所需的费用也比较低；内部有效性一般比较高；可以比较准确地判断变量间的因果关系。许多实验设计方法是由测验仪器完成的，比如节目分析测验、皮肤电气反射测试、视向测试等。

现场试验是在实验室外的真正市场环境下进行的实验。它能解决环境的真实性问题，但同时不太容易对实验进行严格的高水平的控制，比较难操作，所需的时间比较长，所需的费用比较高。

（三）实验设计

实验设计指的是对实验进行具体规定的一系列方法，包括 4 类因素：被操纵的处理或实验变量（自变量），参与实验的目标群体（受试者），要测量的非独立变量（因变量），处理外来原因性因素的程序。

1. 预先实验设计

预先实验设计是不包括真实实验设计中基本要素的研究设计。利用这类设计，研究者对暴露处理变量和测量方法的控制很少。然而，这类设计通常用于商业营销研究，因为它们简单而且成本低，但它们不能提供强有力的假设检验。预先实验设计有两类：一组后期测量设计和一组前后期测量设计。

一组后期测量设计是指测试单元（人或市场）暴露在处理变量一段时间，然后测量因变量。它是一种没有事先观察，没有控制，而只有事后测量的实验方法。

一组前后期测量设计是一种经常用来进行现有产品和营销战略变化情况下的市场测试设计。产品在变化市场上的事实为前期测量提供了基础，对后来接受实验处理的单个受试组或单个测试单元进行前期测量，最后进行后期测量，实验处理的效果通过前后两次测量相减的值进行估计。

2. 真实实验设计

真实实验设计是指研究者把实验处理随机地分配到随机选出的测试单元中。随机原则是一种重要的机制，它使得真实实验设计的结果比预先实验设计的结果更有效。由于随机原则兼顾了许多外生变量，从而使得真实实验设计更具优越性。真实实验可以使因果推断更清晰。真实实验包括前后测量控制组设计和后期测量控制组设计。

实验法在市场调查中的应用范围较广，一般来说，改变商品品质、变换商品包装、调整商品价格、推出新产品、改变广告的形式和内容、改变商品陈列、广告促销推广等，都可以采用实验法测试其效果。

四 焦点小组访谈与深访法

（一）焦点小组访谈法

焦点小组访谈法最早起源于精神病医生所用的群体疗法。它是指经过训练的主持人以一种无结构的、自然的形式与一个小组的被调查者交谈（通常人数控制在 8 ~ 12 人），主持人负责组织讨论，从而深入了解被访者对某一产品、观念或组织的看法。同时企业和客户可以利用单向镜及隐蔽的摄影机设备，在隔壁的观察室直接观察整个访谈过程。

焦点小组访谈的实施步骤如下所示。

1. 准备焦点小组访谈

（1）环境

一般要有一个焦点小组测试室，主要设备应包括话筒、单向镜、室温控制器、摄像机。对调研者来说，焦点小组访谈法是一种了解消费者动机的理想方法。

（2）征选参与者

一般是在商业街上随机地拦住一些人或是随机选择一些电话号码。征选时应极力避免在小组中出现重复的或"职业"性受访者。一个小组一般包括 8 名参与者。注意，并不存在理想的参与人数，参与人数应根据小组的类型而定，经历性的小组比分析性的小组所需的受访者要多。

另外，经调查发现，人们同意参加焦点小组的动机依次是：报酬、对话题感兴趣、有空闲时间、焦点小组有意思、受访者对产品知道得很多、好奇、它提供了一个表达的机会。

2. 选择主持人

拥有合格的受访者和一个优秀的主持人是焦点小组访谈法成功的关键因素。焦点小组对主持人的要求是：首先，主持人必须能恰当地组织一个小组;其次,主持人必须具有良好的商务技巧,以便有效地与委托商的员工进行互动。

3. 编制讨论指南

编制讨论指南一般采用团队协作法。讨论指南是一份关于小组会中所要涉及的话题概要,讨论指南要保证按一定顺序逐一讨论所有突出的话题。主持人编制讨论指南一般包括三个阶段:首先,建立友好关系,解释小组中的规则,并提出讨论的个体;其次,由主持人激发深入的讨论;最后,总结重要的结论,衡量信任和承诺的限度。

4. 编写焦点小组访谈报告

访谈结束后主持人可做一次口头报告。

正式的报告,开头通常解释调研目的,说明所调查的主要问题,描述小组参与者的个人情况,并说明征选参与者的过程。然后总结调研发现并提出建议,篇幅通常为 2~3 页。如果小组成员的交谈内容经过了精心归类,那么组织报告的主体部分也就很容易了。先列出第一个主题,然后总结对这一主题的重要观点,最后使用小组成员的真实记录(逐字逐句的记录)进一步阐明这些主要观点。以同样的方式一一总结所有的主题。

(二)深度访谈法

与焦点小组访谈一样,深度访谈是一种非结构的直接访谈方法。与焦点小组访谈不同的是,深度访谈是一对一执行的人员访谈。它借用心理学家的访谈原理,使用临床的不定向技术来揭示人隐藏的动机,是一种非常有效的调查方法,主要用于对某个问题进行深入的探究。具体的做法为:根据预设的要求选择访问的个别对象,在访问过程中,由掌握高级访谈技巧的访问员对调查对象进行面对面、一对一的深入访谈,用以揭示受访者对某一问题的潜在动机、信念、态度和感情。深度访谈主要用于探索性研究。

深度访谈的时间长度通常为 30 分钟到 90 分钟,虽然访问员有一份严格的访谈提纲,但是问题的特定用词以及提问顺序是根据被调查对象对主题的回答来决定的。要得到有意义的回答以及挖掘潜在主题,追问是很重要的。访问员对于深度访谈的成功起着举足轻重的作用。访问员应该:①避免权威感，让调查对象放松；②客观公正，不可个人主观化；③以寻求信息的方式来提问；④不接受简单的"是"或"否"的答案；⑤追问调查对象。

1. 深度访谈的优点

（1）消除受访者的压力，使之可以说出自己比较真实的想法，而不必只是说那些容易被所处群体接受的话语。

（2）一对一的交谈，使谈话对方感觉自己是被注意的焦点，于是产生一种被信任感，即自己的感受和想法是重要的，是对方真正想了解的，从而可以深入地探察其感受和动机。

（3）一旦与面谈者达成一种比较融洽的关系，而且周围没有其他人干扰，受访者的意识就会被激活，时间充裕的话，还可以吐露新的信息和重要的线索。

（4）近距离的接触可以使面谈者对非语言的反馈更加敏感和快速。

2. 深度访谈的缺陷

（1）在访问人数相等的条件下，深度访谈的成本比焦点小组访谈更高。

（2）无法让委托方在现场观察访谈的过程，就无法通过观察获得第一手信息。

（3）对于主持人来说是一项非常辛苦的工作，消耗精力和体力，而且效率较低，一个主持人一天只能访问 4~5 个人，而焦点小组访谈则可以完成两场。

（4）如果被访者相对比较迟钝，那么要运用刺激才能引起他的反应，无法像焦点小组访谈那样利用群体动力的杠杆作用来刺激大家的反应。

五 投射技法

投射技法（Projective Technique）是非结构化的，以间接方式进行提问，鼓励调查对象反映他们对所关心的主题的潜在动机、信仰、态度或者感受。运用投射技法的目的是探究隐藏着的真实心理，以获知真实的情感、意图和动机。

投射技法是穿透人的心理防御机制，使真正的情感和态度浮现出来的测量方法。这种方法给受试者一种无限制的并且模糊的情景，要求他们做出反应，由于这种情景说得很模糊，也没有什么真实的意义，受访者必须根据自己的偏好做出回答。在理论上，受访者将他的情感"投射"在无规定的刺激上。因为受访者并不是直接谈论自己，所以就绕过了防御机制。受访者谈论的是其他事情或其他人，然而却透露了自己的内在真实情感。

投射技法分为联想法、完成法、构筑法以及表达法。

（一）联想法

联想法（Association Technique）是指给个人提供一种刺激，要求他们回答脑海里最先浮现的内容。字词联想法（Word Association）在这些方法中最著名。字词联想法是提供给受试者许多词，研究人员每一次给出一个词语，就要求受试者用浮现在脑海中的第一个词语来回答。研究人员逐字地记录对于每一个词的回答以便确认犹豫不决（定义为多于 3 秒才回答）的受试者。这个方法潜在的假设是，联想可以让受试者揭示他们对于有关主题的内容感受。对回答的分析是通过以下计算进行的：①任何一词作为答案的频率；②给出答案之前流逝的时间；③在一段合理的时间内，对测试词根本没有反应的受试者的数量。联想法可分为自由联想法和控制联想法。自由联想法是不限制联想性质和范围的方法，回答者可充分发挥其想象力；控制联想法是把联想控制在一定范围内的方法。

（二）完成法

完成法（Completion Technique）是要求受试者完成一个不完整的刺激情景，包括句子完成法和故事完成法。

（1）句子完成法（Sentence Completion）与字词联想法相似，给受试者不完整的句子，要求其补充完整。一般来说，要求他们说出浮现在脑海里的第一个词或短语。与字词联想法相比，句子完成法对受试者提供的刺激更直接。不过，句子完成法不如字词联想法那么隐蔽，受试者可能会猜到研究的目的。

（2）故事完成法（Story Completion）是指给定受试者一个故事的一部分，将他的注意力引到某一特定的话题，要求受试者用自己的语言给出结论。

（三）构筑法

构筑法（Construction Technique）与完成法紧密相关。构筑法要求受试者以故事、对话或者描述的形式来构造一个回答。在构筑法中，研究人员提供给受试者比完成法更少的结构。两个主要的构筑法是：图片法和漫画测试。

（1）图片法（Picture Response Technique）起源于主题领悟测试（Thematic Apperception Test）。之所以称为主题领悟测试，是因为主题是在受试者对图片所做的感性解释的基础上引申出来的。图片法的具体操作是提供一系列图片，其中一些图片中的人物和对象被清晰地描绘，而另一些图片相对模糊。受试者被要求针对这些图片来讲故事。受试者对图片的解释可以反映他们的个体特征。

（2）在漫画测试（Cartoon Test）中，漫画人物是在一个与问题相关的特定场景中出现的。受试者被要求说明一个漫画人物对另一个漫画人物的评论有什么看法。回答可以揭示受试者对与场景的感受、信仰以及态度。

（四）表达法

表达法（Expressive Technique）是指给受试者提供一个语言或视觉场景，要求受试者将场景与别人的感受和态度联系起来。受试者表达的不是他们自己的感受或态度，而是别人的感受或态度。两个主要的表达法是角色扮演法和第三者法。

（1）角色扮演（Role Playing）要求受试者扮演某一角色或采取某人的行为，研究人员假设受试者会把他们自己的感受投射在角色中，通过分析回答来揭示他们的感受。

（2）第三者法（Third–person Technique）给受试者提供一个语言或者视觉情景，询问受试者与第三者相关的信念与态度，而不是直接表达个人的信念与态度。这个第三者可以是朋友、邻居、同事或者是一个"典型"的人。研究人员假设受试者在描述第三者的反应时将揭示个人的信仰与态度，要求个人对第三者做出的反应可以减小给出可接受答案的社会压力。

投射技法与非结构化的直接方法（焦点小组访谈和深度访谈）相比有一个主要的优点，即假设调查对象知道研究的目的，他们可能不愿意或不能够给出某种回答，而投射技法可以引导出这种情况下的反应。有时，在直接提问时，受访对象会有意或无意地造成研究人员的理解错误或解释错误，特别是当涉及有关个人的、敏感的或者受到强烈的社会规范影响的话题时。当动机、信念以及态度处于潜意识的层次时，投射技法是非常有用的。

因为投射技法是非结构化的间接方法，所以它仍然存在许多缺点。这些方法一般要求训练有素的访问员进行人员访谈，还要求有技巧的解释来分析回答的结果。除了字词联想法，所有的方法都是开放式的，这使结果的分析与解释很困难并且带有主观性。

第三节　广告效果测评中的抽样问题

一　抽样的基本问题

抽样，顾名思义，即抽取样本，就是从由一个个单元构成的总体中抽取出调研的对象。全部样本总和称为样本的总体或全域。抽样的首要任务就是确认样本的总体，也就是能够提供调研所需的信息的全部的人的合集。而样本就是这个总体当中被抽取出来用于研究的一个个体，是总体的一个代表性剖面。

抽样调查指按照一定的程序，从所研究对象的同质总体中抽出一部分样本进行调查，并在一定的条件下，运用数理统计的原理和方法，对总体的数量特征进行估计和推断。

总体是指能提供所需信息的人的全体。为总体下定义是抽样调查中关键的一步，通常根据已有的和潜在的消费者的特征进行。

对于广告调研的总体，可以从以下几个方面的特性来进行描述：年龄、性别、职业、收入情况等人口统计学特征，地域特征，对所调查的广告的阅读或收视、收听情况，对相关的产品或服务的认知程度等。另外，如果采用定量调研的方法，除研究人员事先确定的总体之外，还可以在调查问卷的开始部分制定一些过滤性的问题来进一步确认所选定的调研对象是否属于抽样总体的范围。

样本是总体的一部分；是从总体中按一定程序选取的部分个体或抽样单元；是总体的子集，相对较小；精心选择后能够反映总体的特征。

为了抽样的准确、有效，需要把总体中的所有基本单元罗列出来形成一份清单，这份清单就被定义为抽样框。从确定的抽样框中按照一定的抽样方法就可以抽出样本单位了。抽样框的作用是可以按照一定的随机程序进行对下级单元的抽样。

误差是指在抽样过程中，由于种种原因，将总体中某些特殊单元抽取到样本中，而这些特殊单元破坏样本的代表性，用这样的样本代表总体所产生的误差。

由于抽样调查中不可能搜集到每一个个体的准确信息，得到的是总体中的一部分个体的信息特征，并利用这些信息来对总体的特征进行推断，所以这个推断的结果会和总体的实际特征有一定的误差。一般来说结果会受到两种误差的影响，这两种误差是抽样误差和非抽样误差。抽样误差是指所选样本的结果不能完全代表总体而导致的误差。非抽样误差，也称为系统误差或偏差，是指因调研设计中的错误问题或样本设计实施中的缺陷而产生的误差，包括样本设计误差和测量误差。

二　概率抽样

概率抽样又称随机抽样，指在总体中的每个单元都有被抽选可能性的方法，包括简单随机抽样、系统抽样、分层抽样、整群抽样、多级抽样等。

（一）简单随机抽样

简单随机抽样是最常用的概率抽样方法，同时也是最简单的抽样方法。简单随机抽样是最完全的随机抽样，针对包含 N 个单位的总体，选出 n 个单位作为样本，每个单位在抽选时有相同的机会被选中。

简单随机抽样通常有两种方法：抽签法和随机数字表法。

1. 抽签法

抽签法实际上就是将对应这些编号的形状与质地完全相同的纸签放到

一个盒子当中并将盒子封口，摇动盒子，打乱里面的纸签顺序，然后开启封口，在盒子中摸出需要的样本数量的纸签。

2. 随机数字表法

利用随机数字表抽选样本也是很常用的一种随机抽样法。随机数字表又称乱数表，它是将 0 ~ 9 的 10 个自然数，按编码位数的要求（如两位一组、三位一组，五位甚至十位一组），利用特制的摇码器（或电子计算机），自动地逐个提出（或由电子计算机生成）一定数目的号码编码成表，以备查用。这个表内任何号码的出现都有同等的可能性。使用这种方法要注意去掉可能重复的数字，以及超出了总体的单位数 N 的数字。每次抽取样本时，利用这个表可以大大简化抽样的烦琐程序。

另外，我们还可以通过计算机来产生随机数字，目前一些统计软件可以提供这种服务。但是，需要注意的是，由于计算机的程序设计等原因，通过这种方法产生的数字一般不能保证它的完全随机性。

简单随机抽样的方法操作起来比较简单，并且能够保证总体中的每一个单位都有同等的被抽取的机会，计算抽样误差及对总体指标进行推断均比较方便。但简单随机抽样需要确定一个比较完整的抽样框，对于每个调研活动来说，制定这样完整的抽样框是非常困难的或者费时费力的。

（二）系统抽样

系统抽样也叫等距抽样或机械抽样。它是先将总体的每个单元编号，并按照一定顺序排列，然后按一定间隔选取样本的一种抽样方法。使用系统抽样也必须获得一份总体的单位表。系统抽样具有经济性，所需时间和费用相对较少，其最大的缺陷在于总体单位的排列上。

一般来说，在进行等距抽样之前，必须获得一份总体单位表，另外调查人员必须确定一个间隔，并在这个间隔的基础上选择单位，样本距离可以通过下面的公式来确定：

$$样本距离 = 总体单位数/样本单位数$$

（三）分层抽样

分层抽样又称类型抽样。抽样过程是先将总体的所有单位按某些重要特性分成若干互不重叠的子总体（或层），然后在各子总体（或层）中采用简单随机抽样的方式抽取样本单位。分层的总的原则是层内差异小，层间差异大。优点是可以抽取到某些特殊单元，使样本更具代表性；可以根据需要对各层的特性加以比较；在管理和实施上，比简单随机抽样便利得多。

分层抽样要求层内个体间差异越小越好，层与层之间差异越大越好，因而可以提高每层的精确度，而且便于层与层之间进行比较。

（四）整群抽样

整群抽样先将总体划分为若干个互不重叠的群，然后在所有的群中随机地抽取若干个群，对抽中的这些群内的所有个体或单元全部进行调查。在调查实施中比较方便，但抽样误差相对较大。减少误差的方法：减少群和群之间的差异，同时适当增加群数。

在实际的抽样调查中，整群抽样方法常常和其他概率抽样方法混合使用。如果整群抽样方法抽取出来的群中的单位过多，而调查者在费用、研究方法、时间和人力等的约束力不能够做到对这些单位进行全部调查的时候，就可以在抽取出来的群中，运用其他抽样方法进行二次抽样，抽取出这些群中的一部分单位来进行研究。

（五）多级抽样

多级抽样又叫多阶段抽样，在很多情况下，特别是在复杂的、大规模的市场调查中，调查单元一般不是一次性直接抽取到的，而是采取两阶段或多阶段抽取的办法，即先抽取大的单元，在大单元中再选取小单元，再在小单元中选取更小的单元，这种抽样方式称为多级抽样。多级抽样可以使上述各抽样方法的优势互补，因此大规模现况研究大多采用此方法。

三　非概率抽样

非概率抽样又称非随机抽样，非随机抽样是指在不遵守随机原则的情况下从总体中选择指定调查单位的所有方法。非随机抽样的优点是：费用低，对那些精确性要求不严格的调查有相当大的吸引力；实施时间少；如果运用合理，能产生极具代表性的合理的抽样结果。非随机抽样的弊病是：不能估计出总体误差；调查者不知道抽中的单位所具有代表性的程度；抽样的结果不能也不应该推及总体。

非概率抽样的主要方法有便利抽样、判断抽样、配额抽样、滚雪球抽样。

（一）便利抽样

便利抽样又称偶遇抽样，是根据调查人员的方便与否来选取样本的方法。

常见的未经许可的街头随访或拦截式访问、邮寄式调查、杂志内问卷调查等都属于偶遇抽样的方式。它的优点是简便易行，获取信息及时，省时省力，花费少、抽样单位容易接近、测量并且合作，也正是因为这种抽样方法应用起来相对便利，所以也称为便利抽样。缺点是存在选择偏差，如被调查者的选择、抽样的主观性偏差等。这种抽样不能代表总体和推断总体，一般用于探索性调查。

（二）判断抽样

判断抽样又称目的抽样，是凭借调查人员的主观意愿、经验和知识，从总体中选择具有典型代表性的样本作为调查对象的方法，这种方法受主观因素影响较大。判断抽样适用于调查者根据实际的调查需要来确定样本的所有情况。

（三）配额抽样

配额抽样也称定额抽样，是非随机抽样中使用最为广泛的一种抽样方法。

配额抽样是指根据总体的结构特征对总体进行分层或分类后，给调查员分派定额，从各个层或类中按照一定的比例来抽取与总体结构特征大体相似的样本。配额保证了在这些特征上样本的组成与总体的组成是一致的。

在进行配额抽样时，要特别注意配额与调查结果之间的密切联系，由于这种抽样方法对抽取的样本量有一定的控制，所以相对于判断抽样来说，配额抽样更能代表总体的特征。另外，运用此抽样方法时，要严格控制调查员和调查过程。

（四）滚雪球抽样

滚雪球抽样是指通过少量样本获得更多调查单元，即通过使用初始受访者的推荐来选取更多受访者的抽样方法。这种抽样方法比较多地应用在总体并不是很普遍或总体的数量并不是很大，但是寻找起来却很困难的调查中。

滚雪球抽样方法可以避免花费大量经费，但是这种抽样方法由于样本的选取是由一个样本来引出另外一个样本，这些样本之间会有很大的相似性，因此会造成整个样本的偏差，从而影响到调查的最终结果。

第四节　效果测评报告撰写

一　研究报告

广告效果测评报告是广告效果测评人员在对调查资料进行科学分析后，用书面语言将广告效果分析、检验、评估的过程及其结论表达出来的书面总结。

（一）广告效果测评报告的组成形式

1. 封面
封面内容包括调查报告的题目、调查研究机构的名称、项目负责人的姓名、报告的完稿时期等，封面一般只有一页纸。

2. 目录
目录是关于调查报告中各项内容的完整一览表，只列出各部分的标题及页码。如果报告中的图表特别多，为了方便查阅，可以专门列一张图表索引，列出图表号、名称及其在报告中的页码。

3. 正文
正文由前言、主体和结尾组成。

（1）前言。用来介绍市场调查研究的基本情况，主要是简明扼要地说明此次广告效果测评的背景、目的、意义以及所测评的问题及其范围、测评的机构及人员情况。

（2）主体。首先是介绍广告的基本情况及其规范、范围和方法等；其次是报告此次广告效果测评的时间、地点、内容、范围、基本方法、实际步骤和具体结果，最后是经验总结及问题分析，提出解决问题的措施和改善广告的具体意见等。一般会根据问卷涉及的问题将调查结果分成几个小部分，每一个小部分有一个小标题，在调查结果描述中应该有对重点问题的描述分析。

（3）结尾。强调本次广告效果测评的重要性，提出对今后工作的展望。提出的建议一定要围绕调查结果和结论进行，不能凭空提出建议。

3. 附件

附件包括样本分配、推算过程、图标与附表等。

4. 落款和日期

广告效果测评机构名称、人员名单和本报告的成文日期。

（二）广告效果测评报告的写作要求

第一，确立正确的写作指导思想。要从广告战略的要求出发，站在广告主的立场上，实事求是，真实客观地反映、分析、评价广告产生的效果，既充分肯定成绩，又大胆揭露问题，切忌以偏概全，以点带面，尽量全面、客观、真实地反映广告效果测评的成果。

第二，坚持定量与定性原则。

第三，观点鲜明，材料典型，层次分明，条理清晰，表达以叙为主，议论为辅，语言简洁规范。

二　口头报告

口头调查报告是市场调查的主持人或报告撰写者以口头陈述的形式向委托方汇报调查方法、报告结果以及结论、建议的活动。

在很多情况下需要将调查报告的结果向管理层或委托者作口头报告。

口头报告可以帮助管理部门或委托方理解书面调查报告的内容，同时可以针对委托人提出的问题及时做出解答。口头报告对于有关人士迅速掌握和理解报告内容具有重要作用。

（一）口头报告成功的基本要素

口头报告能否发挥作用还取决于许多因素。比如是否进行了充分的准备，是否进行了充分的练习，是否进行了适时演讲。具体归纳为以下几点。

（1）按照书面调查报告的格式准备好详细的演讲提纲

采用口头报告的方式并不意味着可以随心所欲、信口开河，它同样要有一份经过精心准备的提纲，包括报告的基本框架和内容。当然其内容和风格要与听者的特点相吻合。这就首先要了解听者的状况：他们的专业技术水平怎样？他们想了解的核心问题是什么？他们的兴趣是什么？等等。

（2）进行充分的练习

在汇报时，经常会出现紧张的现象，为减少紧张，可以通过做深呼吸和穿着舒适、贴身的服装等方法来缓解，但更重要的是做充分的练习，真正掌握汇报资料是减少紧张的有效途径。汇报中最紧张的时刻常发生在报告开始时，为减少心理障碍，尤其要注意练习汇报的开头部分。

（3）尽量借助图表来增强效果

一张图表胜似千言万语，在做口头汇报时，要善于采用图表来辅助和支持讲话。注意的要点有：①要使制作的图表显得十分重要和有权威性；②保证图表都是清晰易懂的；③对图表要有选择，不要有太多的图表，一张图表上也不要挤太多的内容，以免使人望而却步；④可用不同的颜色来使图表更鲜明，但不要太过分；⑤图表可借助黑板、幻灯、录像和计算机等可视物加以表现，选择何种可视物可根据听者的情况和设施而定，但要保证使室内的人都能看清。

（4）汇报时要先满自信

有些人常在汇报开始时对其所讲的话道歉，这实际上是不明智和不自信的表现。一方面，道歉暗示没有做出足够的努力来准备汇报；另一方面，无谓的道歉浪费了宝贵的时间。

（5）要使听者易听易懂

由于听比讲更难集中注意力，故要求语言简洁明了、通俗易懂，要有趣味性和说服力。如果有一个十分复杂的问题需要说明，可先做简要概括的介绍并运用声音、眼神和手势等变化来加深听者的印象。

（6）要与听者保持目光接触

汇报时要尽量看着听者，不要低头看着讲稿或看着别处。与听者保持目光接触，有助于判断他们对汇报的喜欢或厌烦情况及对内容的理解程度。

（7）对回答问题的时机的把握

在汇报过程中最好不要回答问题，有关演讲清晰性问题除外，以免出现讲话思路被打断、使听者游离于报告主题之外或时间不够等现象。在汇报开始前可告之报告后可回答问题或进行个别交流。

（8）在规定的时间内结束汇报

口头汇报常有一定的时间限制，在有限的时间内讲完报告是最基本的要求。滔滔不绝的汇报不仅浪费时间，也影响报告的效果。

（9）口头汇报结束后，还要请用户或有关人士仔细阅读书面报告

（二）口头报告的特点

与书面报告相比，广告测评的口头报告具有以下四个特点：第一，口头报告能用较短的时间说明所需调查的问题；第二，口头报告生动、具有感染力，容易给对方留下深刻印象；第三，口头报告能与听者直接交流，便于增强双方的沟通；第四，口头报告具有一定的灵活性，一般可根据具体情况对报告内容、时间做出必要的调整。

（三）口头调查报告的作用

口头调查报告是在书面调查报告已经送达委托方阅读的基础上，进一步向委托方有重点、有针对性地进行陈述，以加深委托方对书面报告的理解、回答委托方提出的疑问、补充委托方需要的内容，从而扩大市场调查活动的影响力，加大市场调查结果的应用力度。口头调查报告的作用有以下四点：第一，能用较短的时间说明调查报告的核心内容；第二，生动而富有感染力，容易给听众留下深刻的印象；第三，能与听众直接交流，便

于增强双方的沟通；第四，具有一定的灵活性，一般可以根据具体情况对报告内容、时间做出必要的调整。

如何撰写一篇好的调研报告

好的市场调研报告从好的提案开始。调研人员必须对面临的真正问题和决策有一个清晰的了解，同时为了更好地制定决策，对客户必须回答的问题也应有一个清晰的了解。然后在这些理解的基础上设计有效的调研问卷，这将为这些关键问题提供答案。

将自己置于客户的角度思考问题。你希望阅读什么样的市场调研报告？你希望它多长？报告应该为对调研不熟悉的读者提供对项目背景、目标和方法论的简单描述。下一步，你需要撰写简明有力的执行摘要。假如你的客户止步于执行摘要，他应该获得何种关键信息？

至少，执行摘要应该强调每一个关键研究问题并为即将制定的决策提供建议。它应该包含一些值得客户关注的关键发现。你需要讲一个故事，而不是仅仅呈现数字。的确，这是相当主观的，这就是为什么撰写报告和科学一样具有艺术性。

执行摘要之后是从调研中得出详细发现，一般以图形的形式展示。根据主题对提出的问题进行分类并且随着重要性的递减进行报告，而不是按照问卷中的题目顺序进行精确匹配。寻找那些具有管理启示的发现，而不仅仅是那些在统计上有意义或者有差异的发现。最好在每一页附上一张浏览快讯。这些快讯应该包括一些讲述每一页内容的句子并提供值得读者关注的关键信息。

写好市场调研报告的最后关键点是保持风格和文字上的一致性。整篇报告应该保持字体、字号等前后一致。

资料来源：小卡尔·麦克丹尼尔、罗杰·盖茨：《当代市场调研》，李桂华译，机械工业出版社，2011。

思考题

1. 怎样做测评计划书？
2. 试述询问调查法及其基本类型。

3. 简述内容分析法的操作过程。

4. 简述焦点小组访谈与深度访谈。

5. 什么是总体和样本？如何理解抽样中的误差问题？

6. 请谈谈什么是概率抽样与非概率抽样。

7. 简述简单随机抽样。

8. 简述广告效果测评的数据的定量与定性分析。

9. 简述广告效果测评报告的内容。

案　例

选对你的代言人

作为风格定位最明确、分众化最明显的媒体之一，杂志媒体由于其与生俱来的鲜明的商业特征和消费主义倾向，理所当然地成为各类广告的集中地。目前杂志媒体的广告传播中，大量使用明星代言俨然已经成为众多企业推崇的广告方式，代言人的运用是否会促进广告的宣传效果？不同属性的代言人对品类影响是否存在差异？这些问题越来越受到企业主和 4A 公司的关注。那么，

1. 有代言人好？还是没有代言人好？

并不是所有品类使用明星代言均能使其广告效果得到提升，这是因为人们对不同的产品类型会有不同的认知。Starchmetrix China 对 2012 年 6 月~2013 年 6 月的杂志广告进行了分析，选取了汽车及配件、化妆品、洗发/护发产品、数码相机、珠宝首饰和鞋子作为研究品类（见表 1）。

结果发现：

（1）对于功效性产品，强调功能，以实用价值及效果为主，如汽车和数码相机，消费者比较关注产品的质量和性能；而像化妆品和洗发/护发产品，消费者更加关心产品的效果。体现在代言人方面，则表现为选择的代言人是否诚实及对该产品/服务有无实际使用经验。

（2）对于具有"外在美"的产品，注重视觉的和谐与统一，突出产品的款式、色彩和外形，以产品设计为主，如珠宝首饰和鞋子等。当消

费者购买突出"外在美"的产品时,关注点在于产品的外观形状及材质选择上,而对代言人的特点则较少关注,因此,可以减少代言人的使用以节约开支。

表1　2012 年 6 月～2013 年 6 月各品类杂志广告情况

产品类型	是否有代言人	广告数量（则）	到达率（%）	认知率（%）	阅读率（%）	精读率（%）
汽车及配件	无	651	69	65	66	48
	有	68	71	68	69	51
化妆品	无	1230	66	60	63	44
	有	908	70	65	6	48
洗发/护发产品	无	106	66	61	63	46
	有	80	71	68	68	50
数码相机	无	38	72	67	70	52
	有	22	75	72	72	52
珠宝首饰	无	275	67	61	64	46
	有	96	66	60	63	49
鞋子	无	192	65	59	63	46
	有	51	65	59	63	479

2. 欧美明星、日韩明星和本土明星,谁的代言效果最佳?

在激烈的市场竞争中,一些企业选择外国明星作为产品的代言人,希望借助国际明星提升产品的形象,获得消费者的认可及偏好。同时,一些企业采用中国代言人营销产品,以期通过"本土化"加强消费者对品牌的认同,进一步产生好感并促进购买。那么究竟选择什么类型的代言人,才能使企业的利益最大化呢?

(1) 就化妆品而言,中国娱乐明星除了可以提高消费者的注意外,还可以促进消费者的购买行为;而欧美娱乐明星更倾向于增加消费者对产品的好感。

(2) 就数码相机和洗发/护发类产品而言,也许是受代言人"本土"效应影响,中国娱乐明星的影响力明显强于日韩等亚洲明星的影响力,其广告到达率及品牌评价均较高,同时能够促进购买行为。

（3）对于汽车类产品，欧美娱乐明星不但引起了相对明显的广告注意度，而且在品牌好感、拜访官网、口碑传播和购买意愿方面，均表现较优；而中国娱乐明星虽然在广告到达率方面没有太大优势，但是在口碑传播和购买倾向方面的影响力也不亚于欧美娱乐明星。

2012 年 6 月~2013 年 6 月不同类型或代言人对各品类杂志广告的影响情况如表 2 所示。

表 2　不同类型代言人对各品类杂志广告的影响

产品类型	代言人属性	广告数量（则）	到达率（%）	认知率（%）	阅读率（%）	精读率（%）	信息连接率（%）	好感/推荐率（%）	购买/预购率（%）
化妆品	中国娱乐明星	328	71	67	67	49	57	63	48
	亚洲娱乐明星	123	68	63	65	46	56	62	46
	欧美娱乐明星	134	69	65	66	47	59	66	47
	模特及其他名人	306	71	66	68	49	58	64	45
数码相机	中国娱乐明星	16	76	74	73	55	58	66	60
	亚洲娱乐明星	5	71	68	68	53	60	67	46
汽车及配件	中国娱乐明星	35	71	68	60	51	62	71	38
	欧美娱乐明星	6	76	70	73	54	65	70	34
	体育明星	14	70	66	67	49	65	67	33
	模特及其他名人	13	71	67	69	50	65	67	33
洗发/护发产品	中国娱乐明星	61	72	70	69	52	52	61	59
	亚洲娱乐明星	11	68	63	64	45	54	60	49

3. 软文推广是否需要代言人？

无论是在产品还是企业形象的推广营销中，软文在杂志媒体中都占据着非同一般的地位，企业主和 4A 公司之所以热衷于软文，是因为它能达到一种"春风化雨、润物无声"的传播效果，故而成为一种强有力的营销手段。就目前杂志的软文投放而言，大多数情况下是没有代言人出现的，有代言人的软文不足无代言人软文的 1/3。为何会出现这种情况？是因为软文中不出现代言人效果会更好吗？其实不然。

同硬广告一样，软文中引进产品代言人会提高消费者的注意力。尤其是我们发现，在洗发/护发类产品的软文中若出现代言人的推荐，则购买意愿将上升 7 个百分点。对于数码相机来说，在软文中植入代言人会使消费者产生好感，进而会去登录产品的官方网站，并且愿意向自己周边的人推荐。而对于化妆品和汽车产品，在软文中植入代言人也会在不同程度上提升品牌的好感度（见下图）。

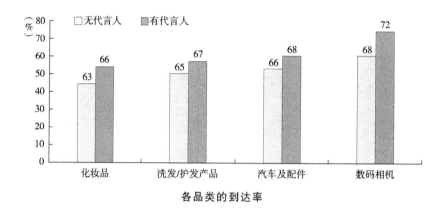

各品类的到达率

杂志媒体的广告诉求、产品品类以及广告促销形式均影响着产品代言人的选择，具体表现如下。

第一，强调性能和效果的功效性产品，代言人可以明显提高消费者的注意力和兴趣度。

第二，数码相机和洗发/护发产品使用本国明星效果更佳。就化妆品品类而言，本国代言人对消费者态度和购买意愿方面的影响显著优于外国明星，但在好感度和口碑传播维度上，欧美明星好于中国明星。而就汽车品类而言，选择欧美和中国明星做代言均能起到很好的行为效果，不过欧美代言人能获得更高的到达率。

第三，软文推广使用明星代言同样可以提高消费者的到达率。

资料来源：新生代市场监测机构：《新生代研究》2014 年第 1 期。

StarchMetrix China 平面杂志广告效果研究体系

StarchMetrix China 是新生代市场监测机构与美国 GFK 公司合作开发的专门针对杂志广告进行效果评估的连续研究数据库。StarchMetrix China 进入中国市场，即力求为传统媒介的广告效果评估提供科学、完善的测量工具。新生代通过已有的 CMMS 和 H3 产品，针对杂志的平均每期阅读率等统计信息，将产品进行更多融合，为客户提供更加完善的服务。

StarchMetrix China 的指标体系

杂志阅读行为：了解读者的阅读习惯，帮助媒体和企业主更有针对性地进行杂志和品牌的宣传。

■ 阅读内容

■ 杂志来源

■ 阅读场所

■ 频率和时间

杂志阅读态度：帮助媒体把握内容方向；帮助企业主了解目标杂志的广告可信度。

■ 对杂志的综合态度

■ 对文章内容的认同

■ 广告态度及影响

广告关联信息：可以帮助企业主和 4A 公司把握广告投放的规律，为广告位置、创意等的选择提供有效的依据；同时可以帮助媒体优化定价系统。

■ 广告信息（版位、规格、颜色、位置、尺寸、类型、品牌）

品牌与广告：可以帮助企业主对品牌效果进行跟踪，了解品牌广告的投资回报率。

■ 广告到达情况

■ 广告认知与影响（推荐、查询、购买）

■ 对品牌的态度与行为（喜好程度、已购买、准备购买）

消费者信息：媒体和产品的读者背景信息，包括性别、年龄、受教育程度、职业等信息。使媒体可以深入地了解读者的结果，有助于企业主和 4A 公司进行更加精准的广告投放。

■ 人口特征

■ 生活态度

■ 产品消费/品牌

资料来源：新生代市场监测机构：《新生代研究》2013 年第 2 期。

案例思考

1. 撰写研究报告最困难的是阐述发现并从中得出结论，然后利用这些结论形成建议，从案例中简短的研究报告来看，你认为撰写者是如何完成这项困难的任务的？对你有何启示？

2. 请为 StarchMetrix China 的指标体系中的每个测评项目设计具体的测评方案。着重考虑如何选择恰当的调研方法。

本章实训

一、实训目的

1. 掌握广告效果测评报告的撰写要求。

2. 能够针对不同的对象，完成翔实和生动的口头汇报。

3. 锻炼学生的写作和口头表达能力。

二、实训内容

根据第四章的实训内容，撰写一篇广告效果测评报告。内容包括：

1. 背景和目标；

2. 执行摘要；

3. 测评方法；

4. 研究发现

5. 附录　调查问卷（或其他测评工具）；

6. 数据分析表。

三、实训组织

1. 根据第四章的实训内容和要求开展测评。

2. 各小组整理测评结果，拟定测评报告的详细提纲。

3. 教师对各小组测评报告的提纲进行修改完善。

4. 撰写书面测评报告。

5. 展示测评报告。

延伸阅读

［1］黄合水：《广告调研方法》，厦门大学出版社出版，2006。

［2］安德斯·汉森：《大众传播研究方法》，崔保国等译，新华出版社，2004。

［3］程士安编《广告调查与效果评估》（第2版），复旦大学出版社，2003。

参考文献

安德斯·汉森:《大众传播研究方法》,崔保国等译,新华出版社,2004。

卜卫:《试论内容分析方法》,《国际新闻界》1997年第4期。

陈培爱、覃胜南编《广告媒体教程》,北京大学出版社,2005。

陈喆、杜渐、缪其浩编《媒介测评方法与应用研究》,上海科学技术文献出版社,2010。

程士安编《广告调查与效果评估》(第2版),复旦大学出版社,2003。

丹尼斯·麦奎尔、斯文·温德尔:《大众传播模式论》(第2版),祝建华译,上海译文出版社,2008。

樊智育:《广告效果研究》,中国友谊出版公司,1995。

樊智育:《广告效果测定技术》,上海人民出版社,2000。

格雷姆·伯顿:《媒体与社会:批判的视角》,史安斌译,清华大学出版社,2007。

胡晓云:《从引进到建构——日本的广告效果研究与实战》,浙江大学出版社,2002。

黄合水:《广告心理学》,高等教育出版社,2005。

黄合水、雷莉:《品牌与广告的实证研究》,北京大学出版社,2006。

黄合水:《广告调研方法》,厦门大学出版社,2006。

黄合水编《广告研究经典案例》,厦门大学出版社,2010。

黄升民、段晶晶:《广告策划》,中国传媒大学出版社,2006。

黄升民、周艳、赵子忠:《媒体策划与营销》,高等教育出版社,2009。

乔治·E.贝尔齐、麦克尔·A.贝尔齐:《广告与促销:整合营销传播展望》(上、下),张红霞、李志宏译,东北财经大学出版社,2000。

杰拉德·J.泰利斯：《广告效果评估》，李洋、张奕、晓卉译，中国劳动社会保障出版社，2005。

江波、曾振华编《广告效果测评》，中国广播电视出版社，2002。

江波、彭彦琴、漆书青：《网络广告心理效果测评指标体系研究》，《心理科学》2002年第6期。

江林：《消费者心理与行为》（第3版），中国人民大学出版社，2007。

康瑾：《服务广告传播效果研究》，中国传媒大学出版社，2011。

刘伯红、卜卫：《我国电视广告中女性形象的研究报告》，《新闻与传播研究》1997年第1期

刘超编《广告媒体策略》，中国建筑工业出版社，2008。

马谋超：《广告心理学基础》，北京师范大学出版社，1997。

王咏、马谋超、雷莉、丁夏齐：《网络旗帜广告的记忆效果》，《心理学报》2003年第6期。

王晓华：《广告效果》，高等教育出版社，2012。

威廉·阿伦斯、大卫·夏尔菲：《阿伦斯广告学》，丁俊杰、程坪、沈乐译，中国人民大学出版社，2008。

小卡尔·麦克丹尼尔、罗杰·盖茨：《当代市场调研》，李桂华译，机械工业出版社，2011。

于奎：《网络广告效果评价研究》，《江西财经大学学报》2004年第4期。

张殿元：《广告视觉文化批判》，复旦大学出版社，2007。

郑欣主编《空间的分割——新媒体广告效果研究》，中国传媒大学出版社，2008。

周象贤、孙鹏志：《网络广告的心理传播效果及其理论探讨》，《心理科学进展》2010年第5期。

图书在版编目（CIP）数据

广告效果测评理论与方法／李晶，昌蕾，吴文涛编著.
-- 北京：社会科学文献出版社，2014.9（2022.2 重印）
ISBN 978 - 7 - 5097 - 6175 - 5

Ⅰ.①广…　Ⅱ.①李…②昌…③吴…　Ⅲ.①广告 -
效果 - 评价　Ⅳ.①F713.8

中国版本图书馆 CIP 数据核字（2014）第 133858 号

广告效果测评理论与方法

编　著／李　晶　昌　蕾　吴文涛

出 版 人／王利民
项目统筹／高　雁
责任编辑／颜林柯
责任印制／王京美

出　　　版／社会科学文献出版社·经济与管理分社（010）59367226
　　　　　　地址：北京市北三环中路甲 29 号院华龙大厦　邮编：100029
　　　　　　网址：www.ssap.com.cn
发　　　行／社会科学文献出版社（010）59367028
印　　　装／北京虎彩文化传播有限公司

规　　　格／开　本：787mm×1092mm　1/16
　　　　　　印　张：16.5　字　数：260 千字
版　　　次／2014 年 9 月第 1 版　2022 年 2 月第 10 次印刷
书　　　号／ISBN 978 - 7 - 5097 - 6175 - 5
定　　　价／69.00 元

读者服务电话：4008918866